À toi, mon beau Arnaud, en espérant que ces contes te procurent beaucoup d'heures de plaisir. De ta gardienne qui t'aime très fort, Lucie xxx

# 365 HISTOIRES
## Un conte pour chaque jour de l'année

par K. Jackson - Images de R. Scarry

**DEUX COQS D'OR**

Texte français d'Elisabeth Gille

22e Edition

© 1962, 1984 by Éditions des Deux Coqs d'Or, Paris.
Publié en accord avec Western Publishing Company, Inc., Racine, Wisconsin.
ISBN 2-7192-0227-4

## Résolutions

**1ᵉʳ JANVIER**

Pour le nouvel An, un petit cochon
Se dit : « Je vais prendre des résolutions.
L'année est finie. Je tourne la page
Et je deviens sage comme une image.

Pour être certain de n'oublier rien
Je vais tout noter sur mon calepin.
D'être très gentil, je m'efforcerai
Et jamais je ne désobéirai.

Si j'ai des amis, je leur donnerai
Toujours la moitié de ce que j'aurai.
De pomme ou gâteau, je ferai partage
Mais il me faudra beaucoup de courage.

Ayant su tenir mes résolutions,
L'année m'a donné trois bons compagnons.
Le premier des trois me trouve gentil,
Le second aussi, parce que j'obéis.

Au troisième un jour ma pomme ai donné.
Pour me remercier, il m'a amené
Chez sa maman qui faisait un gâteau
Dont j'ai dégusté le plus gros morceau. »

## L'hiver nordique de Monsieur Lion

**2 JANVIER**

Un beau jour, Monsieur Lion décida qu'il ne pourrait plus supporter de passer en Afrique un été aussi brûlant que le précédent. Il prit donc un billet pour les pays nordiques et se rendit à l'aérodrome.

— Faites bien attention aux terribles hivers de là-bas, lui conseillèrent ses amis. Prenez garde au gel qui risque de vous transformer en statue.

Aussi, à peine arrivé à Londres, Monsieur Lion loua une petite maison pourvue d'une énorme cheminée et acheta un stock de bûches impressionnant.

Puis il entreprit de s'amuser.

Il alla pique-niquer, se baigner avec ses nouveaux voisins, il joua au tennis dans le parc. Un jour, tout le monde descendit la Tamise en bateau pour admirer le paysage.

Jamais Monsieur Lion n'avait passé un meilleur été.

Celui-ci s'acheva bien trop vite, et Monsieur Lion se prépara pour l'hiver. Il alluma du feu dans son énorme cheminée et s'installa devant avec ses livres préférés.

Comme il y avait aussi le chauffage central dans sa petite maison, bientôt la chaleur devint épouvantable.

— C'est pire qu'un été africain! gémit en s'éventant le pauvre Monsieur Lion. Il est vrai que je n'ai guère envie de me voir transformé en statue par le gel!

Et quand ses nouveaux amis vinrent le chercher pour l'amener patiner sur la glace, ils eurent un mal fou à le persuader de mettre le nez dehors.

Mais, une fois sorti, Monsieur Lion resta bouche bée. Même les tout petits enfants s'amusaient comme des fous dans la belle neige blanche.

— Oh, attendez! cria-t-il. Il faut que j'écrive à mes amis africains pour leur dire à quel point ils se trompaient!

Il gribouilla sur une carte postale : « Séjour merveilleux. Ecrirai dès que possible. »

L'hiver ne fut pas très froid. Monsieur Lion le passa tout entier à skier, à patiner, à faire de la luge.

Malheureusement, la carte postale qu'il avait envoyée représentait la Bibliothèque Municipale, au grand escalier encadré par deux gros lions de pierre.

— Horreur! s'écrièrent ses amis africains. Ce pauvre Monsieur Lion a été transformé en statue par le gel... tout comme nous l'avions prévu! Voyez... il est là, immobile, glacé... avec un autre malheureux. Il dit qu'il écrira dès que possible, mais il est certain qu'il ne dégèlera jamais!

Et, tout en plaignant beaucoup leur ami Monsieur Lion, ils ne purent s'empêcher de se sentir flattés à la pensée que, dès le début, ils avaient deviné juste!

## On ne sait jamais

**3 JANVIER**

Depuis une semaine, Alain s'amusait avec la belle luge qu'il avait reçue pour Noël. Mais ce jeu commençait à l'ennuyer.

— Je regrette de ne pas avoir demandé des patins au lieu d'une luge, dit-il à sa mère. Avant Noël on ne sait jamais très bien ce qu'on désirera le plus après...

— Ecoute, lui dit sa mère, Philippe a demandé des patins, lui. Il acceptera peut-être de te les prêter.

Alain était certain qu'un garçon assez heureux pour posséder une paire de patins ne les prêterait à personne... pas même à son meilleur ami. Cependant, il prit sa luge et descendit jusqu'à l'étang pour regarder les patineurs. Son ami Philippe tournait et tournait en rond sur ses beaux patins brillants. Mais, chose extraordinaire, il n'avait pas l'air de s'amuser beaucoup, et il regardait tout le temps les garçons et les filles qui glissaient le long de la pente sur leurs luges.

Apercevant Alain, il se précipita vers lui.

— Pourquoi ne joues-tu pas avec ta luge? demanda-t-il.

— Parce que j'en ai assez, répondit Alain. Je préférerais patiner.

— Non? s'écria Philippe. C'est formidable! Figure-toi que, moi, j'en ai assez de mes patins et que je préférerais une luge! Si on faisait un échange?

Deux minutes plus tard, Alain patinait sur l'étang. Il avait beau ne pas tenir très ferme sur ses jambes, il adorait ça.

Mais, en voyant Philippe qui s'amusait comme un fou sur la colline, et en se rappelant avec quelle joie son ami lui avait prêté ses beaux patins, il se dit que sa luge neuve était un cadeau bien agréable, après tout.

## Matinée d'hiver

**4 JANVIER**

Petit écureuil
Descends de ta branche.
Fuis la neige blanche
Et viens sur mon seuil.
Attends un moment

Car dans mon dodo
Je suis bien au chaud.
Mais dans un instant
De mon lit douillet
Hop! je sauterai
Et je t'ouvrirai.

## Le petit ours enrhumé

**5 JANVIER**

Il était une fois un petit ours polaire qui avait un commencement de rhume, mais comme il ne voulait pas rester dans sa chambre, il prétendait qu'il ne se sentait pas malade du tout et que ses vêtements fourrés suffisaient à le tenir au chaud. Toute la journée, il s'amusait à gambader dans la neige épaisse et à pêcher dans l'eau glacée.

Il faisait bien froid pour un petit ours enrhumé. Bientôt, il se mit à renifler et à éternuer. Les autres oursons, les petits phoques et les rennes se sauvèrent en criant :

— Nous ne voulons plus jouer avec toi, parce que ton rhume est contagieux!

Et un médecin, qui passait par là, lui jeta un coup d'œil en disant :

— Tu ferais mieux d'aller te coucher avec une bonne bouillotte.

Le petit ours ne fit que rire de ce bon conseil. Mais, soudain, son rire se transforma en toux, ses yeux se remplirent de larmes et ses pattes plièrent sous lui... si bien qu'il se retrouva assis dans la neige glacée. Cette fois, le pauvre petit ours n'aurait pas demandé mieux que de rentrer chez lui, mais il ne pouvait même pas se lever!

Et, oh là là, comme il éternuait!

— Regardez ça! s'écrièrent tous les Esquimaux. Ce petit ours enrhumé va provoquer une véritable épidémie si nous ne nous

dépêchons pas de faire quelque chose pour lui !

Vite, ils renvoyèrent chez eux leurs petits Esquimaux, ils taillèrent de gros blocs de glace et ils construisirent en toute hâte un igloo autour du petit ours et de son rhume.

Une dame esquimaude très aimable lui passa une bouillotte, une limonade bien chaude et deux épaisses couvertures rayées de rouge et de blanc.

Le petit ours était si bien installé qu'il se sentit tout de suite mieux. Au bout de trois jours, il n'éternuait déjà plus. Et la semaine n'était pas encore terminée que rien ne l'empêchait plus de sortir.

Mais il lui fallut attendre des jours et des jours avant de trouver quelqu'un avec qui jouer. D'abord, tous les autres petits ours, et les phoques, et les rennes, et les enfants esquimaux avaient attrapé de gros rhumes à cause de lui.

Et puis, tout le monde lui en voulait.

Aussi, lorsque ses compagnons furent enfin

guéris et que le petit ours enrhumé eut réussi à se faire pardonner, il était devenu beaucoup plus sage.

Il l'était même tellement que, désormais, il prit l'habitude, au premier symptôme de rhume, de s'enfermer dans sa chambre et d'y rester. Et, maintenant, quand il sort de chez lui une fois son rhume guéri, tous ses amis l'attendent pour jouer avec lui, très contents de le retrouver.

# Le cadeau

**6 JANVIER**

Il était une fois un petit garçon dont la grand-mère habitait l'Italie. Un jour, elle lui écrivit pour lui dire qu'elle lui envoyait un cadeau, et le petit garçon se demanda ce que ça pouvait bien être.

Mais, quand le cadeau arriva, c'était une cruche bizarre, en poterie, peinte de feuilles étranges qui avaient la couleur des fruits et de fruits qui avaient la couleur des feuilles.

Le petit garçon fut très déçu.

— Cette cruche ne me plaît pas du tout, dit-il à sa maman.

— Moi, je l'aime beaucoup, lui répondit-elle. Regarde comme elle va bien avec nos assiettes.

Et elle la posa sur la table à chaque repas.

Le matin, la cruche était pleine de lait bien chaud que le petit garçon versait lui-même dans son bol.

A midi, elle contenait de l'eau bien fraîche. Au goûter, de l'orangeade pour les jours chauds et du chocolat pour les jours froids. Le petit garçon y découvrait chaque jour de si bonnes choses qu'il finit par ne plus la trouver bizarre du tout.

Un jour, il écrivit à sa grand-mère en Italie pour lui raconter tout cela.

A la fin de sa lettre, il disait :

— Merci beaucoup pour ma belle cruche. Je l'aime énormément.

Et c'était vrai.

Le petit garçon pensait à présent que cette cruche italienne était la plus belle du monde.

## Des hauts et des bas

**7 JANVIER**

*Quand sur ma luge, je descends
La pente, c'est en riant.*

*Mais quand je suis sur mes patins,
Il arrive que je rie moins.*

## Les caoutchoucs d'Annette

**8 JANVIER**

Annette ne savait pas mettre ses caoutchoucs toute seule. Comme ses frères et sœurs l'aidaient toujours quand sa maman était trop occupée, elle ne voyait pas l'utilité d'apprendre.

Or, un beau jour, en se réveillant après sa sieste, Annette vit qu'il neigeait. Son frère et sa sœur avaient sorti la luge et s'amusaient à glisser du haut de la pente. Annette se dépêcha de s'habiller pour les rejoindre.

Une fois bien emmitouflée, elle descendit l'escalier en courant.

— Maman! cria-t-elle. Aide-moi à mettre mes caoutchoucs, s'il te plaît!

La maman d'Annette ne répondit pas. Elle était sortie.

Annette faillit se mettre à pleurer. Mais elle réfléchit qu'elle était bien trop pressée pour ça. Et puis, elle se dit qu'elle pourrait aussi bien sortir sans ses caoutchoucs. Seulement, elle risquait, si elle avait les pieds mouillés, d'attraper un vilain rhume!

Annette n'en avait pas du tout envie. Alors, elle s'assit par terre et elle tira, poussa, jusqu'à ce que ses caoutchoucs fussent enfilés. Puis, très lentement, très soigneusement, elle remonta la fermeture Éclair. Ce n'était pas facile, mais elle y arriva!

A peine avait-elle fini que le téléphone sonna. C'était sa maman, qui faisait de la pâtisserie chez une voisine.

— Annette, dit-elle, je sais bien que tu dois avoir envie d'aller jouer avec les autres, mais j'ai beaucoup de travail et je ne peux pas venir tout de suite. Attends que j'arrive pour t'aider à mettre tes caoutchoucs.

— Ce n'est pas la peine, maman, répondit Annette en riant. Non, ce n'est pas la peine... parce que je les ai enfilés toute seule et que je les ai aux pieds!

Vous pensez si la maman d'Annette fut étonnée!

## Le prudent Monsieur Bouvreuil

**9 JANVIER**

Madame Bouvreuil avait hâte de goûter aux miettes de pain qu'un gentil petit garçon avait disposées sur une planchette en haut d'un arbre dénudé par l'hiver. Mais Monsieur Bouvreuil se méfiait!

— Comment savoir si cela ne cache pas un piège? disait-il.

— Peut-être! répondait sa femme. Mais ce dont nous sommes sûrs, c'est que nous mourrons de faim si nous ne courons pas ce risque! Allons, viens!

— Pas encore, répétait Monsieur Bouvreuil. Attends un peu...

Juste à ce moment-là, deux gros corbeaux se précipitèrent sur l'arbre et se mirent à dévorer avec avidité.

— Tout va être mangé! se lamenta Madame Bouvreuil.

Mais Monsieur Bouvreuil répétait:

— Attends encore un peu.

Enfin, les autres oiseaux, leur repas terminé, s'éloignèrent, le ventre plein et l'air réjoui. Alors, Monsieur Bouvreuil s'approcha prudemment de l'arbre.

Arrivé sur la planchette, il fit signe à son épouse de le rejoindre. Elle s'élança avec un grand bruissement d'ailes, heureuse de pouvoir participer au festin.

Monsieur Bouvreuil était encore plus content que sa femme.

Mais rien n'égalait la joie du petit garçon qui, derrière sa fenêtre, les observait.

— Eh bien! se dit-il. Papa et moi, nous n'avons posé cette planchette qu'hier soir. Et voilà que, déjà, deux bouvreuils méfiants y prennent leur petit déjeuner!

## Le fourneau de grand-maman

**10 JANVIER**

*Quand grand-maman vient en visite*
*Elle nous dit: « Petits enfants,*
*Je vais vous préparer des frites*
*Sur ce beau fourneau rutilant.*
*Ah! quelle chance vous avez!*
*Chez vous il suffit de tourner*
*Une manette et aussitôt*
*Chaud les casseroles et chaud les pots! »*

*Mais quand je vais chez grand-maman*
*Et que dehors il fait bien froid,*
*Voir son fourneau tout rougeoyant*
*C'est un bien grand plaisir pour moi.*
*J'aime tant m'y chauffer les mains*
*En écoutant le vent qui geint!*
*« Dis, jamais tu ne le vendras,*
*Ma grand-maman, ce fourneau-là! »*

## La surprise de Michel

**11 JANVIER**

Pendant l'été, tous les enfants du village (sauf Michel, qui était trop petit) aidaient leurs mères à cultiver leurs jardins.

Ils étaient très fiers de leurs prouesses et, quand l'un d'eux obtenait une fleur particulièrement jolie, il s'empressait d'aller chercher les autres pour qu'ils viennent l'admirer :

— Venez voir la jolie rose ou le beau lilas! criait-il.

Mais, à présent, c'était l'hiver. Tous les jardins dormaient sous une épaisse couche de neige glacée.

Aussi, quand le petit Michel fit la tournée des maisons en criant :

— Venez voir la fleur qui a poussé dans mon jardin! ses amis eurent beaucoup de mal à ne pas éclater de rire.

— Il n'y a pas de fleurs qui poussent en hiver, Michel! s'exclamèrent-ils.

Cependant, il avait l'air si solennel et si heureux qu'ils le suivirent quand même. Ils remontèrent le sentier enneigé, approchèrent de la maison dont le toit disparaissait sous un épais tapis blanc. Arrivé près du perron ensoleillé, Michel s'arrêta et désigna le sol.

Et là, au beau milieu de la neige, dans une collerette de feuilles vertes toutes luisantes... poussait une magnifique fleur blanche.

— Oh, Michel! s'écrièrent les enfants. Qu'est-ce que c'est?

— C'est une rose de Noël, répondit Michel avec fierté. Je l'ai vue dans un catalogue et maman l'a commandée. Mais c'est moi qui l'ai plantée tout seul à l'automne. Est-ce que ça veut dire que je serai bientôt assez grand pour savoir jardiner comme vous?

Et les enfants, qui contemplaient toujours la belle rose de Noël, s'écrièrent :

— Mais tu es déjà un vrai jardinier, Michel!

### Dépêchons-nous!

**12 JANVIER**

*Mettons nos bonnets
Et nos esquimaux*

*Nos souliers fourrés
Et nos gants bien chauds.*

*Courons au jardin
Car il a gelé.*

*Vite! nos patins!
Nous pourrons glisser!*

## Le pompier somnolent

**13 JANVIER**

Il était une fois un pompier somnolent qui aimait beaucoup son métier. Il était très brave et désireux de bien faire, mais, le soir, quand retentissait la sirène, il n'arrivait jamais à se réveiller... et il était toujours le dernier à monter sur la grande pompe à incendie.

Un jour, même, celle-ci faillit partir sans lui.

— Je ne peux pas continuer ainsi! se dit-il le lendemain soir en arpentant nerveusement la chambrée. Il était sur le point de se résoudre à ne pas se coucher du tout quand un petit courant d'air froid se fit sentir à travers le trou que les pompiers utilisaient pour se laisser glisser au rez-de-chaussée. Alors, le pompier somnolent se rappela qu'il ne pouvait pas dormir quand il avait froid.

Il poussa un cri de joie. Et, hop! en deux temps, trois mouvements, il attacha ses couvertures à celles de ses deux voisins. Puis il sauta dans son lit. Or, au beau milieu de la nuit, la sirène retentit.

Quel vacarme! Tous les pompiers, à l'exception du pompier somnolent, bondirent, réveillés en sursaut. Ils rejetèrent leurs couvertures, et les siennes avec. Brrr! Le pompier somnolent eut tellement froid qu'il s'éveilla aussitôt, s'habilla à la vitesse de l'éclair, se laissa glisser par le trou... et fut le premier à monter sur la grosse pompe.

Alors, comme il était à la fois très bien réveillé, très brave et très désireux de bien faire, ses chefs ne tardèrent pas à le nommer au splendide poste de caporal-chef.

## Les Dames

**14 JANVIER**

*Hier, j'ai passé la journée*
*Chez mon cousin.*
*On ne pouvait pas jouer*
*Dans le jardin.*
*Alors on s'est installés*
*Devant le feu*
*Et il m'a enseigné*
*Un nouveau jeu*
*Qui s'appelle les dames*
*et qui se joue à deux.*

## La neige, la neige, toujours la neige!

**15 JANVIER**

— La neige, la neige, toujours la neige! grommelait Madame Picoti-Picota en balayant sa cour avec énergie. Je voudrais bien que l'hiver soit terminé!

— Vraiment? lui demanda son ami Jeannot Lapin. Serait-ce que vous préférez le printemps?

— Certainement! répondit Madame Picoti-Picota. Quoique... il y ait souvent des averses en avril. Quand il y a de la boue partout, je me mets à souhaiter la venue de l'été...

— Je vois, fit Jeannot Lapin avec une petite lueur maligne au fond des yeux. Et l'été? Aimez-vous cette saison-là?

— Si j'aime l'été? soupira Madame Picoti-Picota. Oh, bien sûr! Mais vraiment, au mois d'août, avec toute cette chaleur et cette poussière, j'attends l'automne avec impatience.

— Donc, fit Jeannot Lapin, c'est l'automne votre saison préférée?

— Sans doute, répliqua Madame Picoti-Picota. Sauf tout à la fin, quand les feuilles se mettent à tomber et qu'il faut les balayer. Alors, je ne demande qu'une chose : la venue de l'hiver...

— De l'hiver! s'écria Jeannot Lapin en sautant de joie. Eh bien voilà, Madame Picoti-Picota! Vous venez de me dire que vous aimez l'hiver par-dessus tout!

Madame Picoti-Picota resta muette de surprise. Puis elle éclata de rire, elle aussi.

— Mais c'est vrai! dit-elle. Oh, Jeannot, comme ce serait terrible, si les saisons se succédaient si vite.

Puis, en chantonnant gaiement : « Vive la neige, la belle neige blanche! » Madame Picoti-Picota descendit en sautillant les marches de son perron pour aider Jeannot Lapin à confectionner un gros bonhomme de neige dans sa cour étincelante de blancheur.

## A toutes pattes

**16 JANVIER**

Un jour, une jeune girafe alla se promener sur ses longues, longues pattes... en compagnie d'un éléphanteau sur ses grosses pattes rondes... d'un jeune tigre sur ses sveltes pattes rayées... et d'un petit singe aux maigres pattes grises qui ressemblaient à des bras.

Ils traversèrent la jungle, puis la savane, pour aller boire à une grande rivière fraîche qu'ils connaissaient. Après avoir bu tout leur saoul, ils s'installèrent sur la rive et se mirent à bavarder en se demandant s'ils allaient encore rester là quelque temps ou s'il fallait repartir tout de suite.

Soudain, de la rivière surgit un vieil hippopotame énorme, furieux contre ces jeunes écervelés dont les bavardages avaient troublé sa sieste.

Il monta sur la rive, avec ses grandes pattes luisantes qui faisaient un bruit de tonnerre... et, sans demander leur reste, la jeune girafe, l'éléphanteau, le jeune tigre, le petit singe s'enfuirent à toutes pattes. Les uns allaient très vite, les autres moins, mais leurs pattes, grandes ou petites, les ramenèrent tous chez eux juste à temps pour le déjeuner.

## La météorologie

**17 JANVIER**

*Quel temps va-t-il faire aujourd'hui?
Le ciel est gris!*

*Je sais, dit un petit lapin,
J'en suis certain.
Il pleuvra, c'est sûr, je le sens
A l'air, au vent!*

*Mais à peine a-t-il terminé
Qu'hélas pour lui, il se met à neiger!*

## Le tigre laineux

**18 JANVIER**

Le tigre laineux était perdu. Ça n'avait rien d'extraordinaire! Ce drôle de tigre était si plein de laine et de sottise qu'il passait son temps à se perdre et que Guillaume ne savait jamais où le chercher.

Un jour, il l'avait retrouvé sur une étagère si haut perchée qu'il avait dû monter sur une chaise pour l'apercevoir. Un autre jour, sous son lit où il mangeait de la poussière d'un air triste. Un autre jour encore, Guillaume, en ôtant le toit de son gros camion rouge, avait trouvé son tigre à l'intérieur.

Mais, cette fois, il n'était ni sur l'étagère, ni sous le lit, ni dans le camion.

Ni dans l'armoire. Ni dans le coffre à jouets.

Guillaume se mit à gronder... ce qui est une excellente méthode pour appeler un tigre perdu. Puis à siffler... ce qui a le mérite de donner du cœur à l'ouvrage. Mais il eut beau fouiller, chercher, gronder, siffler, il ne vit pas l'ombre d'un tigre à l'horizon.

Enfin, au moment où il allait abandonner sa chasse, convaincu que son tigre avait disparu à jamais, Guillaume leva la tête et, par le plus grand des hasards, aperçut, accroché à la branche basse du grand chêne, son tigre qui semblait lui dire :

— Viens donc! Je croyais que *tu* étais perdu!

Mais oui, il était là, toujours plein de laine et de sottise... impatient d'être retrouvé pour s'empresser de se perdre à nouveau.

## Le patin à glace

**19 JANVIER**

*Rien ne m'amuse davantage
Que de patiner sur la glace.
Il fait bien froid, oui, mais dans l'air
Nos cris, nos appels sonnent clair.
Et nos vestes et nos casquettes
Vous ont un petit air de fête.
Hélas! trop tôt, beaucoup trop tôt
Il faut rentrer se mettre au chaud.*

*Quand je serai un grand garçon
Je patinerai tout au long
De la nuit et le nez au vent,
Sous les beaux rayons d'argent.*

## Les carillons de Noël

**20 JANVIER**

Par une triste soirée d'hiver, sombre et glacée, un jour que le printemps semblait encore très loin et Noël passé depuis longtemps, Aline trouva les carillons de Noël dans un tiroir du bureau.

Avec un chiffon de laine elle fit briller les petits objets de cuivre, les assembla, puis alla

Aline en transporta un, prudemment. Sa maman prit l'autre, et elles les placèrent de chaque côté du carillon.

— Voyons quel effet cela fera au dîner! s'écria Aline. Aussitôt, sa maman alluma les minuscules bougies blanches et les anges étincelants se mirent à tourner en faisant tinter

chercher les minuscules bougies qui font tourner les anges dorés quand on les allume.

Une fois la table mise pour le dîner, Aline posa le carillon au centre de la nappe et demanda à sa mère de venir voir.

— Il ne manque plus que les fleurs, dit la maman d'Aline en lui montrant les deux pots de violettes blanches d'Afrique qui passaient l'hiver sur l'appui de la fenêtre.

le carillon. Le cuivre luisait sous la lumière. Les violettes semblaient plus blanches encore.

— C'est aussi joli qu'au printemps, dit la maman d'Aline.

— C'est même aussi joli que Noël, dit Aline. Et elle sourit car, brusquement, la longue soirée d'hiver ne lui semblait plus ni triste ni sombre. A lui seul, le petit carillon l'avait illuminée.

# Le singe craintif

**21 JANVIER**

Un singe craintif et son ami désinvolte faisaient leurs préparatifs pour partir en promenade.

— Assurons-nous que nous n'oublions rien, disait le premier en faisant ses paquets. Des vêtements chauds pour le cas où il ferait froid, des vêtements légers pour le cas où il ferait chaud. Des casseroles et des assiettes au cas où nous trouverions quelque chose à manger, des provisions au cas où nous ne trouverions rien. Des gobelets pour boire l'eau des rivières, de l'eau pour le cas où il n'y aurait pas de rivières. Des fusils pour le cas où nous rencontrerions des ennemis, des boucliers pour le cas où ils nous verraient les premiers...

— Seigneur! s'exclama son ami. Tu penses vraiment à tout!

— Je ne veux pas courir de risques, répliqua le singe craintif en emballant des couvertures pour dormir, des livres, des cartes et une lampe en cas d'insomnie, plus une énorme caisse remplie de sandwiches au jambon.

Enfin, il essaya de soulever un paquet et son ami désinvolte essaya de soulever l'autre. Mais ces paquets étaient si lourds que ni l'un ni l'autre n'y arrivèrent.

— Hélas! gémit le singe craintif. Nous ne pouvons pas partir!

— Toi, non! fit son ami en saisissant, d'une main un fusil, de l'autre un sandwich au jambon. Moi, si... parce que je m'accommoderai de ce que je trouverai.

Et il partit, plus désinvolte que jamais tandis que le singe craintif restait chez lui, à hocher tristement la tête et à remettre tout en place.

## Les arbres en hiver

**22 JANVIER**

*Sont-ils tristes nos amis les arbres*
*Quand ils ont perdu leurs feuilles,*
*Quand la terre est froide*
　　　　[*comme le marbre*
*Et que la nature a l'air*
　　　　　　[*en deuil?*
*Sont-ils heureux au printemps*
*Lorsqu'ils se couvrent de bourgeons?*
*Sont-ils grisés par le beau temps?*
*Ont-ils envie de danser en rond?*

# Les vacances du lapin des villes

**23 JANVIER**

— Viens passer quelques jours à la campagne, proposa au téléphone le lapin des champs à son cousin, le lapin des villes. Tu dois être bien las des rues boueuses et des maisons de pierre froide!

— C'est vrai, et merci d'avoir pensé à moi! répondit le lapin des villes.

Il chargea sur son épaule ses patins, ses skis, et prit le premier train pour la campagne. Qu'elle était belle avec ses sapins verts et ses étangs gelés!

Pendant le jour, le lapin des villes patinait et skiait de bon cœur avec son cousin. Le soir, il adorait jouer aux dames ou s'amuser à faire griller des marrons, assis devant la cheminée, avant de se mettre au lit.

— Eh bien, mon cher, lui dit un jour le lapin des champs, maintenant que tu as goûté aux joies de la campagne, je suppose que tu n'auras plus jamais envie de retourner à la ville!

Mais le lapin des villes fut très étonné de s'entendre répondre :

— Oh, je n'en suis pas si sûr...

Car, soudain, au fond de son cœur, il se mit à regretter les rues animées, les lumières de la ville, et ses amis, et son petit lit bien chaud tout en haut d'un grand immeuble... et même la boue qui clapotait si agréablement sous ses pas quand il se promenait.

Aussi quand, une fois les vacances finies, le lapin des villes se retrouva dans le train et que son cousin disparut après qu'il lui eut crié : « Adieu, merci, viens me voir! » il se sentit bien heureux de rentrer chez lui.

## Chut!

**24 JANVIER**

Tout était silencieux dans la maison. Chut! Maman faisait la sieste. Chut! Bébé dormait, lui aussi. Flac, flac, flac! L'eau gouttait dans l'évier plein de vaisselle sale.

— Tu crois qu'on peut? murmura Cathy.
— Oui, je crois, souffla Pierre.

Et vite, vite! Cathy, le grand tablier de maman autour de la taille, lava toute la vaisselle. Pierre l'essuya. Puis il traîna une chaise devant le placard et ouvrit les portes. Cathy lui tendit les assiettes, qu'il rangea toutes, bien à leur place. Mais, soudain, au moment où il allait saisir le grand plat à rôti, celui-ci échappa aux mains de Cathy.

Crac! Quel terrible vacarme! Le bébé se réveilla dans son berceau et se mit à pleurer.

Les pleurs de Bébé réveillèrent maman. Elle se leva, le prit sous son bras et descendit dans la cuisine. Mais elle ne s'écria pas : « Oh, mon Dieu, mon beau plat à rôti! » et elle ne dit pas : « Pourquoi toujours vous mêler de ce qui ne vous regarde pas? »

Non. Elle s'exclama : « Oh, Pierre et Cathy, que vous êtes gentils d'avoir fait la vaisselle pour moi! »

Puis elle posa le bébé sur sa chaise, embrassa ses deux grands enfants, balaya les débris du plat à rôti... et sortit de l'armoire la terrine, le sucre, les œufs et la farine, tout ce dont elle avait besoin pour confectionner un succulent gâteau.

## Les moufles de Minou-chat

**25 JANVIER**

Minou-chat perdait constamment ses moufles.

Sa grand-mère ne le grondait jamais. Elle adorait tricoter des moufles. Aussitôt, elle allait s'asseoir au coin du feu et elle prenait ses aiguilles pour remplacer la paire disparue.

Mais le papa et la maman de Minou-chat n'étaient pas du tout contents.

Ils avaient beau lui répéter qu'il devait apprendre à être plus soigneux, cela ne servait à rien. Alors, ils finirent par déclarer que, si Minou-chat perdait encore une fois ses moufles, il serait privé de cinéma. Quelle affreuse perspective!

Minou-chat économisait ses sous depuis

plusieurs mois pour pouvoir se rendre à cette fameuse séance.

Il répondit donc qu'il ferait très attention.

Et il *fit* très attention.

Mais, le lendemain matin, à l'école, en ôtant son manteau, il s'aperçut que l'une de ses moufles avait disparu.

Heureusement, Minou-chat savait écrire et il avait son argent dans sa poche. Il rédigea un petit billet qui disait : « Dix francs de récompense à celui qui rapportera à Minou-chat la moufle qu'il a perdue. »

Il épingla son billet sur le tableau noir en espérant que tout s'arrangerait au mieux. Hélas! ce fut une véritable catastrophe! A l'heure de la récréation, vingt-cinq de ses camarades vinrent lui rapporter des moufles

perdues... qui lui appartenaient toutes!

Lorsqu'il eut donné dix francs à chacun, il ne lui restait plus un sou, et il avait assez de moufles pour treize chatons.

Pauvre Minou-chat! Il rentra chez lui les bras chargés de moufles et les yeux pleins de larmes.

— Ne pleure pas, lui dit sa grand-mère. Je vais chercher un moyen de tout arranger...

Une heure plus tard, elle avait trouvé. Son plan parut excellent à Minou-chat. Il demanda la permission de son papa et de sa maman qui la lui accordèrent. Alors, Minou-chat se mit à laver toutes ces moufles.

Il les fit sécher. Le lendemain, il les emporta à l'école. Cette fois, il épingla au tableau noir un billet qui disait : « Belles moufles d'occasion. S'adresser à Minou-chat. »

Pendant la récréation, les autres chatons vinrent examiner les moufles et les trouvèrent très belles. En retournant déjeuner, ils en parlèrent à leurs mamans et, comme les moufles ne coûtaient que dix francs pièce (une véritable affaire) celles-ci leur donnèrent de l'argent.

Les ennuis de Minou-chat étaient terminés! Il avait assez d'argent pour aller au cinéma, suffisamment même pour y emmener sa grand-mère, sa maman et son papa. Après la séance, qui plut à tout le monde, chacun eut droit à un grand bol de chocolat chaud.

Mieux encore, Minou-chat ne perdit plus jamais ses moufles, ce qui fit bien plaisir à son papa et à sa maman.

Tout s'arrangea aussi très bien pour sa grand-mère. Car, l'année suivante, les mamans des chatons qui allaient à l'école avec Minou-chat voulurent lui acheter des moufles. Elle les leur vendit cent francs la paire et elle put ainsi tricoter tout autant qu'elle le désirait.

# Un heureux accident

**26 JANVIER**

Depuis le début de l'hiver, les animaux mouraient d'envie d'aller patiner sur le lac gelé, derrière le zoo. Enfin, le singe réussit à chiper la clef des cages dans la poche du gardien et, le soir même, tout le monde partit vers le lac.

Seuls, les éléphants refusèrent de s'élancer sur la glace.

— Elle s'effondrerait sous notre poids, soupirèrent-ils.

— Allons donc! s'écria l'hippopotame. Regardez-moi!

Et il se mit à gambader gaiement sous le clair de lune.

Avec un bruit de tonnerre, la glace céda, et tout le monde se précipita sur la rive.

Naturellement, tous les animaux étaient très en colère.

— Tu peux attendre longtemps avant que nous t'invitions à jouer! grommela le chimpanzé en refermant les cages.

Mais, entre-temps, le gardien s'était rendu compte qu'il n'avait plus ses clefs. Il se précipita au zoo, prêt à mettre les coupables au pain sec pendant toute une journée pour les punir. Il fut bien surpris de les trouver tous dans leurs cages, profondément endormis (du moins en apparence) et ses clefs gisant au beau milieu du sentier.

— Quelle imprudence de ma part! s'écria-t-il. C'est moi qui devrais être au pain sec.

Et il repartit se coucher.

— Vous vous rendez compte, murmura le chimpanzé. S'il était venu plus tôt, il nous aurait surpris!

— Nous avons eu de la chance! s'écrièrent tous les autres animaux. L'hippopotame fit simplement « Hum! » et tout le monde fut d'accord avec lui.

— Oui, mon vieux, dirent-ils. C'est toi qui nous as sauvés. Que tu as été intelligent de briser la glace!

Le pauvre vieil hippopotame fut si content d'entendre cela qu'il déclara :

— Il fallait bien que quelqu'un fasse quelque chose!

## Le merveilleux prestidigitateur

**27 JANVIER**

Le merveilleux prestidigitateur était un grand chat noir qui faisait des choses extraordinaires. Quand il ôtait son haut-de-forme pour saluer l'assistance, on en voyait sortir un lapin blanc, deux tourterelles et une balle argentée.

La balle dansait en l'air sans jamais toucher le sol. Elle rebondissait sur la queue du prestidigitateur et sur son nez. Quand il disait « abracadabra », elle se partageait en deux, laissant échapper de grands mouchoirs de soie aux belles couleurs. Mais, lorsque le prestidigitateur essayait de les remettre dans la balle, il n'y arrivait pas car il y en avait trop.

Alors, il les jetait en l'air, où ils flottaient comme des nuages colorés, doux et légers. Quand le prestidigitateur agitait sa baguette en disant « abracadabra », ils disparaissaient, et le lapin, les tourterelles disparaissaient aussi, et le prestidigitateur lui-même. Il ne restait plus sur la scène que le grand rideau de velours noir sur sa tringle d'argent.

Il faisait vraiment des choses extraordinaires, ce merveilleux prestidigitateur.

Le public applaudissait à tout rompre. Alors, on entendait la belle voix de basse du prestidigitateur qui disait : « Merci, mesdames et messieurs . » Mais on ne le voyait plus.

Il ne revenait pas saluer, car ce merveilleux prestidigitateur avait réellement disparu... et il ne réapparaissait qu'à la séance suivante.

## Qui est passé par ici ?

**28 JANVIER**

*Qui est passé par ici ?*
Un cerf au pelage gris.
*Et qui est passé par là ?*
Un vieil ours, bien
gros, bien gras.
*Et maintenant, qui va là ?*
Ne craignez rien!
ce n'est que moi!
Dit la souris au poil ras.

Mais vous ne me prendez pas.
Tra la la!

## Le petit clown triste

**29 JANVIER**

*Le petit clown triste
Ne souriait pas.*

*Debout sur la piste,
Il semblait très las.*

*Un petit garçon
Lui offrit alors*

*Son sac de bonbons
Dans du papier d'or.*

## Le petit garçon poli

**30 JANVIER**

Il était une fois un petit garçon poli qui ne mangeait jamais beaucoup. Il ne voulait pas de haricots parce qu'il les trouvait trop verts. Ni de carottes dont il n'aimait pas la couleur. Ni de viande dont il ne jugeait pas l'aspect appétissant.

Ce petit garçon répondait poliment « non merci » à tout ce qu'on lui proposait, si bien qu'il ne mangeait rien sauf, de temps en temps, une tablette de chocolat.

Un jour, le petit garçon fut invité à déjeuner chez l'un de ses amis. La table était bien garnie et tout le monde se servit.

— Sers-toi aussi, lui dit la maman de son ami. Prends ce qui te plaît.

Le petit garçon fut bien ennuyé.

Il ne pouvait pas prendre ce qu'il aimait, puisqu'il n'y avait pas de chocolat. Il fallait bien qu'il mangeât quelque chose, puisqu'on l'avait invité à déjeuner. Il ne pouvait même pas répondre poliment « non merci » puisqu'on lui avait demandé de se servir lui-même.

Alors, il prit un peu de tout : un peu de viande, de haricots et de carottes. Puis, très lentement, il goûta ce qu'il y avait dans son assiette. Et, chose étonnante...

La viande, les haricots, les carottes, il trouva tout si bon qu'en trente secondes il eut tout avalé.

Par la suite, aussi bien chez lui que chez les gens qui l'invitaient à déjeuner, le petit garçon répondit toujours poliment « oui, merci » à tout ce qu'on lui proposait.

## Les petites souris

**31 JANVIER**

*Quand les petites souris lisent
Elles ne font pas de bêtises.
Et pendant ce temps, leur maman
Peut lire aussi, tranquillement.
Mais quand les petites souris
Se déguisent ou font du bruit,
Deux par deux elle les envoie
En haut de l'escalier de bois
Et les met au lit dans le noir.
Finis les jeux et les histoires!*

## L'épicier prudent

**1er FÉVRIER**

Il était une fois un épicier très prudent qui aurait bien voulu pouvoir livrer ses marchandises tout en servant dans sa boutique. Mais il lui était impossible de faire les deux à la fois.

Alors, il engagea un aide pour conduire sa camionnette.

— Si nous conduisions et servions à tour de rôle? lui demanda son aide.

— Vous n'y pensez pas! lui répondit l'épicier. Pensez aux erreurs que vous pourriez commettre en servant dans le magasin.

Et chacun continua de travailler comme par le passé. Jusqu'au jour où l'aide arriva le bras bandé. Il s'était foulé le poignet.

— Vous ne pouvez pas conduire la camionnette aujourd'hui, dit l'épicier. Je vais le faire à votre place. Vous, restez dans la boutique, mais attention à ne pas vous tromper.

Et, tout en disant cela, il mit les biscuits de Madame Durand dans la caisse destinée à Madame Dupont! Puis il partit, tout content, dans la belle camionnette rouge.

— Oh! pensa-t-il, en s'arrêtant devant la maison de Madame Durand. Quel dommage d'avoir déjà fini ma tournée!

Mais il n'avait pas terminé, loin de là. Car, lorsque Madame Durand ne trouva pas de biscuits dans sa caisse, son petit garçon éclata en sanglots.

— Ne pleure pas, dit l'épicier. Nous allons les chercher!

Il fit monter le petit garçon à côté de lui et, ensemble, ils allèrent sonner à toutes les portes. Quelle fierté quand ils trouvèrent enfin les biscuits chez Madame Dupont!

Alors, l'épicier ramena le petit garçon chez lui.

Puis il retourna dans sa boutique, où tout semblait marcher le mieux du monde. Il en fut si heureux qu'il dit à son aide :

— Pourquoi ne pas conduire la camionnette chacun à notre tour à partir de maintenant?

— Excellente idée! s'écria l'aide en battant des mains. Regardez! ajouta-t-il. Mon poignet est guéri.

— Parfait, dit l'épicier. Donc, demain, ce sera à votre tour de conduire la camionnette tandis que je garderai le magasin.

Et jamais, ni l'un ni l'autre ne put décider de ce qu'il aimait le mieux : servir les clients dans la boutique ou livrer les marchandises dans la belle camionnette rouge.

## Deux petits hérissons

**2 FÉVRIER**

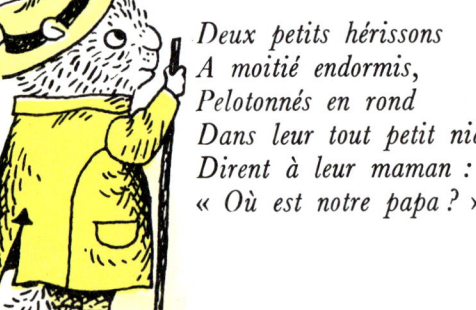

Deux petits hérissons
A moitié endormis,
Pelotonnés en rond
Dans leur tout petit nid
Dirent à leur maman :
« Où est notre papa ? »

Leur maman gentiment
Alors leur expliqua :
« Il a pris son manteau
Et puis il est monté
Pour voir si tout là-haut
Le soleil va briller.
Car, après février,
C'est mars et le beau temps

Et nous pourrons fêter
Le retour du printemps. »
Mais les deux hérissons
N'entendaient plus un mot.
Pelotonnés en rond
Ils dormaient, bien au chaud.

## Les ennuis de Lambinette la tortue

**3 FÉVRIER**

Lambinette la tortue était si lente que, même au début de l'automne, ses amis avaient un mal fou à obtenir d'elle qu'elle arrivât à l'heure à l'école. Plus les jours diminuaient, plus le temps refroidissait, plus Lambinette traînait.

Un jour, il neigea, et Lambinette n'alla pas plus loin que le pas de sa porte. Elle s'assit sur le seuil et se recroquevilla sous sa coquille sans même essayer de prendre le chemin de l'école.

— Viens donc, Lambinette! lui crièrent ses amis. Tu vas avoir une retenue et tu ne pourras pas jouer dans la neige avec nous...

— Je sais bien, soupira Lambinette. Et c'est affreux. Mais mes pattes refusent de me porter aujourd'hui.

Les amis de Lambinette se regardèrent. Puis, tous ensemble, ils la prirent dans leurs bras et la portèrent jusqu'à l'école.

## Les métiers

**4 FÉVRIER**

Mécanicien lundi,
Et pompier le mardi,

— C'était épatant, murmura Lambinette. Vous feriez peut-être mieux de me porter comme ça tous les jours...

Mais, juste à ce moment-là, leur professeur les aperçut.

— Lambinette! s'écria-t-il. Que fais-tu là? Ne sais-tu pas que les petites tortues sont censées dormir tout l'hiver et ne revenir à l'école qu'au printemps?

Lambinette ne répondit pas. Elle était déjà endormie. Mais ses amis pouffèrent de rire.

— Lambinette en savait plus long que nous! s'écrièrent-ils.

Et ils s'empressèrent de la reporter dans son lit.

Puis ils retournèrent à l'école, bien contents de savoir que les ennuis de Lambinette étaient terminés jusqu'au printemps prochain.

*Pirate mercredi,*
*Voilà le beau Jimmy!*
*Astronaute jeudi*
*Chef indien vendredi,*
*Cow-boy le samedi,*
*Voilà le grand Jimmy!*

## *Au premier qui l'a trouvé*

### 5 FÉVRIER

1. *Pauvre Pierrot! En revenant de l'étang gelé, il perdit l'un de ses patins à glace dans l'épaisse couche de neige blanche.*

2. *« Oh, oh! » s'écrièrent les petites souris, cette nuit-là. « Voilà un magnifique traîneau! Allons nous promener! »*

3. *Les deux plus grandes s'attelèrent au traîneau, et les autres s'y entassèrent, les unes au-dessus des autres.*

4. *Elles s'amusèrent tant, toutes ces petites souris, qu'elles rentrèrent à la maison beaucoup trop fatiguées pour ranger leur nouveau traîneau.*

5. *Si bien que, le lendemain matin, Pierrot retrouva son patin à glace au pied de l'escalier, juste devant la petite maison des souris.*

## La promenade des petits kangourous

### 6 FÉVRIER

Tous les dimanches, lorsque tante Kangourou amenait ses neveux et nièces en promenade, elle les pressait tant qu'ils n'avaient même pas le temps de regarder le paysage.

Ils souhaitaient beaucoup qu'elle aille un peu plus lentement.

— Nous voici, tante, lui dirent-ils un beau dimanche. Tout prêts pour la promenade !

— Parfait ! répondit leur tante en souriant, heureuse de constater que, pour une fois, ils avaient apporté tout ce dont ils pourraient avoir besoin : des chandails, des parapluies, des caoutchoucs, des coussins, des couvertures, des sandwiches... et même un radeau en caoutchouc.

Ainsi chargés, les petits kangourous prirent la route. Comme d'habitude, leur tante, qui avançait à grands bonds, les eut bientôt distancés.

— Dépêchez-vous ! criait-elle. Allons, ne lambinez pas !

— Nous ne pouvons pas marcher vite avec tout ce que nous portons, répliquèrent-ils.

— C'est vrai, dit tante Kangourou. Et elle prit les chandails, les parapluies, les caoutchoucs, qu'elle fourra dans sa grande poche si commode.

Avec un tel chargement, il lui était impossible de marcher très rapidement.

Alors, les petits kangourous, en faisant de leur mieux pour dissimuler leur envie de rire, lui demandèrent de prendre aussi leurs coussins et leurs couvertures.

Ensuite, ce fut au tour des sandwiches et du radeau en caoutchouc.

Très gentiment, tante Kangourou accepta. Mais sa poche était si remplie qu'elle ne pouvait plus bondir et qu'elle se contentait de cheminer, assez lentement pour que les petits kangourous pussent admirer le paysage.

Pour la première fois de sa vie, tante Kangourou, elle aussi, put regarder autour d'elle. Et ce qu'elle vit lui plut tant qu'elle se laissa vite distancer par ses neveux et nièces.

— Allons, tante ! lui crièrent-ils. Dépêche-toi, voyons !

— Pourquoi ? demanda tante Kangourou. Pourquoi se presser ? Quand on se promène, c'est pour regarder le paysage, non ?

— Oh si, pouffèrent les petits kangourous. Oh si, bien sûr !

Et tante Kangourou, la poche pleine de choses dont ses neveux et nièces n'avaient pas vraiment besoin, ne comprit pas le moins du monde ce qui les amusait tant.

## La surprise-partie de Jeannot Lapin

**7 FÉVRIER**

Quand Jeannot Lapin était tout seul dans sa petite maison, il passait son temps à rêver.

Il s'imaginait en train de jouer une pièce à l'école, sous les applaudissements du public. Ou de marquer un but particulièrement difficile dans une partie de football.

Mais il aimait par-dessus tout rêver à la magnifique surprise-partie qu'il avait envie de donner pour tous ses amis. Et, un jour, il décida de l'organiser réellement.

— Je vais accrocher des lampions en papier. J'aurai des ballons, des jeux, tout plein de bonnes choses à manger, pensa-t-il. Et j'inviterai mes amis pour samedi soir.

En effet, il accrocha au plafond des lampions en papier. Qu'ils auraient bon air quand ils seraient allumés!

Il acheta aussi des ballons qu'il gonfla et attacha les uns aux autres pour que chacun pût choisir sa couleur préférée.

Enfin, il eut beaucoup de bonnes choses à manger car il passa toute la semaine à cuisiner et à faire de la pâtisserie. Quant aux jeux, il en imagina de très amusants puisque l'imagination était son point fort.

Mais, dans son excitation, il faillit oublier d'inviter ses amis.

Heureusement, au dernier moment, alors qu'il se préparait à allumer les lampions... il s'en souvint.

Le cœur battant, il fit la tournée de ses amis.

— Venez! leur cria-t-il. J'ai organisé une surprise-partie et vous êtes tous invités. Mais dépêchez-vous, s'il vous plait, avant que ce ne soit terminé!

— Bravo! répondirent ses amis. Nous arrivons! Et ils suivirent Jeannot Lapin qui rougit de plaisir en leur ouvrant la porte.

Ses amis purent à peine en croire leurs yeux quand ils virent tout ce que Jeannot Lapin avait préparé. Et quels bons moments ils passèrent à déguster tous ces gâteaux succulents sous les lampions illuminés, à choisir exactement les ballons qui leur plaisaient, à jouer aux jeux que Jeannot Lapin avait inventés pour eux!

Ils restèrent très, très longtemps. Et quand enfin ils s'en allèrent, déclarant que cette surprise-partie était la plus réussie à laquelle ils eussent jamais assisté, Jeannot Lapin rougit une seconde fois, plus heureux qu'eux tous.

## J'aime mieux être moi

**8 FÉVRIER**

*Hier, je regrettais de ne pas être un chat
Car, si j'étais un chat, bien fourré, gros et gras,
Je pourrais au-dehors aller à l'aventure
Protégé des grands froids par ma chaude fourrure.
Rien ne m'empêcherait, au milieu de la nuit,
De chasser à mon gré les mulots, les souris.
J'irais dans les grands bois, je courrais les chemins
Sans que l'on ait besoin de me tenir la main.
Mais aujourd'hui, vraiment, je ne regrette pas
D'être un petit garçon car, si j'étais un chat
Je ne pourrais courir et danser sur la glace,
Et patiner ainsi avec autant de grâce.*

## Les partenaires

**9 FÉVRIER**

Le pauvre Monsieur Rhinocéros n'y voyait pas très bien.

— Tout me paraît brouillé, disait-il, debout dans l'eau de la rivière qui lui arrivait à mi-pattes, et immobile comme un bloc de glace. Que j'aimerais distinguer plus clairement les choses !

Or, juste au moment où il disait cela, il entendit quelqu'un s'écrier :

— Ah, mon Dieu !

C'était un très petit lièvre qui gémissait, assis sur la rive :

— Ah, mon Dieu ! que j'aimerais pouvoir traverser la rivière et aller mordiller les feuilles tendres que j'aperçois là-bas.

— Ciel ! pensa Monsieur Rhinocéros.

## En février

**10 FÉVRIER**

*En février, quand il fait gris*
*Il nous vient soudain l'envie*
*De faire ce que nos mamans*
*Défendent formellement.*
*Nous nous glissons dans le cou*
*De la neige ou des glaçons*
*Et nous faisons de gros trous*
*Dans nos fonds de pantalons.*
*Bien sûr, au bout d'un moment*
*Nous sommes transis, gelés*
*Et nous rentrons en courant*
*A la maison nous chauffer.*
*Nous regardons le bois flamber*
*Dans la grande cheminée*
*En dégustant lentement*
*Une tartine beurrée.*
*Alors, il nous vient l'envie*
*De redevenir gentils !*

Quelle chance il a d'avoir une si bonne vue !

Il alla jusqu'à la rive et salua le petit lièvre.

— Je peux facilement te transporter de l'autre côté de la rivière, mon ami, dit-il, si tu acceptes de me décrire ce que tu vois...

— Entendu ! s'écria le lièvre en sautant de joie.

Monsieur Rhinocéros le prit donc sur son dos et l'amena sur la rive où il fit une grande consommation de feuilles tendres. Quand il eut mangé tout son saoul, il remonta sur le large dos de son ami et lui décrivit exactement ce qu'il avait vu.

Désormais, ni Monsieur Rhinocéros ni le petit lièvre à l'œil perçant n'eurent plus jamais l'occasion de regretter les déficiences de leur nature.

## Le cadeau d'anniversaire

**11 FÉVRIER**

Cette année-là, Jacques comptait acheter lui-même un cadeau pour sa mère. Il avait économisé une belle pièce de cinq francs, et il voulait lui offrir un mouchoir dans une jolie boîte ornée d'un ruban.

— Les mamans adorent ça, se dit-il en lui-même, tout en sautillant sur le sentier enneigé, sa pièce à la main. Mais, soudain, il glissa sur le verglas. Il tomba, et la pièce disparut. Jacques eut beau chercher, chercher, il ne put la retrouver.

Le pauvre Jacques n'avait plus de cadeau à offrir à sa mère à l'heure du dîner. Brusquement, il eut une idée.

— Je peux faire un bonhomme de neige, se dit-il. Peut-être que ça lui plairait.

Il confectionna un gros bonhomme qu'il disposa près de la porte de la cuisine, à un endroit où sa mère pourrait facilement l'apercevoir en préparant les repas. Mais, lorsqu'il l'eut terminé, il ne fut plus certain du tout qu'elle aimerait ce cadeau.

— Elle préférerait sûrement un mouchoir dans une boîte ornée d'un joli ruban, se dit-il.

Or, tout en réfléchissant, il distingua, au beau milieu du bonhomme de neige, un objet qui brillait. Ça ressemblait à un morceau de glace ou à un bouton d'argent. Mais ça n'était ni l'un ni l'autre : c'était la belle pièce de cinq francs que Jacques avait perdue!

Il l'extirpa soigneusement et courut au magasin. Là, il acheta un joli mouchoir dans une boîte que la vendeuse orna d'un superbe ruban.

Le soir, au dîner, Jacques dit à sa mère :

— Voilà mon premier cadeau pour toi, Maman. L'autre est dehors, devant la fenêtre de la cuisine.

La maman de Jacques trouva le mouchoir si joli qu'elle prit son fils dans ses bras et l'embrassa trois fois. Mais le bonhomme de neige parut lui plaire davantage encore.

— Vraiment, Jacques, dit-elle, c'est le plus beau bonhomme de neige que j'aie jamais vu.

## Le vilain coucou

**12 FÉVRIER**

Un vilain coucou dit un jour :
« J'ai très envie de m'amuser.
Je vais jouer un de mes tours
A mes amis de la forêt. »

Dans le nid de Dame Corbeau
Le vilain coucou déposa
Un bel œuf énorme et tout chaud
Puis, vite, vite, il s'envola.

Dans le nid de Dame Pinson
Il mit un œuf encore plus gros
Et recommença ses façons
Dans le nid de Dame Moineau.

Quand les petits oiseaux sont nés,
Bien mignons, bien gros et bien gras,
Tout le monde s'est étonné.
Personne ne les réclama.

## L'écureuil

**13 FÉVRIER**

J'ai voulu ce matin
Attraper sur sa branche
Un écureuil malin.
Mais, sur la neige blanche
D'un bond il a sauté.
Pourquoi s'est-il enfui ?
Je voulais l'attraper
Pour m'en faire un ami.

# La lune de miel de Monsieur Ours

**14 FÉVRIER**

Monsieur et Madame Ours fêtaient leur lune de miel. Or, chacun sait que l'on célèbre toujours cette fête avec un soin particulier. Monsieur Ours, ayant décidé d'offrir à son épouse un cadeau très réussi, se mit à y réfléchir longtemps à l'avance.

Un beau jour, il se rendit en grand secret dans la boutique de son village. Il y acheta un pot de terre blanche, un sac de cailloux aux couleurs brillantes, et trois oignons de fleurs. Il les planta, les arrosa soigneusement et les dissimula tout au fond de son placard, derrière une pile de mouchoirs.

— Je saurai, se dit-il, le moment de les sortir. Ce sera quand ils germeront.

Et les oignons germèrent. Monsieur Ours les plaça en plein soleil. Il faisait lui-même le ménage de sa chambre pour que son épouse ne vît pas la surprise. Le jour même de la lune de miel, les fleurs s'ouvrirent. Elles étaient splendides.

— Oh! quelle belle surprise, s'écria Madame Ours, les yeux brillants, en voyant son cadeau. A présent, regarde la mienne...

Elle lui avait confectionné une énorme pile de crêpes.

— Quel bonheur! s'exclama Monsieur Ours. Viens donc t'asseoir à côté de moi.

Et ils mangèrent toute la pile de crêpes en les arrosant de bon miel doré.

## Mardi-gras

**15 FÉVRIER**

*Que c'est amusant*
*De mettre un masque en carton-pâte,*
*Un masque de chat ou d'Indien*
*Et de surprendre les passants*
*En poussant des cris sauvages!*

*Que c'est amusant*
*De s'habiller en sorcière,*
*En fantôme, en épouvantail,*
*De se déguiser si bien*
*Qu'on se fait peur à soi-même!*

## Le pont qui n'allait nulle part

**16 FÉVRIER**

Il était une fois, très loin, dans les paisibles contrées de nulle part, un petit pont de pierre qui traversait un étroit bras de mer.

Au-dessus, passaient quelques camions; au-dessous de rares bateaux aux moteurs pétaradants. Mais, la plupart du temps, le pont n'avait pour toute compagnie qu'une ou deux mouettes prétentieuses, de retour des pays étrangers.

— Toujours là ? criaient-elles, dès qu'elles l'apercevaient. N'as-tu donc pas bougé petit pont qui ne va jamais nulle part ?

— Non, répondait le petit pont. Certes, je ne détesterais pas visiter un peu le monde. Mais, comme c'est impossible, je prends mon mal en patience.

Et ce petit pont était si gai, malgré tout, les voitures et les camions avaient tant de plaisir à l'emprunter que, peu à peu, ils prirent l'habitude de négliger à son profit le grand pont toujours bondé de la cité.

Il y eut tant de circulation sur ce petit pont de pierre qu'un jeune homme construisit tout près une station-service. Vinrent ensuite un superbe restaurant pour les chauffeurs de camions qui passaient par là, puis des magasins, enfin de jolies maisons pour tous ces gens et pour leurs familles.

Alors, comme une véritable ville avait poussé près du petit pont, on la baptisa Dupontville.

Et, à présent, quand les mouettes lui demandent :

— Tu es donc toujours là, petit pont ? Tu ne vas jamais nulle part ?

Il leur répond en riant :

— Eh oui, je suis toujours ici. Pourquoi me déplacer quand le monde entier vient à moi.

Alors, les mouettes prétentieuses sont si étonnées qu'elles s'éloignent, furieuses, sans oser répliquer.

## *Avec six gros coussins*

**17 FÉVRIER**

*Avec six gros coussins
J'ai fait une montagne.
J'aurais dû en mettre un
Devant l'échafaudage.
Je n'aurais pas pleuré
Lorsque je suis tombée.*

## La lune

**18 FÉVRIER**

*Quel est donc l'animal
Qui, là-haut dans le ciel,
Mange la lune pâle
Pendant que le soleil
La cache ?*

*Tous les soirs je la vois
Plus maigre que la veille
Et je crains bien ma foi
Qu'un jour il n'y ait d'elle
Plus trace.*

## La varicelle et les oreillons

**19 FÉVRIER**

Emmanuel avait la varicelle et il n'était pas content du tout.

Il devait rester dans sa chambre pendant deux semaines entières, sans se gratter, même quand ses boutons le démangeaient, et sans lire, alors qu'il aimait la lecture par-dessus tout.

Irène, elle, avait les oreillons.

Quand elle se regardait dans la glace, elle voyait une grosse bosse sur sa joue droite et une autre sur sa joue gauche. Si elle avait le droit de lire, de dessiner et de manger des crèmes glacées, elle n'en trouvait pas moins que rester dans sa chambre pendant toute une semaine avec les oreillons, ça n'était pas drôle du tout.

Emmanuel et Irène étaient en train de se lamenter quand on leur apprit que leur voisin Nicolas, à peine guéri de sa varicelle, venait d'avoir les oreillons.

— Pauvre Nicolas! dit Emmanuel. Je suis content d'avoir simplement la varicelle.

— Pauvre Nicolas, dit Irène. Heureusement que, moi, je n'ai que les oreillons.

Et la vie leur parut moins amère.

Elle l'était beaucoup, par contre, pour Nicolas.

— Je suis le petit garçon le plus malheureux de la terre! gémissait-il.

— Ça n'est pas mon avis, Nicolas, lui dit le médecin. Tout le monde, ou presque, a un jour ou l'autre la varicelle et les oreillons. Je trouve, moi, que tu as bien de la chance d'être débarrassé des deux une fois pour toutes.

Puis, tandis que Nicolas réfléchissait, le médecin referma sa trousse et se tourna vers sa maman :

— Les crèmes glacées lui feront beaucoup de bien, dit-il. Vous pouvez lui en donner autant qu'il en désire...

Alors Nicolas eut un grand sourire heureux et pensa que la vie n'était pas si triste, après tout.

# Les petits écureuils bavards

**20 FÉVRIER**

Trois petits écureuils bavards et potelés gambadaient en haut d'un arbre.

— Maman nous a permis! criaient-ils. Maman nous a permis de passer la nuit dans la petite maison que nous allons construire en haut d'un arbre.

Et, tout en sautant d'une branche à l'autre, ils tombèrent d'accord sur le fait que leur maison devait être imperméable et assez grande pour les abriter, eux, leurs queues ébouriffées, sans oublier une grande quantité de glands à grignoter.

Mais ce fut l'unique point sur lequel ils arrivèrent à s'entendre.

Car, parmi ces trois petits écureuils, il y en avait deux qui passaient leur temps à se disputer.

— Voici l'arbre qu'il nous faut! s'écria l'un d'entre eux.

— Non! répliqua l'autre. Celui-là est mieux.

Ils se chamaillèrent tant que le troisième petit écureuil sentit la tête lui tourner. Alors, en murmurant: « c'est toujours la même histoire », il leur faussa discrètement compagnie.

Deux minutes plus tard, toc! toc! deux gros glands tombèrent en plein sur la tête des petits bavards.

— Tu m'as donné un coup de poing sur la tête! cria l'un.

— Non, c'est toi, cria l'autre. Et hop! en un clin d'œil, ce fut la bagarre.

Les disputes continuèrent jusqu'au soir. Enfin, n'ayant pas construit de maison dans les arbres, les deux petits écureuils se préparèrent tristement à rentrer chez eux.

Ils étaient à mi-chemin quand une petite voix les héla.

— Regardez-moi! disait la voix. Je suis là-haut! Levez la tête!

C'était leur frère qui se pavanait dans une belle maison confectionnée par lui.

— Oh! gémirent-ils. Tu vas dormir là-haut pendant toute la nuit! Et pas nous!

— Mais si! répondit leur frère. Il y a bien assez de place dans ma maison pour nous trois et pour nos queues ébouriffées. Allez chercher quelques glands à ronger et venez me rejoindre!

En deux temps, trois mouvements, les deux petits écureuils eurent rempli leurs joues de glands. Ils grimpèrent en haut de l'arbre, trop contents pour se disputer à qui passerait le premier par la porte de la petite maison.

## Nuits d'hiver

**1 FÉVRIER**

Les longues nuits d'hiver, sombres et silencieuses, sont faites pour dormir.

Les moutons et les vaches rentrent de bonne heure dans la grange au toit rouge. Les poules ensommeillées s'endorment dès le coucher du soleil, en ébouriffant leurs plumes pour se réchauffer. Le chat se pelotonne dans le foin, trop paresseux pour chasser les petites souris qui se cachent dans les fentes des murs, ou le vieil hibou qui somnole sous le toit enneigé.

Les hommes aussi vont se coucher tôt après la longue soirée hivernale. Les petits garçons et les petites filles dorment dans leur lit bien chaud tandis que, dehors, la campagne se recouvre silencieusement d'une épaisse couverture blanche pour leur faire une surprise au réveil.

Certains animaux dorment depuis les premiers gels jusqu'au printemps. Ainsi font l'ours et la tortue. Quant à l'écureuil et au hérisson, ils sont plus souvent endormis qu'éveillés.

Mais d'autres animaux ont faim pendant les longues et froides nuits d'hiver. Le lapin peureux file à grands bonds sur la neige, cherchant des racines et de jeunes branches à ronger. Le mince putois se faufile dans l'obscurité, espérant attraper quelque lapereau imprudent. Et le renard roux, trotte sur la rivière gelée, prêt à déguster un putois pour son petit déjeuner.

Aussi, le matin, quand les animaux de la grange commencent à s'agiter, quand les petits garçons et les petites filles bâillent et s'étirent dans leurs lits, la neige blanche est déjà marquée par les empreintes de tous ces promeneurs nocturnes.

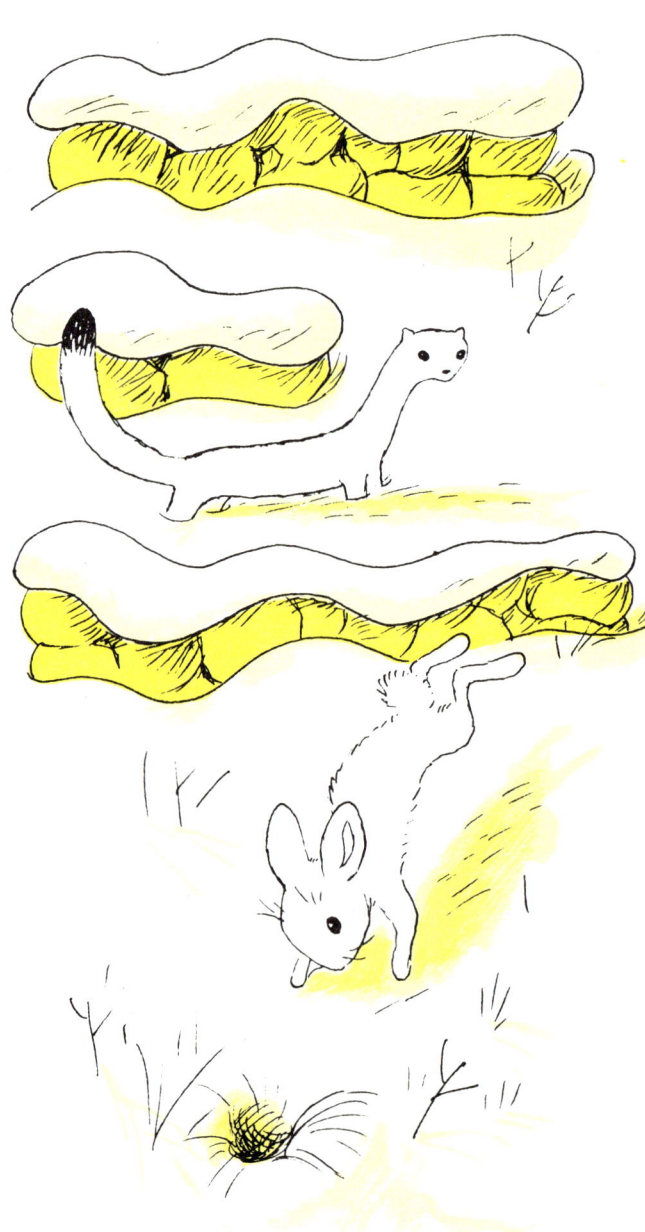

## L'arithmétique

**22 FÉVRIER**

Un et un font deux.
Deux bonbons, c'est peu!

Deux et un font trois.
Un pour toi, deux pour moi!

Trois et un font quatre.
A toi si tu les attrapes!

## Les trains

**23 FÉVRIER**

J'aime tous les trains,
Les grands, les petits,

Les moyens aussi.
Dès demain matin,

Je m'embarquerai
Et je partirai

Ma valise en main
Pour des cieux lointains.

## Le trop long voyage

### 24 FÉVRIER

Il était une fois un petit garçon qui traversait en train une région désolée de l'Amérique. Il y avait déjà plusieurs heures que son train roulait, et, de sa fenêtre, le petit garçon ne voyait que de vastes étendues de sable blanc, dénudé. Rien ne bougeait. Pas un lapin. Pas un oiseau. Au bout d'un moment, le petit garçon pensa que tout était mort dans la nature et qu'il n'y verrait plus jamais rien de vivant.

Il voulut demander à son papa s'il y aurait vraiment des Indiens quand ils arriveraient au Far West, mais son papa dormait.

Il voulut demander à sa maman de réveiller son papa, mais sa maman dormait, elle aussi. Alors, le petit garçon se remit à regarder par la fenêtre. A présent, le train roulait dans des régions montagneuses. Il montait, montait toujours. Bientôt, il arriva en haut d'un col d'où le regard plongeait sur un immense cañon, une vallée très profonde. Et, soudain, le petit garçon aperçut, très loin, tout au fond du cañon, un jeune cheval sauvage. Il devina qu'il était sauvage à sa façon de ruer et de secouer sa crinière, puis de s'enfuir au galop en voyant passer ce train dont le bruit l'effrayait.

— Un cheval sauvage! murmura le petit garçon. S'il y a vraiment des chevaux sauvages... alors, peut-être bien qu'il y a aussi de vrais Indiens.

Et, tout heureux, le petit garçon baissa les paupières. Maintenant, il pouvait dormir puisqu'il savait qu'une fois arrivé au Far West il y verrait de véritables Indiens.

## Le garde-manger

### 25 FÉVRIER

L'écureuil mange des glands,
Le lapin des racines.
Nous achetons nos aliments
A l'épicerie voisine.

Le moineau trouve des miettes
Sur l'appui de ma fenêtre.
Il ne sait pas qu'un ami
Les a posées là pour lui.

## Pierrot-la-Terreur

**26 FÉVRIER**

— Attention! hurlaient à grands coups de klaxons les automobiles sur la route. Vite! Serrez vos freins! Voilà Pierrot-la-Terreur.

Les pneus crissaient et toutes les voitures s'arrêtaient pour éviter le tête à queue au cas où Pierrot-la-Terreur aurait l'idée de les effrayer. Ce qu'il ne manquait jamais de faire, bien sûr. Il fonçait vers la route, ce petit avion vaniteux, et il la frôlait de si près que les plus vieilles autos en tremblaient encore des heures après.

— Attention! s'écriaient les grands bâtiments en regrettant de ne pas pouvoir se baisser. Voilà Pierrot-la-Terreur.

Et Pierrot-la-Terreur passait, de justesse, en cueillant à une fenêtre un drapeau qui restait accroché à sa queue.

— Vous verrez, disaient les gens. Un jour, il récoltera ce qu'il mérite.

— Certainement pas! pouffait le petit avion. Je suis bien trop adroit pour ça.

Et il continuait à terroriser par ses loopings les clochers et les tours, les maisons et les granges, même les troupeaux de vaches. Un jour, il aperçut une minuscule voiture qui suivait la voie ferrée dans la direction d'un tunnel creusé au milieu des montagnes.

— Je vais lui faire peur! se dit Pierrot-la-Terreur.

Et il amorça un magnifique looping. Il était si occupé à calculer la distance à laquelle il devait se redresser qu'il ne vit pas la grosse locomotive surgir du tunnel.

— Ran... an... gez-vous... ous, siffla-t-elle.

Pierrot essaya... mais il était trop tard. La grosse locomotive passa en lui arrachant un bout de son aile.

Pauvre Pierrot. Une heure plus tard, il se retrouvait dans l'atelier de réparations, malade et courbatu de partout.

Il fallut deux grandes semaines pour le remettre en état de voler. Quand il fit son apparition dans le ciel, tout le monde fut très étonné.

Le petit avion ne méritait plus son surnom. Certes, il s'amusait encore à gambader mais il ne décrivait plus ses dangereux loopings que très haut dans le ciel, et plus personne n'eut jamais à dire: « Attention! Voilà Pierrot-la-Terreur! »

## Mam'selle souris dans le placard

**27 FÉVRIER**

*Mam'selle Souris dans le placard*
*Qui grignotez notre lard,*
*Pensez-vous que nous ignorons*
*Vos ébats dans la maison?*
*Si nous avons laissé là*
*Un morceau de chocolat,*
*Inutile de trembler,*
*C'est pour que vous le mangiez!*

## Façon de parler

**28 FÉVRIER**

Chaque fois que l'ours et son ami le renard avaient des courses à faire, ils se rencontraient au carrefour.

— Tiens, disait l'ours, bonjour, renard. Où vas-tu donc comme ça?

— Je monte au village, répondait le renard. Et toi?

— Oh, moi, je descends au village, répliquait l'ours. Dommage que nous ne prenions pas la même direction.

Là-dessus, ils se séparaient et se rendaient au village en empruntant des chemins différents. Ils étaient si occupés qu'ils ne s'y voyaient jamais. Sauf un soir d'hiver, à l'heure où les magasins venaient de fermer. Ils avaient tous deux les bras si chargés de paquets qu'ils eurent le plus grand mal à se serrer la patte.

— Ça alors, renard! s'écria l'ours. Que fais-tu donc ici? Viens souper avec moi.

— Et toi, que fais-tu là? s'étonna le renard. J'aimerais t'accompagner. Malheureusement, c'est l'heure de mon déjeuner.

Les deux amis prirent congé l'un de l'autre. Mais, au moment où ils allaient se tourner le dos, l'ours demanda :

— Dis-moi, renard, que manges-tu pour ton déjeuner?

— Un œuf à la coque, une salade et une orange, répondit le renard.

— C'est exactement ce que je mange pour mon souper! s'exclama l'ours. Donc, ton déjeuner et mon souper seraient la même chose?

— Mais oui! s'écria le renard. Et puis... étant donné que nous nous sommes retrouvés au milieu du village, cela veut sans doute dire que, lorsque tu y descends et que j'y monte, nous nous rendons au même endroit.

— En effet! dit l'ours, tout heureux et, glissant sa patte sous celle de son ami le renard, il le guida vers le restaurant le plus proche.

Depuis, chaque fois que l'ours et son ami se rencontrent au carrefour, ils trottent gaiement jusqu'au village de compagnie.

## *Le vingt-neuf février*

**29 FÉVRIER**

*Je suis né, c'est affreux,
Un vingt-neuf février.
Rien de plus malheureux
Ne pouvait m'arriver.*

*Tous les petits enfants
Ont un anniversaire,
Mais moi, quelle misère!
J'attends le mien quatre ans.*

# L'ourson de la maison voisine

**1ᵉʳ MARS**

Il était une fois un petit garçon qui avait pour voisin un jeune ourson de son âge. Ils jouaient ensemble chaque jour.

Ensemble, ils se promenaient à bicyclette, ils apprenaient à faire du patin à roulettes et parfois, par faveur spéciale, leurs mamans leur permettaient d'aller dormir, l'ourson chez le garçon et le garçon chez l'ourson.

Le petit ourson passait son temps à décrire ce qui se passait dans la maison de son ami et le petit garçon, de son côté, ne parlait que de l'ourson.

— Chez mon ami l'ourson, déclarait-il au petit déjeuner, on ne prend pas la peine de mettre une serviette, de dire s'il vous plaît, merci, et tout ça...

— Chez mon ami l'ourson, déclarait-il le soir, au moment de se coucher, on va à la pêche en plein milieu de la nuit et on s'amuse beaucoup...

Chaque fois que son bain était prêt, il disait :

— Chez mon ami l'ourson, il n'est jamais l'heure de prendre son bain.

— Eh bien! finit par lui dire sa mère, exaspérée. Tu ferais peut-être mieux d'aller habiter chez lui et de devenir ourson.

Elle lui fit sa valise et lui ouvrit la porte.

Mais, une fois la porte refermée, le petit garçon ne se précipita pas chez son ami. Au contraire, ce fut avec une grande lenteur qu'il se mit à marcher sur le sentier. Or, quelle ne fut pas sa surprise de rencontrer à mi-chemin... qui? son ami l'ourson.

— Tiens! s'écria-t-il. Que fais-tu là?

— Je... je vais chez toi pour devenir un petit garçon, bredouilla l'ourson. Et toi?

— Moi, je vais chez toi pour devenir un ourson. Mais... mais je préférerais beaucoup rester un petit garçon!

— Et moi un ourson! s'écria son ami. Là-dessus, il prit ses pattes à son cou et courut chez lui.

Le petit garçon fit de même. Il ouvrit la porte de sa maison, traversa le vestibule sur la pointe des pieds et entra piteusement dans le salon.

— Il y a... il y a déjà un ourson dans la maison à côté, dit-il d'une toute petite voix. Crois-tu que tu ne préférerais pas garder ton petit garçon?

— Bien sûr que si! lui répondit sa mère.

Et, quelques minutes plus tard, au fond de son lit bien chaud, le petit garçon rêvait à tout ce qu'il pourrait faire le lendemain avec son ami l'ourson.

# La belle auto bleue

**2 MARS**

Pendant toute la semaine, deux petits singes avaient joué du tournevis et du marteau pour se confectionner une auto. Ils l'avaient peinte d'une belle couleur bleue. Dès que la peinture fut sèche, l'un d'eux s'assit dans l'auto tandis que l'autre la poussait sur le trottoir; puis ils changèrent de place.

Ils s'amusaient beaucoup quand leur cousin arriva.

— Pourquoi ne pas pousser votre voiture en haut de la pente? leur demanda celui-ci. Vous pourriez monter tous les deux dedans et vous descendriez très vite!

— Quelle bonne idée! s'écria l'un des deux petits singes.

— Allons-y! renchérit l'autre. Et ils se mirent à pousser leur belle auto neuve en haut de la pente.

Arrivés là, ils montèrent tous deux dans l'auto et se laissèrent glisser. Ils allaient vite, vite, si vite qu'ils ne remarquèrent même pas l'arbre sur lequel ils fonçaient jusqu'au moment où...

Crac! avec un bruit terrible, la belle auto bleue se jeta sur l'arbre et se replia comme un accordéon! Heureusement, les petits singes furent projetés sur l'herbe molle et ne se firent pas mal du tout.

— Mais notre pauvre auto! s'écrièrent-ils. Elle est tout abîmée.

En effet! Il fallut encore aux petits singes toute une semaine pour la redresser et la repeindre. A peine avaient-ils terminé que leur cousin vint leur rendre visite.

— Bonjour, dit-il. Pourquoi ne pas...

Mais il n'alla pas plus loin.

— Non, non! firent les deux petits singes, en même temps. Si tu veux jouer avec nous, tu n'as qu'à te contenter de pousser notre belle auto sur le trottoir. Cela nous suffit bien!

## Trois lionceaux

**3 MARS**

*Trois lionceaux*
*Bien au chaud*
*Tout au fond de leur tanière*
*Cependant*
*Que le vent*
*Fait trembler la terre*
*Avec un*
*Rire malin*
*Disent à leur mère*
*Ah vraiment*
*En rugissant*
*Nous en ferions tout autant.*

# Le petit zèbre rapide

**4 MARS**

— Dis, papa, demanda le petit zèbre. Dis, papa, veux-tu, s'il te plaît, m'apprendre à courir aussi vite que toi ?

— Avec plaisir, répondit son papa, tout heureux d'entendre louer son agilité. Je vais même te donner immédiatement une leçon.

Ils se rendirent donc dans les vastes plaines, qui sont un lieu idéal pour apprendre à courir.

— Ecoute, dit le papa zèbre, d'abord, tu... voyons, tu sais marcher, n'est-ce pas ? Eh bien ! courir, c'est marcher en agitant les pattes très rapidement.

— Comme ceci ? demanda le petit zèbre en trottinant.

— Non ! Non ! lui cria son père. Beaucoup plus vite !

Le petit zèbre essaya d'aller plus vite.

— Comme cela ? demanda-t-il.

— C'est trop lent, répondit son papa. Ce qu'il faut, c'est *désirer* aller plus vite, beaucoup plus vite que n'importe qui au monde.

— Entendu, dit le petit zèbre. Veux-tu courir avec moi, s'il te plaît ?

— Bien sûr, fit son papa, et ils se mirent à courir sur les plaines herbeuses. Alors, le petit zèbre désira de toutes ses forces courir plus vite que n'importe qui au monde. Il le désira si fort que, tout à coup, il s'aperçut qu'il courait presque aussi vite que son papa.

— Encore un petit effort, pensa-t-il, et je courrai *aussi* vite.

Mais, juste à ce moment-là, son papa s'arrêta.

— La leçon est terminée pour aujourd'hui, dit-il.

— Oh ! fit le petit zèbre. Oh, pourquoi, papa ?

— Parce que je ne veux pas te fatiguer, répondit son papa. Mais il n'ajouta pas qu'il préférait rester, pendant quelque temps encore, le zèbre le plus rapide de la famille.

## Un cadeau pour Madame Mulot

**5 MARS**

La petite Madame Mulot voulait un animal pour son anniversaire.

— Et elle en aura un, décréta Monsieur Mulot. Malheureusement, je ne vois pas très bien quel genre d'animal je peux choisir.

— Il n'en existe pas d'assez petit, fit remarquer son ami, Monsieur Souris.

Monsieur Mulot, qui n'avait pas encore pensé à la question, se mit à y réfléchir sérieusement. Il y songeait nuit et jour. Hélas! le moment venu, il n'avait rien trouvé.

Les oreilles basses, le pauvre Monsieur Mulot se résigna à chercher un autre cadeau pour son épouse. Il était vraiment très triste. Soudain, il entendit son ami, Monsieur Souris, qui courait pour le rattraper.

— J'ai découvert l'animal qu'il vous faut! lui cria celui-ci.

— Où est-il? demanda Monsieur Mulot.

— Eh bien, je ne l'ai pas encore. Mais j'ai lu dans mon Encyclopédie qu'en Orient (un pays très lointain, sans doute) les dames gardaient des grillons chez elles...

— Un grillon! s'écria Monsieur Mulot. Bien sûr! c'est exactement cela qu'il me faut.

Les deux amis coururent ensemble dans la campagne. La nuit allait tomber quand ils terminèrent leur solide petite cage en herbe tressée. Ils retournèrent au moins une centaine de pierres avant de découvrir un grillon assez petit et assez gai pour leur convenir.

Enfin, le grillon fut enfermé dans sa cage.

— C'est vraiment un beau cadeau! remarqua Monsieur Mulot. Et, comme il était plus de minuit, comme le jour de l'anniversaire était arrivé, il invita Monsieur Souris à l'accompagner chez lui.

Ils partirent tous deux en chantant « joyeux anniversaire », tandis que le grillon sifflait ses airs les plus gais. Madame Mulot les entendit arriver et devina qu'ils lui apportaient le cadeau qu'elle désirait. Aussi, quand les deux amis ouvrirent la porte, ils trouvèrent le gâteau sur la table et les bougies allumées.

## *Que c'est bizarre, les glaces!*

**6 MARS**

*Que c'est bizarre, les glaces!
Quand je vais m'y regarder
Je n'y vois qu'une fillette
Bien habillée, bien proprette.
Pourtant, ma maman me dit :
« Oh, mademoiselle Annie,
Vous êtes-vous regardée ?
Votre chapeau est de travers.
Votre manteau est à l'envers.
Votre soulier est délacé.
Vos moufles sont mal nouées.
Allez, allez vous laver,
Une tache vous avez
Juste sur le bout du nez. »
Mais dans la glace je vois
Un joli petit minois
Où jamais je n'aperçois
De taches par-ci, par-là.*

## Quel vent!

**7 MARS**

— Je déteste le vent, soupirait Grand-Mère l'Oie, recroquevillée dans sa maison. Quand il souffle en rafales, je me sens si seule!

Juste à ce moment-là, une enveloppe vint se heurter contre sa fenêtre, portée par le vent, et Grand-Mère l'Oie ne put résister au désir d'aller voir ce que c'était.

— Eh bien! s'écria-t-elle. C'est une invitation à déjeuner chez Madame Picoti-Picota. Quelle bonne surprise par une si triste journée!

Madame Picoti-Picota fut bien étonnée de voir Grand-Mère l'Oie.

— Quand ma lettre s'est envolée, expliqua-t-elle, je me suis rappelé à quel point vous détestiez le vent et j'ai jugé inutile d'en écrire une autre.

— Moi, détester le vent! s'exclama Grand-Mère l'Oie en s'installant confortablement. Je serais bien ingrate quand il m'apporte de si bonnes surprises!

## J'ai trouvé

**8 MARS**

*Je voulais un minet
Mais j'avais beau chercher
Je n'en trouvais jamais
Pas plus chez l'épicier
Que chez le boulanger
Ou chez le pâtissier.
Je me désespérais
Et déjà je croyais
Que jamais, non jamais
Je n'aurais de minets
Quand dans mon jardinet
Quatre, j'en ai trouvé!
Quatre chats nouveau-nés!*

## La chemise de cow-boy

**9 MARS**

Bruno était un petit garçon qui désirait une chemise de cow-boy plus que n'importe quoi au monde.

Il en parlait tout le temps. Le mercredi, quand sa maman l'emmenait en ville pour faire des courses, il lui demandait si elle avait inscrit une chemise de cow-boy sur sa liste d'achats. Mais elle lui répondait toujours :

— Il faut d'abord acheter des chaussures (ou un manteau, ou un chandail), et ensuite nous n'aurons plus d'argent.

Bruno avait fini par ne plus espérer voir un jour une chemise de cow-boy sur la liste. Or, un jour que sa maman avait décidé de lui acheter un pyjama, il la suivit, bien triste, dans le magasin. Il examina tous les pyjamas que le vendeur avait posés sur le comptoir. Mais ses regards furent attirés tout particulièrement par une magnifique chemise de cow-boy qu'on avait dû placer là par erreur. Il la dévora des yeux

et toucha délicatement la belle frange jaune.

Soudain, sa maman dit au vendeur :

— Je crois que mon fils préfère, à tous les autres, les pyjamas de cow-boy. Vous m'en mettrez deux paires.

Des pyjamas de cow-boy! Bruno n'en croyait pas ses oreilles. Le paquet fait, il le prit sous son bras et, sur le chemin de sa maison, il se dit que, peut-être, il pourrait porter la chemise pendant la journée, la culotte pendant la nuit... ce qui lui permettrait d'être habillé en cow-boy vingt-quatre heures sur vingt-quatre.

Et ce fut, en effet, ce qui se passa.

## Pauvre vieux Goupil

**10 MARS**

Mmm! mmm!... Goupil le Renard s'approchait à pas feutrés d'une vieille caisse où se cachaient trois petits cochons bien gras.

— Chut! murmura l'un des trois petits cochons.

— Pas un geste! souffla le second. Pas un bruit!

Mais le troisième petit cochon avait terriblement, terriblement envie d'éternuer. Et, malgré tous ses efforts, il ne put se retenir :

A-a-a-a-a-tchoum!

Quel vacarme!

Surpris, le vieux Goupil fit un bond si énorme qu'il atterrit la tête la première dans un bouquet de chardon.

Pendant qu'il essayait de se remettre d'aplomb sans trop se piquer les pattes, les petits cochons en profitèrent pour se glisser hors de la caisse et pour courir chez eux.

Une fois la porte bien fermée, le troisième petit cochon se moucha et sourit à ses deux frères.

Soudain, le second petit cochon éternua. A-a-a-a-tchoum.

Et le troisième aussi. A-a-a-tchoum.

Alors, les trois petits cochons éclatèrent de rire en pensant au bond que le vieux Goupil aurait fait s'ils avaient eu envie d'éternuer tous les trois, là-bas, dans leur caisse, s'ils s'étaient retenus longtemps, et si leurs trois éternuements avaient fini par exploser en un énorme, en un épouvantable A-A-A-A-A-A-A-A——TCHOUM!

## Le naufrage

**11 MARS**

*D'une brindillette*
*La grenouille verte*
*S'est fait un bateau.*
*Souricette, souricette*
*Ne reste pas là, seulette,*
*Viens avec moi voguer sur l'eau.*

*Grenouillette*
*Gentillette*
*Je n'aime pas l'eau.*
*Et je crois que ta barquette*
*Ta barquette mignonnette*
*Va se retourner bientôt!*

garder pour elle car les girafes, qu'elles soient grandes ou petites, n'ont pas de voix pour parler. Notre petite girafe était donc très, très triste. Et elle le resta jusqu'à ce jour où, en se promenant dans la jungle, elle vit un petit singe qui posait à sa maman les questions dont elle avait tant envie de connaître les réponses.

La maman singe expliquait tout ce que son petit voulait savoir. La girafe écouta de toutes ses oreilles.

— Je n'ai pas besoin de poser des questions, se dit-elle. Je n'ai qu'à écouter.

Et elle poursuivit sa marche, la tête inclinée sur le côté pour entendre tout ce qui se disait.

Ainsi, la petite girafe avide d'apprendre sut tout ce qu'elle avait envie de savoir et devint de plus en plus instruite à mesure qu'elle grandissait.

## La girafe avide d'apprendre

**12 MARS**

Une petite girafe marchait à côté de sa maman, avec tout plein de questions dans ses grands yeux bruns.

— Pourquoi le ciel est-il si haut et si bleu? se demandait-elle. Qu'est-ce qui fait les arcs-en-ciel? Et la rosée? D'où vient l'eau? Qu'est-ce que les abeilles? Pourquoi les feuilles poussent-elles sur les branches des arbres?

Mais toutes ces questions, elle devait les

## Sous la feuille morte

**13 MARS**

*Sous la feuille morte de l'année dernière*
*N'importe quoi peut se cacher :*
*Une armée de fourmis construisant leur cité,*
*Un petit crapaud vert au chant mélodieux,*
*Un scarabée noir qui nettoie sa maison,*
*Un serpent vêtu d'une peau toute neuve,*
*Une souris endormie dans son petit nid d'herbe*
*Ou même un lézard rapide qui s'enfuira en*
*vous voyant.*
*Vous y verrez peut-être toute une famille*
*d'araignées*
*Qui se sauvent sur leurs longues pattes*
*décharnées*
*Ou bien encore un gros escargot dans sa*
*coquille.*
*On ne sait jamais, jamais*
*Ce qui peut bien se cacher*
*Sous la feuille morte de l'année dernière.*

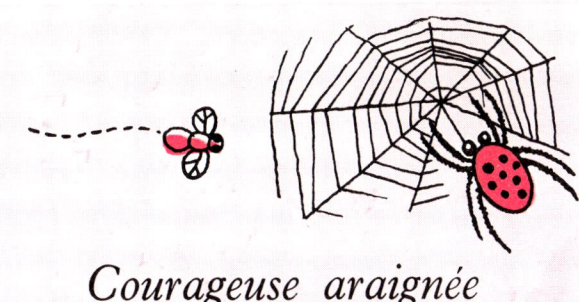

## Courageuse araignée

**14 MARS**

« *Tisse, tisse ta toile
Courageuse araignée!
A toujours travailler
N'es-tu pas fatiguée?* »
« *Si, mais je vois là-bas
Une mouche imprudente
Qui me fera, ma foi!
Un fort bon déjeuner.* »

## La maison de la chevrette et du chevreau

**15 MARS**

Tout en haut d'une colline rocailleuse, deux jeunes chèvres sans abri découvrirent une petite maison de planches, vide et délabrée comme ils l'avaient entendu dire.

Le jeune chevreau, ravi, déclara qu'il fallait l'aménager immédiatement. Mais sa sœur ne trouva rien à son goût.

— Il n'y a pas de cheminée, dit-elle. Et regarde ce gros trou dans le toit! D'ailleurs, la terre est trop rocailleuse pour y faire pousser quoi que ce soit.

— Chaque chose en son temps, répliqua le chevreau. Occupons-nous d'abord de la cheminée.

Et il se mit au travail. Il ramassa de grosses pierres qu'il roula dans la maison. Au lieu de l'aider, sa sœur le regardait d'un air mécontent mais, bientôt, il eut construit une magnifique cheminée par où la fumée pourrait s'échapper.

— C'est déjà mieux, reconnut sa sœur. D'autant que ta cheminée comble le trou dans le toit. Mais à quoi bon une maison si la terre, tout autour, est trop rocailleuse pour y faire pousser des légumes et des fleurs?

— Viens voir! fit le jeune chevreau en souriant. Regarde et tu verras...

Ils sortirent donc tous les deux. Quand la jeune chevrette regarda autour d'elle, ses yeux s'écarquillèrent.

— Ça alors! s'écria-t-elle. Il n'y a plus de pierres! Elles ont toutes disparu!

— Bien sûr, expliqua son frère. Parce que je les ai utilisées pour ma cheminée.

Cette fois, la petite chevrette sourit de toutes ses dents.

— Viens, dit-elle. Allons acheter des graines pour planter des fleurs et des légumes!

Bras-dessus, bras-dessous, ils partirent pour la ville où ils firent l'acquisition d'une pelle, d'un râteau et d'un sac de graines que la petite chevrette trouva très à son goût.

## Trois petits lapins

**16 MARS**

*Le nez au soleil  
Trois petits lapins  
Mangent de l'oseille  
Et du romarin.*

*Trois petits lapins  
Font des petits bonds.  
Dans le clair matin  
Ils dansent en rond.*

*Trois petits lapins  
Jouent comme des fous  
Le nez dans le thym  
Le printemps est doux.*

## Les chaussures neuves de Yann

**17 MARS**

Il était une fois un petit garçon qui s'appelait Yann et qui habitait un minuscule village niché dans la merveilleuse forêt de Brocéliande, où vivait autrefois l'enchanteur Merlin. Yann avait un grand-père particulièrement gentil qui, tous les soirs, en montant le border dans son lit, lui racontait des histoires de fées et de lutins. Un soir que Yann lui montrait ses souliers aux talons tout éculés et lui disait qu'il avait bien envie d'une paire toute neuve, son grand-père lui déclara :

— Si tu places tes chaussures au pied de ton lit ce soir, et si tu prends bien soin de ne pas ouvrir les yeux avant demain matin, tu en trouveras une paire neuve. Mais il faudra, au préalable, que tu poses à côté une soucoupe pleine de lait et un petit pain frais.

Yann s'étonna.

— Qui boira ce lait et mangera ce pain ?

— Un lutin.

— Un lutin !

— Ne sais-tu pas, lui dit son grand-père, que des lutins vivent encore dans la forêt de Brocéliande, tout comme au temps de l'enchanteur Merlin. Autrefois, les paysans prenaient soin de déposer pour eux, devant leur cheminée, une soucoupe pleine de lait et un petit pain frais. Le lutin entrait, se servait, et, désirant prouver sa reconnaissance à son hôte, il ne manquait jamais de lui rendre avant de partir un petit service : il nettoyait sa maison ou ramonait sa cheminée ou lui fabriquait une paire de chaussures. C'est ce qui arrivera cette nuit si tu fais ce que je t'ai recommandé.

Yann s'exécuta. Et, le lendemain matin, au pied de son lit, il y avait une jolie paire de souliers. Il les enfila avec un petit sourire. Car la veille, il avait vu, entre ses paupières baissées, son grand-père se faufiler dans sa chambre et déposer au pied de son lit un paquet enveloppé de papier brun qui portait l'adresse d'un magasin de Quimper !

## Le nouveau vendeur

**18 MARS**

Pour se procurer l'argent nécessaire à l'achat d'un nouveau tobogan, les enfants de l'école avaient décidé de vendre des graines aux grandes personnes. Gilles en avait reçu dix boîtes. Il fallait donc sonner à dix portes successives. Au moment de commencer, le petit garçon ne se sentait pas très à son aise.

— Au fond, se dit-il, maman me les achèterait peut-être. Ou bien, je pourrais donner mon argent de poche pour le tobogan.

Mais il savait bien que sa maman n'avait pas besoin de toutes ses graines. Et son argent, il préférait le dépenser pour autre chose. Il réunit donc tout son courage et, bravement, il alla sonner à la première porte. Quand Madame Dupont ouvrit, Gilles trouva qu'elle ne ressemblait pas du tout à sa grande amie, celle qui lui donnait des bonbons. Il ne la reconnaissait plus et il était sûr qu'elle n'aurait pas envie d'acheter des graines.

En tremblant, il réussit à dire :

— Bonjour, Madame Dupont. Voulez-vous m'acheter des graines ? C'est pour remplacer l'ancien tobogan de l'école.

Alors, Madame Dupont eut un sourire que Gilles connaissait bien.

— Avec plaisir, dit-elle. J'allais en commander, mais je préfère de beaucoup prendre les tiennes.

Gilles fut si réconforté qu'il n'hésita pas un instant à tirer la sonnette de la deuxième maison... celle de Madame Durand, qui avait sûrement très envie d'acheter une boîte de graines pour son jardin.

## Le grand chariot rouge

**19 MARS**

Alain et Aline avaient un grand chariot rouge qui était bien commode pour transporter des pierres, des jouets, ou même pour se laisser glisser du haut de la pente. Malheureusement, ce chariot était perdu.

Alain regarda dehors, à l'endroit où sa sœur et lui avaient l'habitude de charrier des pierres. Le chariot n'y était pas. Aline regarda sur le perron, à l'endroit où ils rangeaient leurs jouets. Le chariot n'y était pas.

Alain et Aline regardèrent dans le garage, où ils mettaient leurs bicyclettes. Mais non, le grand chariot rouge n'y était pas non plus.

Personne ne semblait savoir où il avait bien pu passer. Ni les jumeaux qui habitaient la maison voisine et qui l'empruntaient quelquefois. Ni même leur maman qui passait son temps à répéter :

— Si vous ne rangez pas votre chariot le soir, vous le perdrez sûrement.

— Elle avait raison, gémit Aline. Il est perdu.

Mais, juste au moment où elle disait cela, un petit garçon se dirigeait vers eux en suivant la route. Ce petit garçon savait où était le grand chariot rouge.

Il avait roulé sur la route en pente jusque dans sa cour où le petit garçon l'avait trouvé en allant jouer. Comme il savait très bien à qui ce chariot appartenait, il le rapportait à ses propriétaires.

Alain et Aline furent si contents de retrouver leur chariot qu'ils invitèrent le petit garçon à jouer avec eux pendant toute la journée.

# Le policeman affamé

**20 MARS**

Le policeman O'Halloran était un agent très consciencieux qui, malheureusement pour lui, avait toujours faim. Chaque jour, il faisait sa tournée dans la ville et, plus il marchait, l'oreille tendue, l'œil aux aguets, plus sa faim le tourmentait. En passant devant l'épicerie, il voyait à l'étalage des fruits magnifiques qui lui donnaient envie de se lécher les babines.

— Puis-je vous offrir une banane? proposait l'épicier.

— Non merci, répondait le pauvre policeman. Je n'ai pas le droit de manger quand je suis en service.

Après l'épicerie, c'était au tour de la charcuterie où s'alignaient les saucisses et les saucissons, les œufs durs et le jambon. Quand le charcutier lui offrait un gros sandwich au pâté, il se contentait de secouer la tête. Et ainsi de suite, toute la journée. Devant la confiserie, la boulangerie, la marchande des quatre saisons, le pauvre policeman passait en répétant :

— Non merci. Jamais quand je suis en service.

Et sa faim augmentait d'heure en heure. Aussi, sa tournée terminée, il se précipitait

chez lui et ne faisait qu'un bond de la porte à la cuisine.

— Tu dois avoir faim! lui criait sa femme, en retirant du four un poulet bien rôti. Assieds-toi et mange!

— Non merci. Jamais quand je suis en service! gémissait, par habitude, le pauvre policeman. Puis, soudain, il écarquillait les yeux, jetait son casque en l'air et s'écriait :

— Mais mon service est terminé, non?

Alors, il s'attablait et dévorait en cinq minutes tout ce que sa femme avait préparé pour lui, pauvre policeman toujours affamé!

# PRINTEMPS

# Madame Picoti-Picota

**21 MARS**

Madame Picoti-Picota était toujours fière des œufs qu'elle pondait, mais, avec la venue du printemps, elle se mit à penser à Pâques et elle se dit que des œufs tout blancs ne lui suffiraient pas.

— Je vais pondre de beaux œufs de couleur, comme en apportent les cloches de Pâques, déclara-t-elle.

Et elle courut au nid qu'elle s'était aménagé en secret dans le pré. Là, elle fit tout ce qu'elle put pour pondre des œufs roses, bleus, jaunes ou verts.

Mais, tout ce qu'elle obtint, ce furent des œufs blancs. Et, pis encore, les autres poules, ses amies, passaient leur temps à lui demander où elle en était.

— Comment vont vos œufs, Madame Picoti-Picota? s'enquéraient-elles. Combien de couleurs avez-vous jusqu'à présent?

Madame Picoti-Picota ne répondait pas. Elle se contentait de rester sur son nid pour cacher les œufs et de sourire d'un air entendu, en espérant que, par magie, ils deviendraient roses, bleus, jaunes ou verts avant Pâques.

Hélas! rien n'y fit. Pâques approcha et les six œufs étaient toujours aussi blancs qu'auparavant.

Mais, juste à ce moment-là... crac! une coquille se brisa sous ses plumes chaudes.

Crac! deux secondes plus tard, un deuxième œuf s'ouvrait.

Crac! crac! crac! crac! L'un après l'autre, six petits poussins duveteux sortirent de leurs coquilles. Les amies de Madame Picoti-Picota n'en crurent pas leurs yeux.

Mais rien n'égala la surprise et la joie de Madame Picoti-Picota elle-même. Si grande fut sa fierté que, lorsque les autres poules lui demandèrent :

— Ces ravissants petits poussins sortent-ils vraiment d'œufs colorés?

Elle répondit tout simplement :

— Non, ils sortent d'œufs tout blancs.

Et jamais plus, fût-ce à Pâques, Madame Picoti-Picota n'essaya de pondre des œufs colorés.

# Le compromis des Dupont

**22 MARS**

1. C'était le printemps et la campagne se couvrait de couleurs éclatantes.
— Il faut repeindre la maison, dit Monsieur Dupont. Je vote pour le bleu. C'est une nuance claire et gaie.

2. — Le rouge est plus clair et plus gai, s'écria Madame Dupont. Quant aux petits Dupont, ils préféraient le jaune.

3. — Bon! fit Monsieur Dupont. Il versa dans un bidon de la peinture bleue, rouge et jaune...

4. Madame Dupont et les petits Dupont remuèrent le mélange. Chacun se mit à peindre... et la maison se couvrit d'une belle peinture marron.

5. — Le bleu, le rouge et le jaune, ça fait la plus belle des couleurs! s'écrièrent-ils en regardant leur maison qui ressemblait à un œuf de Pâques en chocolat.

## Le vent

**23 MARS**

*Par un samedi de mars
Le vent soufflait en bourrasque.
Il m'enleva mon chapeau,
Me pluma comme un oiseau*

*Et me dit : « Viens, je t'amène
Danser la faridondaine! »
« Oui », répondis-je aussitôt,
« Mais reviendrons-nous bientôt ? »
« Nous ne reviendrons jamais »,
Dit-il et je décidai
Que je préférais rester.*

## Les vêtements de pluie de Madame Souris

**24 MARS**

Madame Souris courut au premier étage, à la recherche de son parapluie. Monsieur Souris courut au rez-de-chaussée, à la recherche des caoutchoucs de sa femme.

— Il lui faut aussi un mouchoir, s'écria une petite souris en ouvrant les tiroirs du bureau.

— ... et surtout son imperméable! déclara sa jumelle en fouillant dans toute la maison Monsieur Souris gémissait.

— Impossible de trouver ses caoutchoucs. Où peuvent-ils bien être ?

Et les deux petites souris se lamentaient :

— Nous ne trouvons ni son mouchoir ni son imperméable! Maman ne va pas pou-

## Le soleil et moi

**25 MARS**

*Quand le soleil apparaît
Là-haut sur la colline
Je sais qu'il est temps pour moi
De sauter au bas de mon lit.*

voir sortir, et nous n'aurons rien de bon pour dîner !

La famille souris était presque en larmes quand, soudain, la pluie cessa et le soleil fit son apparition.

Alors, Madame Souris s'en alla, le panier au bras, en sautillant gaiement pour éviter les flaques. Pendant son absence, Monsieur Souris et les jumelles cherchèrent, cherchèrent partout et finirent par trouver le parapluie, les caoutchoucs, le mouchoir et l'imperméable.

— C'est merveilleux ! s'écria Madame Souris, quand elle rentra. Maintenant, rangez tout bien soigneusement pour que nous le retrouvions le prochain jour de pluie.

— Oh oui ! firent Monsieur Souris et les deux petites souris.

Mais il étaient tous si pressés de voir ce que Madame Souris avait rapporté dans son panier qu'ils ne purent jamais se rappeler exactement à quel endroit ils avaient rangé ses vêtements de pluie.

*Quand il est très haut dans le ciel,
A midi juste,
Je vais me laver les mains
Car le déjeuner sera bientôt prêt.
Pendant l'après-midi, je vois en jouant
Le soleil descendre lentement.
D'un clin d'œil il me dit : « Il est temps d'aller
dîner. »
Avant de se cacher derrière la colline.*

*Et le soir quand je me couche
Le soleil se couche aussi.
Je lui dis bonsoir en attendant le moment
Où nous nous lèverons en même temps.*

## Le docteur d'en haut et le docteur d'en bas

**26 MARS**

Le docteur d'en haut et le docteur d'en bas ne s'adressaient jamais la parole.

Tout cela parce que le docteur d'en bas, qui soignait les dents de ses clients, disait le plus grand mal des bonbons.

Tandis que le docteur d'en haut, qui soignait tout sauf les dents, en disait le plus grand bien.

— Rien n'est plus délicieux qu'un bonbon! déclarait-il toujours, et il en offrait un à chaque malade à la fin de la visite.

Tous les enfants de la ville étaient d'accord avec lui.

Mais quand le docteur d'en bas les entendait dérouler la cellophane dans l'escalier et les voyait s'élancer dans la rue en suçant leurs bonbons, il s'étranglait de rage.

— Docteur d'en haut! finit-il par crier un jour dans l'interphone. Il faut que cette histoire de bonbons cesse immédiatement!

Ce fut au tour du docteur d'en haut de se mettre en colère.

Il dévala l'escalier à la vitesse d'un ascenseur, cogna vigoureusement à la porte du docteur d'en bas et hurla :

— Discutons raisonnablement de ces bonbons!

— Les bonbons sont mauvais pour les dents! fulmina le docteur d'en bas.

— Ecoutez donc! répliqua le docteur d'en haut. Les bonbons sont peut-être mauvais pour les dents mais ils rendent heureux ceux qui les mangent. Et une personne heureuse est une personne en bonne santé. Et une personne en bonne santé a toujours des dents saines parce qu'elle se les lave après chaque repas...

Là-dessus, par pure habitude, le docteur d'en haut tendit son paquet au docteur d'en bas en disant :

— Voulez-vous un bonbon?

Le docteur d'en bas fut si étonné que, sans même y penser, il en fourra un dans sa bouche. Or, c'était un bonbon parfumé au cassis, et il était si bon que les yeux du docteur d'en bas se mirent à briller.

— Savez-vous, docteur d'en haut, dit-il au bout d'un moment, je crois que vous avez raison. Un bonbon de temps en temps, cela ne peut faire de mal à personne.

Il tendit la main et le docteur d'en haut la lui serra de bon cœur.

Puis, comme les clients allaient bientôt arriver, le docteur d'en haut remonta gaiement l'escalier, tandis que le docteur d'en bas rentrait en fredonnant dans son cabinet.

## Le chariot

**27 MARS**

Dans notre ville est venu
Un petit homme bizarre
Qui promène dans les rues,
Avec un air goguenard,
Un chariot que les parents
N'ont pas le droit d'approcher.
Pour les tout petits enfants
Il vend des glaces en été
Des marrons quand il fait froid
Des bonbons, du chocolat.

## Quand je serai grand

**29 MARS**

Quand je serai grand
J'aurai un métier
Qui fera rêver
Les petits enfants.

Tous les jours je creuserai
Avec un bruit de tonnerre
Qui fera trembler la terre
Des gros trous et des tranchées.

## Mon chat Néron

**28 MARS**

Mon chat Néron
Fait ronron
Le dos rond
Le poil long
L'air grognon
Patapon
Sur le paillasson

# Le petit castor paresseux

**30 MARS**

Un petit castor paresseux était assis tout seul au bord de la rivière. Et il aurait bien voulu que quelqu'un s'occupât de lui.

— Ces vilains castors sont trop occupés, chantonnait-il doucement. Toujours trop occupés pour m'amener en promenade, pour me donner quelque chose à manger, ou même pour me raconter une histoire...

Mais cela ne servait de rien. Les grands castors étaient si occupés à construire un barrage qu'ils ne l'entendaient pas.

Alors, le petit castor paresseux haussa la voix, encore et encore.

Pas de réponse. Les grands castors continuaient à charrier de grosses bûches, à transporter des brindilles et de la boue pour construire leur barrage. Personne, pas même son papa ou sa maman, ne lui accordait la moindre attention.

Du coup, le petit castor paresseux se mit en colère. Sans même se rendre compte de ce qu'il disait, il se leva d'un bond et s'écria :

— En tout cas, il y a une chose que je sais. Quand je serai grand, je me ferai poisson, écureuil, ours peut-être. Mais jamais, au grand jamais, je ne deviendrai un vilain vieux castor toujours occupé... toujours trop occupé pour penser à s'amuser.

Cette fois, les grands castors l'entendirent. Tous, sauf son grand-papa, abandonnèrent leur travail et se retournèrent vers lui, les sourcils froncés. Son papa lui jeta un coup d'œil si sévère que le petit castor paresseux sentit déjà la fessée qui le guettait.

Oh! comme le petit castor paresseux souhaitait à présent que ses aînés reprissent leur travail et ne s'occupassent plus de lui!

Hélas! tout le monde le regardait. Soudain, son grand-papa l'appela :

— Écoute, petit castor paresseux, lui dit-il j'ai besoin de quelqu'un pour m'aider à aplanir la boue entre ces bûches. Viens voir et je vais te montrer comment faire.

— J'arrive, Grand-Papa! cria le petit castor. Me voici!

Et, flac! il plongea dans la rivière. Hop! il remonta sur le bord. Deux minutes plus tard, il était si occupé à tapoter la boue entre les bûches avec sa petite queue plate que les grands castors perdirent leur air sévère pour lui faire de grands sourires.

Et le petit castor, qui prenait beaucoup de plaisir à son travail, fut bien content d'avoir appris à se servir de sa petite queue plate avant que son papa n'ait décidé d'utiliser la sienne pour lui donner une terrible fessée.

# L'union fait la force

**31 MARS**

Chaque fois qu'Arthur apercevait Félix, le grand chat prétentieux qui habitait la maison voisine, il se sentait honteux.

— Si seulement je pouvais le mettre en fuite! se disait-il. Après tout, les chiens sont censés pourchasser les chats.

Mais, quand Arthur essayait, Félix fonçait sur lui, les moustaches hérissées, l'air si menaçant que, sans même avoir le temps de s'en rendre compte, le pauvre petit chiot se retrouvait en train de s'enfuir.

Il en était de même pour tous les autres chiots du voisinage. Aucun d'entre eux n'était de taille à résister au gros Félix.

Un jour, cependant, Arthur eut une illumination. « A nous seuls, nous ne pouvons rien, se dit-il. Mais je parie que si nous nous mettions tous ensemble, Félix se sauverait sans demander son reste. »

Il courut en parler aux autres chiots. Ravis, tous se faufilèrent dans le jardin de Félix et se précipitèrent sur lui avec des aboiements épouvantables. Cette fois, le gros chat ne hérissa pas ses moustaches. En deux temps, trois mouvements, il était en haut d'un arbre.

— Bravo! fit Arthur. Nous avons réussi.

Quant à Félix, il avait grimpé sur une branche si haute que sa maîtresse ne put trouver d'échelle assez grande pour monter le chercher. On dut avertir les pompiers. Mais les pompiers n'étaient pas contents du tout.

— Nous sommes là pour éteindre les incendies et non pour aller récupérer les chats en haut des arbres, déclarèrent-ils quand ils eurent terminé. D'ailleurs, la loi interdit aux chiens de se promener en liberté.

Aussi, le lendemain, les maîtres des chiots les enfermèrent tous dans leurs cours respectives. Mais ils ne regrettèrent pas leur aventure. Et Arthur encore moins que les autres, car Félix, lui non plus, ne s'éloigna pas de son jardin et il n'avait plus envie de hérisser les moustaches.

## Le premier avril

**1er AVRIL**

Le premier avril
Il neigea un peu
Et l'on fit du feu
Sans ôter un fil
Car, au mois d'avril
N'te découvre pas d'un fil.

Dans l'après-midi
Le soleil brilla
Mais le vent souffla.
Une petite souris
Se vêtit, se dévêtit,
Cria : « C'est bientôt fini! »
Et le soleil répondit :
« Poisson d'avril, ma jolie! »

## Le joyeux boulanger

**2 AVRIL**

Il était une fois un joyeux boulanger qui, toute la semaine, faisait quantité de choses délicieuses.

— Je regrette de ne pas pouvoir travailler le dimanche, dit-il à son ami l'épicier.

— Et pourquoi ne travaillez-vous pas le dimanche? lui demanda celui-ci.

— Parce que tout serait gâté le lundi, répondit le boulanger.

— Et si les gens mangeaient vos petits pains, vos croissants et vos brioches le dimanche? suggéra son ami.

— Quelle excellente idée! s'écria le boulanger. Il se précipita vers son four et se mit au travail avec énergie.

A la fin de l'après-midi, il alluma toutes les lampes dans sa boutique, posa sur une grande table une pile d'assiettes remplies de petits gâteaux et une énorme théière pleine de thé bouillant. Puis il alla se poster sur le pas de sa porte pour saluer ses amis.

— Eh bien, eh bien! s'écrièrent ceux-ci en humant l'air. Quelle délicieuse odeur! Pouvons-nous donc vous acheter des gâteaux le dimanche, à présent?

— Non! non! Le dimanche, je vous offre à goûter. Entrez et servez-vous!

# Du mauvais pied

**3 AVRIL**

Monsieur Ours avait très bon caractère, sauf le matin, à l'heure du réveil. Il rabrouait son épouse, réprimandait sans raison ses petits oursons et, même, se mettait en colère.

Après, il était sincèrement désolé.

— Excuse-moi d'avoir été méchant avec toi, disait-il à Madame Ours.

— Je suis désolé de m'être mis en colère, disait-il aux petits oursons.

— Oh! ce n'est pas grave, répondaient sa femme et ses enfants. Et, un jour, Madame Ours ajouta : Je crois simplement que tu t'es levé du mauvais pied.

Monsieur Ours s'étonna.

— Comment serait-ce possible? se demanda-t-il. C'est mon pied gauche qui souffre de rhumatisme, et toute ma vie je me suis levé du pied droit, c'est-à-dire du bon pied.

Il y réfléchit toute la journée. Il se dit que toute sa vie il avait été de mauvaise humeur au réveil et, au moment de se coucher, il crut avoir trouvé une idée.

Le lendemain matin, en se réveillant, il faillit oublier la résolution qu'il avait prise. Mais, au moment de poser le pied droit par terre, il se souvint, voulut poser le pied gauche à la place, s'empêtra dans les couvertures et roula par terre avec un bruit si retentissant que Madame Ours et les petits oursons redoutèrent le pire!

Quelle ne fut pas leur surprise quand ils virent arriver dans la cuisine Monsieur Ours tout souriant.

— Je sais à présent, expliqua-t-il devant leur étonnement, que ce que j'appelle mon bon pied, c'est mon mauvais pied, et je ne serai plus jamais de mauvaise humeur à l'avenir.

Madame Ours eut quelque difficulté à comprendre cela, et les petits oursons n'essayèrent même pas. Mais ils furent bien contents de constater qu'à présent Monsieur Ours était toujours de bonne humeur au réveil!

## Quatre petits chats

**4 AVRIL**

*Quatre petits chats gris
Assis sur leur derrière
En regardant la pluie
Qui tombait s'écrièrent :*

*« Oh là là! Pas question
De jouer à saute-mouton!
Il faut rentrer dare-dare
Pas d'partie d'colin-maillard.*

*Impossible de rester
Dans l'jardin à s'amuser
Ou de pourchasser les rats
Ni même de jouer à chat! »*

## La valse des canards

**5 AVRIL**

Par un beau jour de printemps, trois petits canards en file indienne partirent en promenade. Comme ils n'étaient jamais allés nulle part et ne connaissaient du monde qu'eux-mêmes, leur papa et leur maman, ils croyaient que la terre entière était peuplée de canards, à l'exclusion de tout autre animal.

Aussi, quand ils rencontrèrent une poule coquette qui faisait : « Cot cot codêt ».

Puis une vieille dinde pleine de sagesse qui faisait : « Glou glou glou ».

Puis un jeune cochon bien gras qui faisait « groin groin groin », ces trois petits

## Les grandes personnes

*Moi qui suis petit garçon
Je vous dis que vos façons
A vous les grandes personnes
Me déplaisent et m'étonnent.*

*Vous dites toujours des mots
Qui ne sont pas ceux qu'il faut
Et votre vocabulaire
Jure avec le dictionnaire.*

**6 AVRIL**

*Quand dans ma chambre, le soir
Je veux entendre une histoire,
Vous me répondez : « Après »,
Ce qui signifie : « Jamais ».*

*Quand je demande un cadeau,
Un jouet, un mécano,
Vous déclarez : « Nous verrons »
Et cela veut dire : « Non »!*

*Que faisiez-vous à l'école?
Mots croisés ou cabrioles?
Pendant qu'on vous enseignait
A bien parler le français?*

canards ignorants n'en crurent *ni* leurs yeux *ni* leurs oreilles.

Ils retournèrent à leur mare, toujours en file indienne et avec une telle envie de rire que leurs petits ventres leur faisaient mal.

— Oh, maman! s'écrièrent-ils. Nous avons rencontré les canards les plus drôles que tu aies jamais vus! L'un était rouge avec un petit bec pointu, et sais-tu ce qu'il disait? Il disait : « Cot cot codêt ».

— Ce n'était pas un canard, répondit leur maman, mais une poule.

— Une poule! répétèrent pensivement les petits canards. Ah bon! Mais écoute, maman! après, nous en avons rencontré un autre plus bizarre encore. Un grand canard brun, avec une queue en éventail qui faisait : « Glou glou glou ».

— C'était une dinde, leur dit leur maman.

— Une dinde! s'écrièrent les petits canards. Tiens, tiens! Mais, ensuite, nous avons vu le plus drôle de tous. Il n'avait ni plumes ni ailes, mais deux pattes de trop, un minuscule tire-bouchon à la place de la queue, et il faisait : « Groin groin groin! »

— Ce n'était pas non plus un canard, leur expliqua leur maman. C'était un cochon, et il parlait à la manière des cochons.

Puis elle plongea dans la mare. Les trois petits canards la suivirent en file indienne. « Cochon-dinde-poule-poule-dinde-cochon », se répétaient-ils, tout étonnés de savoir qu'il existait d'autres animaux que les canards.

## Le lapin jardinier

**7 AVRIL**

Il était une fois un petit lapin qui n'avait jamais suffisamment à manger. En effet, lorsqu'il entrait à pas feutrés dans un beau jardin où poussaient en abondance choux et carottes... il se trouvait toujours quelqu'un pour le chasser.

— Méchants jardiniers! sanglotait-il en se sauvant. Si j'avais un jardin, je n'en chasserais pas ceux qui ont faim!

— Alors, pourquoi ne pas te faire jardinier? lui suggéra un corbeau affamé.

— Quelle bonne idée! s'écria le lapin. Je vais commencer tout de suite.

Il prit une bêche, une pioche, un râteau, il planta des choux et des carottes, il les arrosa et il les débarrassa des mauvaises herbes. Tous les matins, à l'aube, il allait voir si ses beaux légumes étaient de taille à être mangés.

Or, un jour, que vit-il au beau milieu de son jardin? Le corbeau affamé, la poule des voisins et l'écureuil du grand chêne qui dévoraient ses jeunes pousses! Le petit lapin fut très mécontent.

— Voulez-vous vous sauver! cria-t-il.

La poule et l'écureuil reculèrent. Le corbeau mit les bouchées doubles et répliqua :

— Tu m'as dit que, si tu avais un jardin, tu n'en chasserais pas ceux qui ont faim.

— C'est vrai, admit le petit lapin. Mais j'ignorais à ce moment-là qu'il fallait tant travailler pour faire pousser des légumes. Allons! Allons! Hors d'ici!

Et il prit un air si terrible que le pauvre corbeau abandonna la salade qu'il becquetait.

— Je pourrais peut-être t'aider? proposa-t-il. Je planterais des graines à la place des légumes que je mangerais...

— Et moi je les arroserais! cria l'écureuil.

— Moi, j'arracherais les mauvaises herbes! proposa la poule.

— Dans ce cas, répondit le petit lapin avec un grand sourire, je n'aurai plus besoin de chasser ceux qui ont faim de mon jardin. Car ce sera *notre* jardin...

Et il s'assit par terre, au milieu de ses nouveaux amis. Les quatre apprentis jardiniers attaquèrent leur repas de bon appétit. Ils mangèrent jusqu'au moment où ils se sentirent en assez bonne forme pour prendre la pioche, la pelle, le râteau.

## Le jardinier trop pressé

**8 AVRIL**

*« Allons, voyons! » s'écrièrent*
*Les fourmis, les vers de terre,*
*Les taupes, les scarabées.*

*« Vous, oui, vous, le jardinier*
*N'êtes-vous donc pas honteux*
*De venir troubler nos jeux?*
*Cette pelle et ce râteau,*
*Vous les maniez bien trop tôt! »*

# Les œufs de Pâques

**9 AVRIL**

Pauvre Jeannot Lapin !

C'était la veille de Pâques et il cherchait vainement dans son jardin un endroit où cacher les œufs en sucre et en chocolat que ses enfants y chercheraient le lendemain.

L'herbe était tondue de trop près pour qu'on y pût cacher quoi que ce fût, les brindilles des buissons étaient trop fragiles, et les arbres n'avaient pas de branches basses.

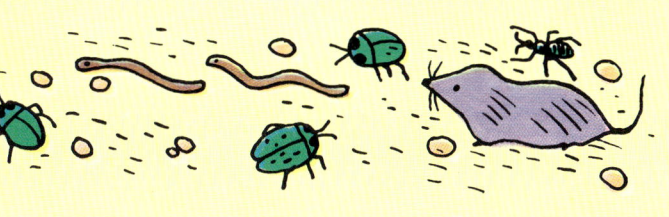

« Je suis vraiment désolé »,
répondit le jardinier,
« Mais je dois planter ici
Des salades, des radis
Et des haricots aussi. »

« Alors, nous n'avons rien dit.
Faites, nous nous en allons.
Pour les manger nous reviendrons. »

— Quel dommage ! se dit-il. Je vais devoir laisser mes œufs dans leur panier et les poser dans la salle à manger, où mes enfants les trouveront demain, au petit déjeuner. Ils seront bien déçus.

Le pauvre Jeannot Lapin se préparait déjà à rentrer chez lui et il introduisait sa clef dans la serrure quand, hop ! la lune se coucha et le soleil se leva. Quelle surprise ! Pendant la nuit, la pelouse s'était couverte de fleurs : boutons d'or et marguerites, coquelicots et violettes, qui faisaient de petites taches de couleur sur l'herbe verte.

Alors Jeannot Lapin eut une idée. Il courut sur la pelouse, son panier au bras et, doucement, doucement, pour ne pas les casser, il planta ses œufs de Pâques au milieu des fleurs.

Il fallait bien regarder pour distinguer les uns des autres, mais les petits lapins avaient des yeux si perçants qu'ils ne manqueraient pas de les trouver.

Sa tâche terminée, Jeannot Lapin rentra chez lui, bien fatigué. Il se coucha dans son grand lit juste au moment où, dans la chambre à côté, trois petits lapins bâillaient, s'étiraient, se réveillaient et se disaient qu'il fallait vite courir dans le jardin où ils trouveraient peut-être quantité de bonnes choses à croquer.

## Le poussin noir

**10 AVRIL**

Sur la paille d'un nid
Une poule pondit
Deux œufs chauds
Ronds et gros.
Picoti picota
Le premier œuf craqua.
Un poussin tout petit
Bravement en sortit.
Il était jaune d'or.
L'un d'eux faisait le mort.
Soudain il s'entrouvrit
Et alors en sortit
Un poussin noir, très beau
Qu'on baptisa Noiraud.

## J'ai un secret

**11 AVRIL**

Moi, j'ai un secret
Que nul ne connaît.

Loin dans la forêt,
Près d'un ruisselet,

Il y a quelqu'un
Qui chante très bien.

Mais est-ce un oiseau
Ou bien un crapaud ?

Ça vous le saurez
Si vous y allez !

## Toutes sortes de maisons

**12 AVRIL**

Quel beau jour de printemps !

Tous les petits animaux sortirent en courant de leurs maisons pour aller jouer au soleil.

Le petit ourson quitta sa caverne, le lapereau son terrier, l'écureuil sa branche d'arbre, et Arthur le chiot s'élança en gambadant hors de son chenil.

La petite tortue, elle aussi, vint jouer avec eux. Mais elle emporta sa maison avec elle, car sa coquille *est* sa maison. Bien sûr, elle était la plus lente. Et, quand ses compagnons jouaient à chat, ou à cache-cache, ils n'avaient aucun mal à l'attraper. Ils se moquaient d'elle (gentiment, d'ailleurs, en riant sous cape) et la petite tortue ne leur en voulait pas.

Quand le soleil se coucha, tous les petits animaux durent rentrer chez eux. L'ourson fila dans sa caverne, le lapereau dans son terrier, l'écureuil sur sa branche et Arthur dans son chenil. Ils dînèrent et se couchèrent dans leur maison.

Mais pas la petite tortue. Elle avala un ver de terre bien gras, une mouche appétissante, elle alla boire à l'eau fraîche de la rivière. Puis, elle rentra sa tête, sa queue, ses quatre petites pattes dans sa coquille (qui est sa maison) et elle s'endormit à la belle étoile, comme un grand explorateur.

## Le petit garçon qui grandissait

**13 AVRIL**

Un samedi d'avril, la pluie se mit à tomber.

Il pleuvait si fort que l'eau dégoulinait du toit et clapotait sur les fenêtres.

Eric regardait la pluie.

Il voyait les petites gouttes s'écraser, floc! sur le trottoir, puis se changer en grosses, grosses gouttes qui tombaient, flac! avec une telle vitesse qu'on ne pouvait plus les distinguer l'une de l'autre.

Au bout d'un moment, Eric se dit qu'il serait bien content d'aller jouer sous la pluie. Il mit ses bottes, qui lui allaient à la perfection. Puis il voulut enfiler son imperméable mais il s'aperçut alors qu'il était beaucoup, beaucoup trop petit. Les manches lui descendaient à peine plus loin que les coudes, ses genoux restaient à découvert et les boutons n'entraient plus dans les boutonnières.

— J'ai trop grandi pendant l'hiver! dit-il à sa maman.

— Ça, c'est vrai, répondit-elle, et elle le mena devant la glace pour qu'il pût se regarder.

Eric se trouva si drôle dans son petit imperméable qu'il ne put s'empêcher de rire. Mais, soudain, quelqu'un sonna à la porte d'entrée.

— C'est probablement Guillaume qui vient me chercher pour jouer, se dit Eric. Quel dommage! Je ne pourrai pas sortir avec cet imperméable.

Entre-temps, la maman d'Eric était allée ouvrir la porte. Elle revint avec un gros paquet qu'elle lui donna.

— C'est pour toi, lui dit-elle. On l'a apporté juste à temps.

Vite, vite, Eric défit le paquet. Il contenait un imperméable tout neuf, assez grand pour durer deux ans au moins.

Alors Eric ôta son vieil imperméable trop petit, enfila son bel imperméable tout neuf, et sortit pour aller jouer sous la pluie... qui fait pousser les arbres et les plantes tout comme les petits enfants.

## Une mine d'or

**14 AVRIL**

*Hier j'ai perdu  
Ma première dent.  
Rien d'inattendu  
Puisque j'ai sept ans!  
Maman m'avait dit:  
« Ce soir, dans ton lit  
Sous ton oreiller  
Il faut la poser. »  
Mais figurez-vous  
Qu'aujourd'hui un sou  
L'avait remplacée  
Sous mon oreiller!  
Des dents, j'en ai tant  
Qu'avant très longtemps  
J'aurai plus de sous  
Qu'un roi du Pérou.*

# Brouillonnette

**15 AVRIL**

Il était une fois une petite fille terriblement brouillon qui ne rangeait jamais ses affaires. Mettre sa chambre en ordre lui donnait tellement de travail, à elle et à sa maman, que celle-ci n'avait jamais le temps de l'amener en promenade avant le déjeuner ou de lui raconter une histoire avant le dîner.

Et la petite fille n'aimait pas ça du tout.
Sa maman non plus, d'ailleurs.

— Ecoute, Brouillonnette, lui dit-elle un jour, je ne comprends pas comment une si petite fille peut arriver à créer tant de désordre autour d'elle.

— Je ne comprends pas non plus, soupira Brouillonnette.

Mais, le lendemain, elle fit très attention. Et elle remarqua qu'en s'amusant, elle sortait de son coffre quantité de jouets sans jamais en ranger aucun.

— Peut-être que si j'en rangeais un avant d'en sortir un autre, ce serait différent, se dit-elle.

Et elle essaya. Chaque fois qu'elle prenait un nouveau jouet, elle commençait par remettre à sa place celui dont elle ne voulait plus. L'après-midi terminé, la petite fille ne put en croire ses yeux.

Sa maman fut encore plus étonnée qu'elle.

— Oh, Brouillonnette! s'écria-t-elle. Comment as-tu fait pour ranger tes affaires?

— C'est un secret, répondit la petite fille en lui murmurant quelque chose à l'oreille.

Sa maman sourit.

— C'est vrai, dit-elle, je ne dois plus t'appeler Brouillonnette. A présent, je peux te donner ton vrai nom : Françoise.

Et, désormais, en se promenant avec sa petite fille avant le déjeuner, en lui racontant des histoires avant le dîner, elle ne l'appela plus jamais Brouillonnette... mais Françoise, ce qui est beaucoup plus joli.

# Le petit traînard

**16 AVRIL**

— Ecoute, petit traînard, dit un jour une maman brebis à son agneau, tu es beaucoup trop grand pour me suivre comme un bébé partout où je vais. Il faut apprendre à t'amuser tout seul. Va de ton côté et moi du mien.

— D'accord, répondit le petit agneau. Me voilà parti!

Et hop! il se mit à gambader sur l'herbe verte. Mais, brusquement, le petit traînard s'arrêta net. Car, n'ayant plus personne à suivre, il ne savait pas du tout où aller.

Il regarda de tout côté. Sa maman avait déjà disparu, mais il aperçut au loin un jeune poulain tout noir et il le rejoignit dans la prairie ensoleillée. Ensuite, il suivit un petit veau très gai, puis le fermier qui passait par là avec un gros tombereau de foin.

Derrière lui, il courut sur la route, en mordillant le foin qui dépassait. Ce foin, il le

## La piste des Indiens

**17 AVRIL**

Le Petit Renard Roux traversait les bois à pas feutrés en compagnie de ses deux frères.

— Où nous mènes-tu ? lui demanda le premier. Est-ce au petit arbre qui abrite l'oiseau jaune et ses oisillons ?

— Non, répondit le Petit Renard Roux. Tu nous as conduits là-bas hier. Moi, j'ai découvert quelque chose de beaucoup plus passionnant.

— Où nous mènes-tu ? lui demanda le second de ses frères. Est-ce au vieil arbre qui abrite un joli lézard paresseux ?

— Non, répondit le Petit Renard Roux. Tu nous as conduits là-bas avant-hier. J'ai découvert quelque chose de bien plus passionnant encore.

A présent, les frères du Petit Renard Roux étaient si excités qu'ils ne se sentaient pas le courage d'attendre une minute de plus pour voir ce qu'il allait leur montrer. Ils n'en eurent pas besoin. Une demi-minute après, le Petit Renard Roux s'arrêtait devant une rangée de bouleaux courbés du même côté.

— Hum ! fit le premier des deux frères. Je ne trouve pas ça très passionnant.

— Hum ! fit le second. Moi non plus.

— Vraiment ? murmura le Petit Renard Roux. Eh bien, figurez-vous que ces arbres, ce sont de vrais Indiens qui les ont courbés pour tracer une piste. Et comme cela ne date que de ce matin, ils ne sont pas loin.

— Des Indiens ! s'écrièrent les deux frères. Ils vont nous scalper avec leurs tomahawks.

Et ils s'enfuirent, les mains crispées sur leurs scalps. Ils avaient l'air si effrayé que le Petit Renard Roux (tout en sachant très bien que seul le vent avait courbé les bouleaux) se sauva lui aussi et arriva le premier à la maison.

trouva si bon que, lorsque le fermier l'aperçut et lui cria : « Veux-tu t'en aller ? » il fit semblant de ne pas entendre.

A ce moment-là, le petit garçon du fermier arriva sur sa bicyclette. « Je vais m'occuper de ce petit agneau », dit-il à son papa.

Il poussa le petit traînard avec sa roue avant et le fit partir au trot. Puis il actionna sa sonnette pour l'empêcher de s'arrêter et le conduisit ainsi jusqu'à la cour de la ferme où sa maman l'attendait.

— Voilà ! se dit le petit garçon du fermier. Papa va me féliciter, car je suis devenu un vrai berger.

— Maman va être bien contente, pensa de son côté le petit agneau. Je suis devenu si grand qu'à présent ce sont les autres qui me suivent.

Et plus jamais, non, plus jamais, il ne mérita son surnom de « petit traînard ».

# Le petit Dupont

**18 AVRIL**

Quand les petits Dupont allaient en ville avec leur maman pour faire des courses, celle-ci leur répétait toujours : « N'oubliez pas. Si l'un de vous se perd, qu'il reste là où il est en attendant que les autres viennent le rechercher. »

D'ailleurs, elle faisait de son mieux pour empêcher que les petits Dupont ne se perdent : elle les comptait toutes les cinq minutes et les obligeait à marcher deux par deux.

Un jour, cependant, le plus jeune des petits Dupont s'arrêta devant la pâtisserie. Il lui fallut très longtemps pour choisir le gâteau qu'il préférait. Et, quand il se retourna, tous les petits Dupont et sa maman avaient disparu.

— Ils sont perdus ! pensa le petit Dupont. Pendant un instant il eut très peur, puis il se rappela ce que lui avait dit sa maman : que les petits Dupont, s'ils se perdaient, devaient rester là où ils se trouvaient en attendant que les autres viennent les chercher.

— C'est donc à moi de les chercher ! se dit-il.

Longtemps, il marcha dans la rue, en regardant successivement dans chaque magasin : dans la boulangerie et la boucherie, l'épicerie et la charcuterie. Nulle part il ne vit le moindre petit Dupont.

— Ils ne sont pas ici, soupira-t-il. Je ferais peut-être bien d'aller voir dans le parc à voitures.

Ce n'était pas facile pour un si petit Dupont. D'abord, les voitures étaient difficiles à distinguer les unes des autres. Et puis, il risquait de se faire écraser. Il se demanda si, tout seul, il y arriverait.

Mais, en redescendant la rue, il entendit de grands hourras. C'étaient Madame Dupont et tous les petits Dupont qui accouraient vers lui.

— Nous t'avons cherché partout, crièrent-ils.

— Moi aussi, je vous ai cherchés partout, répliqua le petit Dupont.

— Je t'avais pourtant dit, intervint sa maman, que, si tu te perdais, il fallait rester où tu te trouvais en attendant les autres.

Le petit Dupont écarquilla les yeux. Il était sur le point de dire : « J'ai compris à présent ! Celui qui se perd, c'est celui qui est tout seul ! » Mais, sans lui en laisser le temps, Madame Dupont reprit :

— A présent, dépêchons-nous car nous sommes en retard. Viens ici, petit Dupont, tu vas marcher à côté de moi.

Tout content, le petit Dupont prit place à côté de sa maman. Ses frères suivirent, deux par deux, et tout le monde se dirigea vers la pâtisserie où le petit Dupont put leur montrer le beau gâteau qu'il avait choisi.

## Le jardin public

**19 AVRIL**

S'il était à moi
Le jardin public,
Je n'y mettrais pas
Toutes ces affiches :
« Défense d'entrer !
Ne pas traverser !
Ici, pas d'enfants !
Interdit, ce banc ! »
Mais je laisserais
Tous ceux qui viendraient
Faire ce qu'ils voudraient.

# La chance de Madame Picoti-Picota

**20 AVRIL**

— Quel temps pour un mois d'avril! soupira Madame Brebis en regardant la pluie qui tombait. Je devrais être en train de tondre ma pelouse, mais comment faire?

— Je n'ai encore jamais vu ça, meugla Madame la Vache. Le moment est venu de planter des légumes dans mon jardin, et tout ce que je peux faire, c'est rester chez moi à me tracasser.

— L'année dernière à la même époque nous allions en pique-nique, gémirent les petits cochons. Vous vous rappelez ce soleil et le bon goût de ce que nous mangions, là-bas dans les bois?

Quant à Monsieur et Madame Chèvre, ils restaient assis devant la fenêtre à se lamenter :

— La pluie, la pluie, toujours la pluie!

Mais la petite Madame Picoti-Picota mit son tablier et nettoya sa maison. Quand tout fut bien propre, elle fit de la pâtisserie en fredonnant des chansons. Au moment même où elle retirait du four ses gâteaux au chocolat, ses tartes et ses chaussons aux pommes, la pluie cessa de tomber et le soleil fit son apparition.

— Juste à temps! s'écria Madame Picoti-Picota. Je vais laver mes carreaux.

Ce qu'elle fit. Puis elle tondit sa pelouse et planta des légumes dans son jardin.

Ensuite, comme il faisait très beau, elle remplit un panier de bonnes choses à manger et partit en pique-nique. D'abord, elle passa chez ses voisins pour leur demander s'ils voulaient l'accompagner. Mais personne ne le pouvait. Non, personne!

— Avec ce soleil, on voit que ma maison a bien besoin d'être nettoyée, soupira Madame Brebis.

— C'est vrai, dirent les autres. Et il y a les pelouses à tondre, les légumes à planter. Nous ne pouvons pas, *nous*, partir en promenade quand l'envie nous en prend...

Ils ajoutèrent des choses qui n'étaient pas très gentilles. Mais Madame Picoti-Picota ne les écouta même pas. Elle leur fit adieu de la main et, sans un souci au monde, elle partit avec son panier dans les bois tout chauds de soleil.

## Le bouquet

**21 AVRIL**

*J'ai cueilli une fleur jaune*
*(C'était une jonquille)*

*Et un brin de myosotis*
*D'un joli bleu pâle*

*J'ai cueilli une fleur blanche*
*Dont j'ignore le nom*

*Ainsi qu'une primevère*
*Et un bouton d'or*

*Que j'ai trouvé au bord de la rivière.*
*De toutes ces fleurs, j'ai fait un bouquet*
*Que j'ai donné à maman pour sa fête.*

## Le rhinocéros détective

**22 AVRIL**

Monsieur Chameau, fou de rage, se précipita hors de sa maison dont il claqua la porte à grand bruit.

— Ecoutez-moi bien, tout le monde! hurla-t-il. Pendant que j'étais dans mon lit avec la grippe, pendant que je frissonnais de fièvre et que je mourais de faim, étant à la diète, quelqu'un m'a volé ma bosse!

— Voyons, Monsieur Chameau, intervint Madame Eléphant, personne n'aurait l'idée de faire cela! Il y a sûrement une erreur...

— Une erreur, vraiment! s'exclama Monsieur Chameau en se tournant de manière à ce que chacun pût voir le peu qui lui restait de sa bosse. C'est un vol et je vais appeler la police!

— Je ne crois pas que ce soit nécessaire, rétorqua Madame Eléphant. D'autant que nous n'avons pas de police. Mais je vous invite tous à déjeuner chez moi. Nous trouverons certainement un indice.

— J'en doute, grommela Monsieur Chameau. Cependant, se rendant compte qu'il avait très faim, il suivit les autres et s'attabla, l'air boudeur, devant un bon repas.

Quand Monsieur Zèbre lui demanda s'il avait cherché sa bosse sous son lit, il se contenta de répondre par un grognement impatient. Il n'eut qu'un haussement d'épaules lorsque la timide Madame Girafe voulut savoir s'il était bien certain d'*avoir eu* un jour une bosse. Et quand Monsieur Rhinocéros s'enquit (l'air très mystérieux) de l'endroit où il avait vu sa bosse pour la dernière fois, il jeta sa serviette par terre.

— C'est sur mon dos, bien sûr, que je l'ai vue! s'écria-t-il. Sur mon dos, où elle a toujours été...

Il se retourna pour désigner l'endroit exact. Et là, là même où elle avait toujours été, au beau milieu de son dos... il vit sa bosse!

— Qui l'a mise là? hurla Monsieur Chameau. Qui l'a mise là pendant que je ne regardais pas?

— Personne, répondit Monsieur Rhinocéros. J'en suis sûr parce que moi, j'étais en train de regarder. Et j'ai remarqué que, plus vous mangiez, plus votre bosse grossissait...

— Ciel! s'exclama Monsieur Chameau. Mais bien sûr! Je... j'avais oublié que ma bosse était faite pour ça... pour y stocker de la nourriture. Et pendant ma grippe, comme je ne mangeais pas, ma bosse a diminué. Enfin, elle a fondu...

Il avait l'air si honteux en disant cela que Madame Eléphant lui donna une part supplémentaire de gâteau au chocolat.

— Avec ça, votre bosse restera intacte, déclara-t-elle en souriant.

— En effet, répondit Monsieur Chameau. Et, pour la première fois de sa vie, il adressa un grand sourire à tous les convives.

# Trop de frères

**23 AVRIL**

Plusieurs fois dans l'année, il arrivait à Ting Ling de se dire qu'il avait vraiment trop de frères.

Et pourquoi pas? Quand il avait envie d'une nouvelle canne à pêche en bambou, son père secouait la tête et répondait que c'était au tour de son second frère d'en recevoir une.

Quand Ting Ling voulait une nouvelle tunique, sa maman secouait la tête et répondait qu'elle avait juste assez de tissu pour en faire une à son troisième frère dont les vêtements étaient en lambeaux.

S'il ne restait qu'un seul bol de riz, une seule pêche, un bonbon ou une galette, Ting Ling n'arrivait jamais à temps... hop! son quatrième, son cinquième, son sixième ou son septième frère l'avalaient avant lui.

Et, lorsque, par extraordinaire, il y avait une belle orange dorée dans cette petite maison chinoise, Ting Ling, avec ses sept frères, ne pouvait jamais en manger qu'un huitième. Comment s'étonner qu'il enviât souvent son ami Loo Wan... son ami Loo Wan, qui était fils unique!

Mais, à la fin de l'année, arrivait la Fête des Cerfs-Volants. Ce jour-là, tous les Chinois, grandes personnes et enfants, se rendaient dans une prairie où ils faisaient voler leurs cerfs-volants en honneur de leurs ancêtres. Le jour venu, Loo Wan et son père ne purent en présenter que deux. Ensuite, ce fut au tour de la famille Ling.

Ting Ling compta les cerfs-volants qui voguaient et planaient dans les airs comme

un banc de poissons étranges et merveilleux.

— Neuf, murmura-t-il avec fierté. Plus que n'importe quelle autre famille du village. Alors, il regarda ses petits frères, tous, les uns après les autres, et Ting Ling, qui était devenu au moins aussi sage que ses ancêtres, se dit que, somme toute, ses sept frères n'étaient pas trop nombreux pour son bonheur.

## Venez voir!

**24 AVRIL**

Venez voir! Oh! venez voir
Pendant la nuit, les branches
                du hêtre
Se sont couvertes de bourgeons.
Le chêne est encore dénudé
                par l'hiver
Mais un couple de rouges-gorges
Y a construit son nid.
Les feuilles du saule n'attendent,
                pour percer,
Que le premier rayon du soleil.
Venez voir! oh, venez voir!
Le printemps est revenu
La nature entière renaît!

# Les nouveaux voisins

**25 AVRIL**

Quand les gens qui habitaient la grande maison d'à côté déménagèrent, Brigitte se demanda qui les remplacerait.

Un jour, une vieille dame vint la visiter et en sortit en secouant la tête :

— Cette immense cuisine me plaît beaucoup parce que j'adore faire des gâteaux, dit-elle à l'agent immobilier, mais le reste de la maison est bien trop grand pour moi.

Ensuite, ce fut le tour d'un monsieur. Il dit à l'agent qu'il lui fallait une grande cave bien sèche pour y loger tous ses animaux mais qu'il n'avait pas besoin de toutes ces chambres.

Après le monsieur, vint une jolie jeune femme.

— Cette maison me conviendrait parfaitement, dit-elle, s'il n'y avait pas sept chambres à coucher. Même avec trois enfants, c'est trop!

Brigitte commençait à croire que la maison resterait toujours inhabitée.

Mais, quelque temps après, l'agent immobilier enleva l'écriteau « A vendre », et, deux ou trois jours plus tard, arriva un camion de déménagement. Brigitte regarda les employés décharger les meubles, et essaya de deviner à quelle sorte de gens ils appartenaient.

Elle vit successivement apparaître un fauteuil confortable qui pouvait appartenir à une très vieille dame, puis une foule de choses trahissant la présence d'animaux : un panier de chat, une écuelle de chien, un énorme aquarium et trois cages à oiseaux.

Après, ce furent les lits : un vieux lit à l'ancienne mode, un lit à deux places, deux lits jumeaux, trois lits à une place semblables à celui dans lequel Brigitte dormait, et un berceau.

Alors, elle sut qui allait habiter la maison voisine.

— C'est sûrement, pensa-t-elle, une famille avec une grand-mère qui adore faire des gâteaux, un papa qui aime les animaux, une maman, et tellement d'enfants que les sept chambres à coucher ne seront pas de trop!

Et Brigitte attendit avec impatience le moment où cette grande famille viendrait enfin s'installer dans la maison qui lui convenait si bien.

## Monsieur Grosmatou et la pluie

**26 AVRIL**

Monsieur Grosmatou n'aimait pas la pluie.

Il la trouvait désagréable et même détestable. Les jours de pluie, Monsieur Grosmatou s'installait dans son fauteuil, l'air très mécontent, et ordonnait à ses cinq chats de venir se coucher sur ses pieds pour les réchauffer.

Il ne retrouvait sa belle humeur qu'au moment des repas. Vite, il se rendait à la cuisine et faisait une grande casserole de soupe.

— Il n'y a rien de meilleur qu'une bonne soupe chaude par un jour de pluie, déclarait-il à ses chats qui l'approuvaient en souriant.

Hélas! un jour où la pluie tombait à verse, Monsieur Grosmatou ne trouva pas dans son garde-manger le moindre légume pour faire de la soupe.

— Pas même une carotte! s'écria-t-il. Il va falloir que quelqu'un aille au village!

Ses chats lui firent clairement comprendre que cela n'entrait pas dans leurs intentions. Ils disparurent tous les cinq sous le fauteuil, et l'on ne vit même plus dépasser un bout de moustache. Alors, Monsieur Grosmatou s'emmitoufla le mieux possible et, furieux, y alla lui-même.

Il n'accorda pas un regard aux rues luisantes, nettoyées par la pluie, aux ruisselets où voguaient les petits bateaux en papier, au parc rafraîchi et reverdi.

— Quel sale temps! grogna-t-il.

Mais, dès son entrée dans l'épicerie, la grimace de Monsieur Grosmatou se mua en un large sourire.

— Quels magnifiques légumes! s'écria-t-il. Quels pois rebondis, quelles carottes dorées! Et ces tomates rouges, et ces pommes juteuses, et ces champignons succulents, ces choux-fleurs admirables! Je n'ai jamais rien vu de pareil!

— En effet, dit l'épicier en remplissant à ras bord le panier de Monsieur Grosmatou, les légumes sont particulièrement beaux cette année. A cause de la pluie, bien entendu.

— A cause de la pluie! répéta Monsieur Grosmatou, très étonné. Est-ce vrai? Mais je l'ignorais tout à fait!

Sur le chemin du retour, Monsieur Grosmatou passa exprès dans toutes les flaques, et prit le temps d'admirer le paysage luisant de pluie. Il s'arrêta même pour faire un petit bateau en papier avec sa liste d'achats et le lancer dans le caniveau.

Ses chats restèrent ébahis en le voyant rentrer tout mouillé, mais l'air épanoui.

— Il n'y a rien de meilleur qu'une bonne soupe par un jour de pluie, observa-t-il en posant la grande casserole sur le fourneau. Puis, avec un coup d'œil à son panier, il étonna encore devantage ses chats déjà ébahis en ajoutant : Si ce n'est une belle averse.

## La pluie

**27 AVRIL**

*Dehors, il ne fait pas beau
Mais moi qui suis bien au chaud
Je m'amuse à regarder
La pluie tomber sur le pré.*

*Vaches maigres, vaches grasses
Regardent les trains qui passent
L'herbe a beau être mouillée
Elle est bien vite broutée.*

*Et je vois dans le ruisseau
Deux petits, petits moineaux
Qui, la plume ébouriffée,
S'exercent à s'éclabousser.*

## Pauvre Jeannot Lapin!

**28 AVRIL**

1. Jeannot Lapin, passe-moi la burette, s'il te plaît.
   Je suis trop fatigué.

2. Veux-tu me donner le tournevis qui est à côté de toi?
   Impossible. Je suis trop fatigué.

3. Si tu m'aidais à pomper, Jeannot?
   Je suis *beaucoup* trop fatigué.

4. Voilà. Le vélo est réparé. Il ne reste plus qu'à l'essayer.
   C'est moi qui vais le faire.

5. Oh non, mon pauvre Jeannot. Merci. Tu es bien trop fatigué...

## Le lapin qui était né au printemps

**29 AVRIL**

Il était une fois un petit lapin qui, étant né au printemps, adorait cette saison et croyait qu'il n'en existait pas d'autre. Un jour, cependant, le printemps s'acheva. Ce fut l'été, et le petit lapin trouva le temps détestable.

— Oh, oh, gémit-il tristement. Toutes les jolies petites choses qui étaient venues avec le printemps ont disparu.

Et il refusa d'aller gambader avec les autres petits lapins dans les champs ensoleillés de l'été. Il ne voulut pas les accompagner dans les forêts rousses de l'automne, ni jouer à cache-cache sur un tapis de feuilles mortes. Enfin, quand arriva l'hiver avec ses tempêtes de neige et son verglas, il courut s'enfouir au fond de son terrier où il resta pendant trois mois à se lamenter et à regretter la disparition du printemps.

Mais, un beau jour, l'hiver se termina et une senteur de printemps pénétra dans le terrier du petit lapin. Il en sortit, prudemment, le nez au vent, le cœur tout plein d'étonnement et de méfiance: Oh, miracle! le printemps était revenu.

— Le printemps est de retour! s'écria le petit lapin, fou de joie.

— Bien sûr, observa en souriant un vieux lapin très sage, qui passait par là. Le printemps revient chaque année!

— Il revient chaque année! s'exclama le petit lapin. Cette découverte le réjouit si fort qu'il se mit à danser. Il dansa pendant le printemps tout entier, pendant l'automne et pendant l'hiver. Plus jamais il ne s'arrêta de danser. Mais, toujours, il préféra le printemps aux autres saisons et il vous l'affirmerait encore aujourd'hui.

**30 AVRIL**

## Les nouveaux locataires

Hier à la nuit tombée
Une dame roitelet
Prudemment a inspecté
Le tout petit nid douillet
Qu'au début de la journée
Dès le soleil levé
Je lui avais installé.

Bientôt, monsieur Roitelet
Est venu le visiter.
Longtemps, ils ont discuté
Enfin, ils ont décidé
Qu'ils allaient me le louer.
Ils paieront
En chansons.

# La reine de Mai

### 1ᵉʳ MAI

— Le premier mai, déclara un jour un vieux faucheux plein de sagesse, c'est le jour où nous, les insectes, nous procédons à l'élection de la plus belle d'entre nous que nous nommons Reine de Mai.

— Croyez-vous qu'on me choisira ? Non, n'est-ce pas ? demanda Cathie.

C'était une petite chenille verte qui n'avait même pas une jolie raie de couleur pour l'embellir.

— Je n'en ai pas l'impression, répondit gentiment le vieux faucheux. Mais vous pourrez assister au couronnement de la Reine de Mai. Tout le monde lui jettera des fleurs sur son passage.

Ce soir-là, en se couchant, Cathie était très triste.

« Comme j'envie ceux qui naissent beaux », pensa-t-elle en se pelotonnant dans son confortable cocon. Cathie dormit très longtemps. Lorsqu'elle s'éveilla, elle se sentit réchauffée par les rayons du soleil. Alors, elle se faufila hors de son cocon et grimpa sur une fleur où elle s'assit.

Tout à coup, elle se sentit changée. Elle se tortilla et s'aperçut qu'il lui était poussé des ailes... deux magnifiques ailes bleues et vertes.

— Comment cela est-il possible ? se demanda-t-elle. Mais elle ne put y réfléchir plus longtemps car des bavardages et des éclats de rire l'interrompirent. Soudain, Cathie se vit entourée par une foule d'insectes qui criaient :

— Voici la plus belle de toutes ! Nous la nommons Reine de Mai.

Quelqu'un lui posa une couronne de pétales sur la tête et la souleva. Alors, Cathie s'envola, sous une pluie de fleurs que lui lançaient ses nouveaux sujets. Ce fut le plus beau jour de sa vie !

Ce soir-là, heureuse et fatiguée, Cathie se rappela ce que sa mère lui avait dit : qu'un jour, elle se transformerait en un beau papillon.

— Il y a donc, soupira-t-elle, des insectes qui ne naissent pas beaux, mais qui le deviennent !

Et elle s'endormit.

# Le poney du samedi

**2 MAI**

Il était une fois un petit garçon qui s'appelait Denis et qui désirait un poney.

Alors, il en demanda un comme cadeau d'anniversaire.

Mais son papa et sa maman secouèrent la tête.

— Les gens qui habitent la campagne peuvent avoir des poneys, déclarèrent-ils. Mais en ville, c'est impossible.

Puis ils demandèrent à Denis ce qu'il voulait à la place. Il leur répondit qu'il aimerait bien recevoir des bottes de cavalier, un chapeau de cow-boy, un livre qui raconterait une histoire de cheval et un portrait de poney à suspendre dans sa chambre.

Mais, bien sûr, c'était toujours d'un poney qu'il avait le plus envie.

Pauvre Denis!

Le jour de son anniversaire, il essaya ses bottes et son chapeau de cow-boy. Il suspendit le tableau qui représentait un poney sur le mur de sa chambre, en face de son lit. Puis, il demanda à son papa de lui lire le livre qui racontait une histoire de cheval.

— Plus tard, Denis, répondit son papa en souriant. D'abord, nous allons prendre notre petit-déjeuner. Ensuite, nous irons nous promener.

Denis fut bien content. Il adorait se promener avec son papa. On sortit l'auto, et le papa de Denis prit une route que celui-ci ne connaissait pas. Il sortit de la ville, pénétra dans une forêt et s'arrêta devant une prairie où gambadaient six poneys tout sellés!

Sur la barrière, un grand écriteau disait : « Leçons d'équitation. Promenades. »

Denis n'était pas encore remis de sa surprise que son papa lui dit avec un grand sourire :

— J'ai découvert cette semaine l'existence de cette école. Alors, j'ai pensé que tu pourrais venir le samedi, pour apprendre à monter. Du moins, si tu en as toujours envie?

— Oh oui, papa! s'écria Denis. Bien sûr que j'en ai envie!

Mais, chose curieuse, il ne se précipita pas immédiatement dans la prairie, pour monter sur le dos de n'importe quel poney. Non. Comme Denis était un garçon prudent, il monta sur la barrière et il examina longuement, l'un après l'autre, ses six nouveaux amis pour choisir celui qui deviendrait son « poney du samedi ».

# L'ourson trop petit

**3 MAI**

Ce petit ours était le plus petit de la famille. Il était plus petit que sa sœur, beaucoup plus petit que son frère, beaucoup, beaucoup plus petit que sa maman, et beaucoup, beaucoup, beaucoup plus petit que son énorme papa.

Et, souvent, le petit ours restait seul dans son coin à cause de sa petite taille. Un jour, il crut que personne ne voudrait de lui.

Sa sœur allait cueillir des salades. Quand il lui demanda de l'accompagner, elle répondit :

— Oh non, petit ours, je serai très occupée à cueillir mes salades, et tu es si petit que tu pourrais te perdre.

Son frère allait à la pêche. Le petit ours lui demanda de l'emmener mais il s'écria :

— Oh non, petit ours, je serai très occupé à pêcher et tu es si petit que tu pourrais tomber dans la mare.

La maman du petit ours allait faire le pain.

— Puis-je t'aider ? demanda le petit ours.

— Oh non, petit ours, lui dit sa mère. Je serai très occupée et tu es si petit que tu pourrais te brûler le nez ou les pattes.

— Oh ! gémit dans son malheur le petit ours, effondré sur les marches du porche. Je suis trop petit pour tout.

Mais, juste à ce moment-là, son énorme papa sortit de la maison.

— Non, petit ours, dit-il. Je vais faire le marché et tu es juste assez gros pour m'accompagner, juché sur mes épaules.

Alors le petit ours sécha ses larmes, et le voilà parti avec son énorme papa.

Ils achetèrent du beurre pour le pain, du citron pour le poisson, de la mayonnaise pour la salade et, mieux encore, un gigantesque pot de miel.

— Eh bien ! fit le papa du petit ours en rentrant à la maison. Jamais je n'aurais pu tout porter si mon petit ours ne m'avait aidé.

A ces mots, le petit ours se sentit tout heureux, assez grand pour son bonheur et bien assez grand pour manger aussi grosse part de leur succulent dîner que tous les membres de cette énorme famille ours.

## Au cinéma

**4 MAI**

*Tous les mois*
*Tapinois*
*Ratata*
*D'un bond va*

*Mais où ça ?*
*Au cinéma*
*Youp là !*

## Cinq petits rois

**5 MAI**

*Cinq petits rois s'en allaient en voyage.
Ils cheminaient sans suivantes ni pages.
A chaque instant, ils se prenaient les pieds
Dans la traîne qui précédait.*

*L'un d'eux leur dit : « Vos Majestés, mes frères,
L'heure est venue de se montrer sincères.
Avouez donc que, pour marcher, nos traînes
Nous incommodent et nous gênent. »*

*Ce petit roi eut alors une idée;
Il souleva celle qui précédait.
Ses quatre amis aussitôt l'imitèrent.
Jamais chez eux ils n'arrivèrent!*

## N'est-ce pas étrange?

**6 MAI**

1. N'est-ce pas étrange le temps qu'un gâteau met à cuire quand il est dans le four?

2. N'est-ce pas curieux, toutes les choses qui restent à faire une fois le gâteau cuit?..

3. Avant que maman nous donne la terrine et la cuiller à lécher?

4. Et n'est-ce pas bizarre la rapidité avec laquelle, ensuite, le gâteau disparaît?

## La petite maison

**7 MAI**

Près des racines d'un grand chêne, il y a une petite maison que j'ai faite moi-même avec des brindilles entrecroisées, et des petits morceaux de verre à la place des fenêtres.

Ma petite maison a un toit de mousse. Elle a une porte et une barrière. Elle a même un jardin, puisque j'ai planté devant des violettes qui, bientôt, je crois, fleuriront.

Et d'ailleurs, il me semble...

Oui, vraiment, il me semble que quelqu'un l'habite déjà. J'y ai vu un jour se faufiler une ombre si rapide que je n'ai pu distinguer ce que c'était, et deux yeux brillants m'ont regardé à travers les carreaux de la fenêtre! Oh! comme j'aimerais savoir qui habite la petite maison de brindilles que j'ai faite moi-même, près des racines du grand chêne.

## Dans les bois

**8 MAI**

Quand nous nous promenons dans les bois
En cueillant des violettes
Nous parlons à voix très basse
Parce que, derrière chaque arbre,
Peut se dissimuler un éléphant furieux
Ou encore un tigre dont les rayures
Se confondent avec les ombres des feuilles
Ou même un lion,
Un loup, peut-être ?
Mais nous ne voyons jamais
Qu'un petit lapin effrayé
Qui s'enfuit à notre approche.

## La surprise de Mademoiselle Souris

**9 MAI**

— Ma vieille fourrure toute rapiécée n'est plus suffisante pour le printemps! déclara un jour Mademoiselle Souris. Il faut que je m'équipe de pied en cap.

Et elle alla visiter l'une après l'autre toutes les boutiques du village.

Mais, nulle part, pas même dans le magasin de jouets, elle ne trouva de vêtements assez petits pour lui aller.

Pauvre Mademoiselle Souris! Sa déception fut telle qu'elle reprit le chemin de sa maison les larmes aux yeux. Mais juste au moment où la première de ses larmes allait couler le long de sa joue, elle aperçut, assise sous un grand arbre, une petite fille qui pleurait à gros sanglots.

— Oh, oh! gémissait la petite fille. J'avais cousu tous ces vêtements de printemps pour ma poupée préférée, et ils sont beaucoup trop petits!

En catimini, Mademoiselle Souris s'approcha. Les vêtements étaient très jolis — il y avait même de petits jupons bordés de dentelles — et lui allaient comme s'ils avaient été faits pour elle. Mademoiselle Souris les enfila. Puis elle dit :

— Regardez-moi! Je suis Mademoiselle Souris et je viens goûter avec vous.

La petite fille leva la tête. En voyant Mademoiselle Souris si distinguée dans ses vêtements neufs, elle s'essuya les yeux et sourit :

— Bonjour, dit-elle. Je suis bien contente de faire votre connaissance, Mademoiselle. Le goûter sera prêt dans quelques minutes.

Et elle alla chercher sa dînette pour que Mademoiselle Souris puisse prendre son goûter avec elle sous le grand chêne, par cette magnifique journée de printemps.

# La fête de maman écureuil

**10 MAI**

Un matin, maman écureuil alla réveiller ses enfants. Quel étonnement! Les cinq petits écureuils étaient déjà levés, et ils avaient tous fait leur lit!

Alors, elle passa dans la salle de bains pour voir si ses petits écureuils s'étaient bien lavé la figure et les pattes. Mais les cinq gants de toilette étaient déjà en train de sécher.

— Eh bien! eh bien! fit maman écureuil, tout étonnée. Vite, elle descendit l'escalier pour préparer le petit déjeuner. Mais la table était déjà mise, le lait bouillait sur le feu et il y avait un croissant chaud dans chaque assiette, sans compter, devant sa chaise, un bouquet de primevères.

Maman écureuil n'était pas encore remise de son étonnement quand, de la cuisine, surgirent cinq petits écureuils souriants qui tendaient leurs pattes vers elle pour l'embrasser. Elle leur donna un gros baiser à chacun et leur demanda s'ils avaient fait tout cela à eux seuls.

— Tout, sauf le déjeuner, répondirent, très fiers, les cinq petits écureuils. Ça, c'est papa qui s'en est chargé, car il craignait que nous ne nous brûlions.

— En effet, ajouta leur papa, qui était entré derrière eux. Quel dommage s'ils s'étaient brûlés le jour de ta fête!

— Oh, oui, quel dommage! s'écria maman écureuil.

— Quel dommage! reprirent en chœur ses cinq enfants. Et ils ne lui racontèrent pas la grosse brûlure que leur papa s'était faite à la patte. Comme ils l'avaient déjà bien soignée et pansée, leur maman n'avait pas besoin de le savoir tout de suite, n'est-ce pas?

## Hop, hop, hop !

**11 MAI**

Hop, hop, hop, une très jeune sauterelle partit en quête de quelque bonne chose pour son petit déjeuner.

— Que choisirai-je ? se demanda-t-elle. Un brin d'herbe tendre ou une tige de pâquerette bien croustillante ?

Mais, derrière elle, sautillait une grenouille verte qui avait très faim, elle aussi.

— Cette sauterelle me conviendra parfaitement, murmura la grenouille, toute prête à bondir. Elle ignorait que, derrière elle, un canard blanc affamé la couvait des yeux et se préparait à la gober.

Le canard ouvrait déjà son grand bec plat lorsque apparut un maigre renard affamé qui portait un gros sac sur l'épaule.

— Ah ! ah ! murmura le renard. Rien n'est plus délicieux qu'un canard rôti pour le petit déjeuner.

A peine avait-il prononcé ces mots que... bang ! bang ! bang ! une explosion terrible fit retentir les bois. C'était un chasseur qui venait de tirer un coup de fusil.

Heureusement pour le renard, le chasseur avait mal visé.

Alors, le renard disparut entre les arbres.

Le canard se précipita vers sa mare.

Et la vieille grenouille bondit vers un gros tronc d'arbre sous lequel elle se cacha.

Quant à la jeune sauterelle, elle poursuivit sa route, si préoccupée par ce qu'elle venait d'entendre que, sans même s'en apercevoir, elle croqua à la fois *et* un brin d'herbe tendre *et* une tige de pâquerette croustillante.

Puis elle rentra chez elle, son petit ventre bien plein, sans savoir que cet épouvantable *bang!* lui avait sauvé la vie.

### Au travail !

**12 MAI**

*Le boulanger pétrit son pain*
*Le fermier plante son jardin.*

*Le pêcheur jette l'hameçon*
*Pour attraper un gros poisson.*

*La vache broute dans le pré*
*Pour nous donner du lait bien frais.*

*Le pâtissier fait les éclairs*
*Que nous mangerons au dessert.*

## Philippe le mécanicien

**13 MAI**

Philippe avait un train électrique qui roulait sur des rails étincelants. Et un autre train, en bois celui-là, qui passait sous des tunnels et sous des ponts... partout où Philippe voulait le faire aller. Il avait même un bleu de chauffe et une casquette qu'il portait toujours lorsque son papa l'amenait à la gare pour qu'il voie passer les grands trains.

Philippe regardait défiler les grosses locomotives à vapeur et les locomotives électriques, qui glissaient silencieusement, entraînant leur longue file de wagons. Parfois, un énorme diesel faisait trembler les piliers des quais avec sa sirène rugissante.

Les mécaniciens saluaient toujours Philippe de la main.

Mais, un jour, le papa de Philippe gara sa voiture tout près de la voie ferrée. Le petit garçon passa la tête par la portière et un gros diesel vint s'arrêter juste à côté de lui. Cette fois, Philippe n'eut pas besoin d'agiter la main. Il se contenta de dire bonjour.

Le mécanicien lui répondit. Puis, s'adressant à son père, il ajouta :

— Ce petit garçon deviendra sûrement mécanicien quand il sera grand.

Puis, actionnant la sirène qui évoquait tant de merveilles lointaines, il repartit.

— Eh bien! eh bien! fit le papa de Philippe. Comment donc a-t-il pu deviner ça?

Philippe ne lui répondit pas. Il était trop occupé à regarder le grand train disparaître dans le lointain. Et, aussi, à penser qu'un homme assez expérimenté pour se voir confier une grosse locomotive aussi rapide que celle-là était forcément capable de reconnaître un autre mécanicien quand il en rencontrait un.

*Maman prépare le repas*
*Sans oublier celui du chat.*

*Tout ce monde est bien occupé.*
*Moi aussi, je vais travailler.*

*Je pose sur la nappe verte*
*Couteaux, fourchettes et assiettes.*

*Maintenant, tout est préparé*
*Il ne reste plus qu'à manger.*

# Mademoiselle Je-sais-tout
**14 MAI**

Mademoiselle Je-sais-tout était une petite chatte jaune qui s'imaginait tout connaître et ne plus rien avoir à apprendre de qui que ce fût.

Un jour, sa maman lui proposa de lui montrer comment il fallait s'y prendre pour grimper correctement aux arbres. La petite chatte leva la tête, regarda les minces branches qui se balançaient au rythme du vent et miaula :

— Que ferons-nous quand nous serons là-haut?

— Eh bien! lui répondit sa mère en souriant. Nous redescendrons!

— Grimper en haut d'un arbre pour en redescendre ensuite, ça ne sert à rien! rétorqua Mademoiselle Je-sais-tout.

Et elle resta là, ses quatre pattes sur la terre ferme... jusqu'au moment où un grand chien noir s'élança vers elle avec de terribles aboiements. Alors, sans même prendre le temps de réfléchir, elle escalada l'arbre à toute vitesse et eut la chance d'atteindre une branche haute, malgré la maladresse de ses petites griffes qui patinaient sur le bois.

Mademoiselle Je-sais-tout fut bien contente quand sa maman la retrouva et lui montra comment redescendre de sa branche. Elle avala humblement son dîner, alla se coucher sans mot dire, et se dit qu'au fond elle avait été bien sotte, qu'elle ignorait beaucoup de choses très utiles dans la vie, mais que ce serait bien amusant de les apprendre.

Et puis, comme ces émotions l'avaient fatiguée, elle se pelotonna près de sa maman, ferma ses yeux jaunes et s'endormit.

# Le gentil cantonnier
**15 MAI**

Un matin, Christian, assis sur le talus, regardait un cantonnier qui refaisait la route en remplissant les trous de goudron et de gravier concassé, qu'il étalait soigneusement.

— Que de trous dans cette route! soupira le cantonnier. J'ai déjà bien mal au dos. Que sera-ce ce soir?

Il prononça cette phrase à voix haute. Elle n'était pas spécialement destinée à Christian mais, si quelqu'un pose une question, c'est, en général, qu'il désire une réponse.

Du moins, ce fut ce que Christian pensa.

— Vous aurez très mal au dos si vous remplissez tous ces trous, dit-il. Mais j'ai une pelle neuve et je pourrais peut-être vous aider.

— Quelle bonne idée! s'écria le cantonnier. Va donc chercher ta pelle!

— Oui, monsieur! fit Christian. Tout de suite, monsieur.

Deux minutes plus tard, Christian trempait sa pelle dans le seau de goudron, et, selon les instructions du cantonnier, s'employait à combler les plus petits trous. Les deux associés travaillaient si vite que leur tâche était presque achevée quand le sifflet retentit.

— C'est l'heure de déjeuner, dit le cantonnier en allant chercher sa gamelle dans le camion. Rentre vite chez toi, petit.

— Je ne suis plus petit, monsieur, dit Christian, et je crois que, si je le lui demande, maman me donnera une gamelle, à moi aussi.

— Entendu, Christian, dit le cantonnier. Moi, je m'appelle Robert. Je t'attends. Nous déjeunerons ensemble.

La maman de Christian lui prépara une gamelle. Le petit garçon revint trouver son ami et ils déjeunèrent tranquillement, en parlant de routes et de trous, de voitures et de camions.

Après le déjeuner, ils recommencèrent à travailler.

Puis, une fois les trous comblés, ils nettoyèrent leurs outils dans un seau rempli de liquide. Christian en profita pour nettoyer aussi ses chaussures, tachées de goudron.

— Formidable, ce liquide! dit-il à Robert.

— N'est-ce pas? fit le cantonnier.

Il jeta sa pelle et ses seaux dans le camion, sauta sur le siège et mit le contact.

Christian s'écarta pour permettre au cantonnier de faire demi-tour.

— Au revoir, Christian, lui cria son ami en s'éloignant. Nous nous reverrons quand cette route aura encore besoin d'être réparée.

— Au revoir, Robert, dit Christian.

Le petit garçon prit sa pelle toute propre, sa gamelle vide, et se mit à marcher sur la route neuve en pensant à son ami le cantonnier qui, grâce à lui, n'aurait pas très mal au dos ce soir-là.

## Les cerfs-volants

**16 MAI**

*Nos cerfs-volants
Flottent au vent
Comme un bateau
Voguant sur l'eau.
Où iraient-ils
Vers quelles îles?
Si nous larguions
Les avirons?*

## Jérome le Jars

**17 MAI**

Jérome le Jars avait un grand défaut : il passait son temps à emprunter des choses qu'il ne rendait jamais. Il avait chez lui la poêle à frire de Madame la Poule, la lampe à pétrole de Monsieur Hibou, et le gaufrier de Jeannot Lapin.

— Il faut faire quelque chose, déclara un jour Monsieur Hibou.

— Oui, mais quoi ? s'enquirent les autres.

— Empruntons-lui un objet et négligeons de le lui rendre, proposa Monsieur Hibou.

Tout le monde applaudit. Et les quatre amis allèrent emprunter au Jars sa camionnette toute neuve, à laquelle il tenait beaucoup.

— Je vous la prête, dit le Jars, qui avait très bon cœur. Mais veillez à ne pas l'abîmer.

— Bien sûr ! répondirent les autres.

Le Jars attendit toute la journée le retour de sa belle camionnette. Le soir venu, il était dans un état effroyable.

— Somme toute, s'écria-t-il, indigné, cette camionnette m'appartient. Et c'est très mal élevé d'emprunter des choses que l'on ne rend pas ! Je ferais mieux d'aller voir ce qui se passe.

Il se précipita dans son garage pour prendre sa vieille bicyclette. Mais, en allant la chercher dans son coin, il aperçut tout à coup la poêle à frire de Madame la Poule, la lampe à pétrole de Monsieur Hibou et le gaufrier de Jeannot Lapin, qu'il avait complètement oubliés.

Sa colère céda la place au rouge de la honte. « Il est grand temps que je leur rapporte tout cela ! » se dit-il.

Il entassa le tout dans sa brouette, qu'il fixa derrière son vélo et se mit à pédaler de toutes ses forces.

— Le voilà ! cria Monsieur le Hibou. Alors, ses amis et lui s'entassèrent dans la camionnette, puis partirent à la rencontre du Jars.

— Nous rentrions, lui dirent-ils quand ils le rejoignirent. Vous n'étiez pas inquiet, au moins ?

— Pas du tout, bredouilla le Jars en s'empressant de leur rendre les choses qui leur appartenaient. C'est parfait.

— Et voilà ! déclara Monsieur le Hibou après le départ du Jars, en serrant sur son cœur sa lampe à pétrole. Notre système a eu d'excellents résultats.

En effet, comme le Jars n'emprunta plus jamais ne fût-ce qu'un clou sans le rendre aussitôt, Monsieur le Hibou ne se trompait pas.

# Les chatons

**18 MAI**

Dans le panier, que voit-on
Cinq jolis petits chatons.
Leur maman va me donner
Celui que je choisirai.

Prendrai-je le minet gris
Ou celui d'un noir de suie,
Le roux, le blanc, le rayé,
Je veux tous les emporter.

## Un chapeau pour Christine

**19 MAI**

Eté comme hiver, au printemps comme en automne, Christine portait toujours le même béret bleu marine orné de deux rubans qui flottaient sur sa nuque. Elle le mettait aussi bien pour aller en classe que le jeudi ou le dimanche, quand elle était invitée à déjeuner ou à dîner.

C'était l'unique coiffure de Christine.

La petite fille aurait bien aimé y poser un ornement quelconque : une fleur ou une plume, comme sur les chapeaux de sa maman. Mais celle-ci lui répondait toujours : « Tu as bien le temps » et lui achetait chaque année des bérets identiques aux précédents.

Un jour, cependant, une cousine de Christine se fiança. Elle choisit la petite fille comme demoiselle d'honneur et lui commanda de ravissants vêtements. Il y avait une très jolie robe, mais le chapeau — tout bordé de dentelles, avec des fleurs — était vraiment la plus belle chose que Christine ait jamais vue.

— Il lui va très bien, n'est-ce pas ? remarqua sa cousine.

— Oui, répondit sa mère. Après le mariage elle pourra le porter pour les grandes occasions ou quand elle ira en visite.

Quant à Christine, tout en s'admirant dans la glace, elle se demanda pourquoi sa maman lui répétait toujours « tu as bien le temps »... car il lui semblait qu'elle n'aurait jamais assez de temps pour porter ce magnifique chapeau !

## Les canards blancs

**20 MAI**

*Quand nous allons à l'étang
Nous jetons aux canards blancs
Des miettes de pain rassis
Et ils disent : « Oui, merci. »*

*Mais, lorsqu'ils ont bien mangé,
Ils veulent nous inviter
Dans leur joli petit nid
Et nous disons : « Non, merci. »*

## C'est le printemps !

**21 MAI**

— S'il te plaît, grand-père, demanda François. Veux-tu me jouer un air sur ton violon ?

— Pas maintenant, François, répondit grand-père, qui somnolait sur le perron ensoleillé. J'ai trop envie de dormir. C'est le printemps ! Va te promener en attendant...

François voulut savoir pourquoi le printemps avait cet effet-là sur son grand-père, mais il dormait déjà. Alors, le petit garçon partit en promenade. D'abord, il fit le tour de la grange, en pensant au printemps. Et il remarqua une chose très bizarre.

Tous les vieux animaux, la chatte et la truie, la chèvre, la brebis, la vache et la jument somnolaient doucement.

Mais leurs enfants, eux, n'avaient pas du tout envie de dormir. Ils gambadaient et cabriolaient sous les chauds rayons du soleil, comme pris de folie.

François les observa. Il huma l'étrange parfum de fleurs, d'herbe nouvelle et de soleil. Et quelque chose, soudain, se passa en lui.

Il s'élança dans la cour, en zigzaguant comme un cheval sauvage. Il courut jusqu'à la maison en poussant des hurlements d'Indiens.

— Grand-père, s'écria-t-il en escaladant trois par trois les marches du perron. Grand-père, je sais maintenant ce que c'est que le printemps ! C'est quelque chose d'invisible qui flotte dans les airs, qui donne aux enfants l'envie de faire les fous, et aux vieilles gens celle de dormir. C'est bien ça, n'est-ce pas ?

— Je n'en suis pas si sûr ! dit grand-père en ouvrant les yeux et en saisissant son violon. Non, je n'en suis pas si sûr !

D'un bond, il sauta sur ses pieds. Son archet se mit à courir sur les cordes avec une telle agilité, il exécuta des pas de danse si compliqués que François eut beaucoup de mal à ne pas perdre la mesure.

— Après tout, je me suis peut-être trompé, finit-il par déclarer, tout essoufflé.

— Peut-être, fit grand-père en accélérant encore le rythme de sa musique. Mais qui sait ce que c'est que le printemps...

Et François, tournoyant sur lui-même dans l'air parfumé, se dit qu'au fond ça n'avait pas d'importance... tant que son grand-père et lui continueraient de s'amuser comme ils le faisaient.

## Les trois petits renards

**22 MAI**

Il était une fois trois petits renards qui ne se quittaient jamais.

— Tout ce que nous avons, nous le partageons, murmuraient-ils, pelotonnés l'un contre l'autre dans le même tronc creux. Tous pour un et un pour tous! répétaient-ils en puisant avec la même cuillère dans la même casserole pleine de ragoût fumant. Quant aux chiens... s'il s'en trouvait un qui osât attaquer l'un des trois petits renards, les deux autres se précipitaient toujours à sa rescousse et mettaient l'agresseur en fuite.

Un jour, ils allèrent s'asseoir au bord de la rivière avec trois cannes à pêche, trois lignes, trois hameçons et trois petits vers bien gras... en pensant au poisson succulent qu'ils feraient bientôt frire dans leur poêle.

Bientôt, l'un des petits renards attrapa une truite. Une truite minuscule. Puis, le second petit renard attrapa un brochet. Un beau brochet, juste assez gros pour son énorme appétit.

— Oh, oh mon Dieu! s'écria-t-il en le glissant furtivement sous son bras. J'allais oublier... c'est aujourd'hui l'anniversaire de ma tante, et je lui ai promis d'aller l'aider à souffler ses bougies.

Il s'éloignait déjà au trot quand le troisième petit renard attrapa un saumon magnifique, un saumon de toute beauté, bien suffisant pour trois énormes appétits.

— Heu... fit le second petit renard. J'ai l'impression que je me trompe, après tout. Ce n'est peut-être pas, aujourd'hui, l'anniversaire de ma tante. Et, même si ça l'était, elle est bien assez grande pour souffler ses bougies toute seule.

Et, en criant « Tous pour un, un pour tous », il s'empressa de rassembler des bûches et des brindilles, puis d'allumer le feu pendant que ses amis — sachant pertinemment qu'il n'avait pas de tante — riaient sous cape et le regardaient sans même faire semblant de l'aider.

## La lune brisée

**23 MAI**

*J'ai vu hier soir quelque chose d'étrange :*
*La lune flottait, ronde et blanche*
*Sur l'eau noire du lac.*
*Soudain, elle s'est brisée*
*Clac! en mille morceaux.*
*Une grenouille, peut-être,*
*Venait de sauter dans l'eau!*
*Pauvre, pauvre lune, je l'ai crue perdue!*
*Mais la surface de l'étang s'est calmée*
*peu à peu*
*Et la lune est revenue.*

# Pauvre Monsieur Rouge-Gorge !

**24 MAI**

Le pauvre Monsieur Rouge-Gorge fut bien déçu quand son épouse lui montra les bébés minuscules, maigres et piaillant qui étaient sortis de ses beaux œufs couleur d'azur.

— Pourquoi ouvrent-ils le bec comme ça ? bredouilla-t-il.

— Mais... parce qu'ils ont faim ! répondit son épouse. Va leur chercher quelque chose à manger !

Le pauvre Monsieur Rouge-Gorge obéit et se rendit dans un endroit peu fréquenté pour y chercher des insectes et de gros vers. Il y rencontra pourtant des amis qui lui demandèrent si ses œufs étaient éclos.

— Pas encore, déclara-t-il, hâtivement. Pas tout à fait !

Cela continua pendant des jours et des jours. Enfin, Monsieur Écureuil, Monsieur Lapin, Madame Pie annoncèrent que leurs bébés à eux étaient nés et invitèrent Monsieur Rouge-Gorge à venir les voir. En regardant les petits écureuils minuscules, les lapereaux décharnés, les bruyantes pies, Monsieur Rouge-Gorge changea de sentiment à propos de ses propres enfants.

— Mes œufs sont éclos ! dit-il en gonflant avantageusement son plastron rouge. Venez donc les voir.

Comme ils avaient déjà plusieurs jours, les petits rouges-gorges étaient gras et ronds, bien emplumés, l'œil vif et malin. Tout le monde déclara qu'ils étaient les plus beaux bébés du voisinage. Leur père se rengorgea. Il avait l'air si content que son épouse oublia ses griefs contre lui et alla elle-même leur chercher leur dîner.

# Les bateaux

**25 MAI**

*De tous les bateaux*
*Qui voguent sur l'eau*
*Les petits, les gros*
*De tous les bateaux*

*Quel est le plus beau ?*
*Le gros aviso*
*Le petit canot*
*Quel est le plus beau ?*

# La natation

**26 MAI**

— Je veux apprendre à nager, criait Guillemette. Oh ! que j'ai envie d'apprendre à nager !

— Bon ! dit sa mère. Pose tes mains sur le sable, au fond de l'eau, et agite les pieds comme une grenouille.

Guillemette ne trouva pas ça difficile. Ses pieds la poussaient en avant et elle avançait sur les mains... ce qui ressemble beaucoup à la nage. Elle s'exerça pendant des heures.

— Qu'est-ce que je dois faire ensuite ? demanda-t-elle le lendemain.

— Agiter les pieds *et* les mains comme une grenouille, lui dit son père.

Guillemette essaya. Mais ça, c'était beaucoup plus compliqué. Elle eut beau s'y reprendre à plusieurs fois, elle n'arrivait pas à agiter en même temps ses pieds et ses mains.

— Va un petit peu plus loin, Guillemette, lui conseilla sa mère. Et puis, essaie d'agiter les mains comme un chiot qui court.

Guillemette alla donc un petit peu plus

*Est-ce celui-ci,*
*Ce voilier joli*
*Tout de bois verni,*
*Est-ce celui-ci ?*

*Ou bien celui-là*
*Qui t'amènera*
*Où tu le voudras,*
*Ou bien celui-là ?*

loin. Cent fois, elle essaya d'agiter les mains comme un chiot. Impossible !

Et puis, un beau jour, pendant qu'elle s'exerçait, une grosse vague arriva sur elle. Du coup, l'eau devint si profonde que les mains de Guillemette ne touchèrent plus le fond. Il fallait faire quelque chose. Sans bien savoir comment, elle agita les mains et les pieds en même temps. Ça y était ! elle nageait !

— Bravo, Guillemette ! lui dit sa mère.
— Bravo, Guillemette, lui dit son père en la soulevant de l'eau et en la serrant dans ses bras. Tu sais nager !
— Oui, je sais nager ! s'écria Guillemette. Mais je ne fais pas ça comme une grenouille, ni même comme un chiot. J'ai inventé une nage à moi. Ça ne ressemble à personne.

Et elle quitta son papa pour retourner dans l'eau où elle se remit à nager à sa manière... qui n'était celle de personne.

# Cocorico le fainéant

**27 MAI**

— Cocorico ! criait un petit coq très gai, en saluant le lever du soleil.
— Vous faites beaucoup de bruit pour rien, caquetèrent les poules, occupées à pondre des œufs dans leurs nids de paille. Ecoutez-moi ce fainéant qui n'a jamais pondu un œuf de sa vie !
— Ah ! vous croyez ! répliqua le petit coq. Eh bien, il se trouve que je saurais pondre des œufs si j'en avais envie. Et, si je le faisais, ce ne serait pas des œufs tout blancs, sans originalité, comme les vôtres. Ce serait des œufs aussi gros que le soleil et de toutes les couleurs... rouges, verts, jaunes, comme les plumes de ma queue.

Il prit une profonde inspiration pour recommencer à se vanter mais, sans lui laisser le temps d'ouvrir le bec, une poule caqueta :
— Alors, pourquoi ne le faites-vous pas ? Pourquoi ? Pourquoi ? Pourquoi ?
— Pourquoi ? répéta le coq. Mais parce que je n'en ai pas envie, voilà tout. Mes œufs à moi seraient tellement plus beaux que les vôtres que vous en tomberiez malades de honte. Or, mon rôle, c'est de vous rendre gaies et joyeuses.

Les poules se regardèrent, ne sachant pas très bien si ce qu'il disait était vrai ou non. Mais comme aucune d'entre elles ne voulait courir le risque de perdre la face, elles se remirent à pondre avec le plus humble des « cot codêt ».

Et le petit coq très gai lança un magnifique « cocorico » pour saluer le soleil qui, perché sur la cime de la montagne, avait l'air du plus bel œuf que l'on pût imaginer.

## Toujours plus gros!

**28 MAI**

— Ah ah! petit poisson-coffre, dit un carrelet. Je suis plus gros que toi et je serai encore plus gros quand je t'aurai gobé!

Ce qu'il fit. Mais un thon arriva et dit :

— Je suis plus gros que toi. Je suis plus long, plus fort, et j'ai un excellent appétit...

Sur quoi, le thon avala le carrelet.

Un tarpon surgit qui fit une cabriole et déclara :

— Je suis assez gros pour te manger, petit thon, et il me restera encore de la place pour un autre imprudent de ton espèce...

Hop! hop! hop. Le thon disparut. Survint alors un requin qui s'écria :

— Je suis assez gros pour dévorer *deux* tarpons!

Et il l'avala.

Le requin s'éloigna, avec un grand sourire, en pirouettant de joie.

— Tout gros qu'on soit, se dit-il, je crois que l'on trouve toujours quelqu'un de plus gros encore.

Il ne pensait pas si bien dire. Un bateau s'approcha et, un, deux, trois... plus de requin! La mer était vide. Il n'y restait qu'un minuscule poisson, pas plus gros qu'une virgule!

## Pauvre petite araignée!

**29 MAI**

Pauvre petite araignée! Elle fila sa toile dans la cuisine, et la cuisinière la balaya d'un coup de torchon. Elle en fila une autre dans un coin du salon, et la femme de chambre la détruisit d'un coup de plumeau.

De là, elle passa dans la chambre d'enfants, dans la chambre des parents, dans la chambre d'amis. Les enfants, puis les parents la réduisirent à néant. Quant à la chambre d'amis, la vieille dame qui l'habitait poussa de tels cris en l'apercevant qu'un domestique se précipita et la troua du bout de son balai.

— Oh! soupira la pauvre petite araignée, on ne veut de moi nulle part.

Toute triste, elle suivit le domestique, espérant pouvoir rattraper une mouche bien grasse collée aux plis de la toile qui restait accrochée au balai. Il l'entraîna dans la cour, puis dans l'écurie.

Là, il y avait des mouches partout. Les chevaux faisaient de leur mieux pour les chasser en agitant la queue et en cognant sur le sol avec leurs sabots, mais ils avaient beaucoup de mal. En deux temps, trois mouvements, la petite araignée fila une toile neuve dans laquelle allèrent se prendre deux des mouches les plus turbulentes.

— Merveilleux! s'écrièrent les chevaux, ravis. Vous êtes chez vous ici, Madame. Filez toutes les toiles que vous voudrez.

— Entendu, répondit la petite araignée, toute heureuse, sans bien savoir si c'était l'abondance de mouches ou la gentille invitation qui lui faisait le plus de plaisir. Et elle resta dans l'écurie où elle vit encore aujourd'hui.

## Sur la plage

**30 MAI**

*Hier sur cette plage
On ne voyait que l'eau
Et puis les coquillages
Dans le sable tout chaud.*

*Aujourd'hui c'est jeudi,
Jeudi, jour de vacances.
La plage retentit
De rires et de danses.*

## Trois petits Indiens

**31 MAI**

Un petit,
Deux petits,
Trois petits Indiens dans le grand Far West se promenaient avec leurs belles coiffes emplumées, leurs vêtements de peau et leurs colliers.

Ils avaient des flèches acérées, des arcs souples et solides. Ils allaient chasser dans les bois quand l'envie leur en prenait.

Ils avaient des pirogues qu'ils faisaient voguer sur l'eau avec leurs trois petites pagaies, ils montaient leurs poneys sans selle, et ils adoraient danser.

Whoup!
Whoup!
Whoup! Les trois petits Indiens dansaient et dansaient au rythme des tambours et leurs pieds étaient si légers qu'ils ne touchaient même pas le sol.

Ensuite, ils fumaient le calumet de paix devant le feu avec les autres Indiens. Et ils allaient se coucher (à l'heure qu'ils voulaient) dans un vrai *teepee*.

Bien au chaud dans leurs couvertures en peau d'ours, ils chantaient les chansons qu'ils connaissaient... sur la lune et les étoiles, sur le vent de la nuit... jusqu'au moment où...

Un petit,
Deux petits,
Trois petits Indiens, pelotonnés en rond, s'endormaient tous les trois ensemble et ne chantaient plus de chansons.

# Le facteur nostalgique

**1er JUIN**

Il était une fois un facteur qui, chaque jour, déposait des lettres dans trois cents boîtes aux lettres. Ça en faisait vraiment beaucoup ! Mais le jour des vacances arriva. Le facteur prit son sac à dos, sauta sur son scooter et partit en voyage.

— Je jure de ne pas coller un seul timbre-poste sur une seule enveloppe ! déclara-t-il en dépassant une à une toutes les boîtes aux lettres du village.

Au début, tout se passa très bien.

Puis, le facteur se sentit devenir mélancolique. Plus il voyait de boîtes aux lettres, plus son cœur se serrait. Et, en arrivant devant un bureau de poste qui ressemblait au sien comme un frère, il se sentit si triste, si solitaire qu'il faillit rebrousser chemin et renoncer à ses vacances.

Cependant, il commença par entrer dans le bureau pour le visiter. A peine avait-il humé la bonne odeur si familière que sa bouche se fendit en un large sourire. Il se rendit au guichet le plus proche où il acheta trois cents timbres qu'il colla sur trois cents cartes postales. Sur chaque carte, il écrivit : « Voyage splendide. Votre ami, le facteur en vacances ».

Après ça, le facteur nostalgique se sentit beaucoup mieux. Une fois toutes les cartes envoyées, il se sentit même très bien.

— Ils seront bien étonnés de recevoir de mes nouvelles ! se dit-il en pensant à tous ces gens qui, demain, dans leurs boîtes aux lettres, trouveraient la carte de leur facteur. Et cette idée lui fit tellement plaisir qu'il n'hésita pas un seul instant à sauter sur son scooter pour reprendre son voyage.

# Les malheurs de Ninette

**2 JUIN**

— Viens! dit Ninette, la chatte, en ouvrant la cage de Célestin, le perroquet. Va chercher tes affaires. Nous allons au zoo.

— Qu'est-ce que c'est que le zoo? demanda Célestin.

Mais Ninette, pour toute réponse, se contenta de sourire et d'ajouter :

— Dépêche-toi.

Célestin se dépêcha, Ninette aussi, et tous deux partirent pour le zoo.

Ils virent des lions, des tigres, des girafes, un éléphant presque aussi gros qu'une maison, des ours, et un phoque qui aboyait comme un chien. Ils virent un léopard tout noir, un autre, tacheté celui-là, et une quantité de petits singes. Ensuite, ils rencontrèrent un corbeau qui donna le bonjour à Célestin et l'invita à déjeuner.

Célestin interrogea Ninette du regard.

— Ne te gêne pas pour moi, lui dit-elle, et, toute seule, elle rentra à la maison pour se restaurer. Mais elle n'eut pas droit à la moindre petite miette.

— Je crois que ton estomac est déjà rempli! lui dit sa maîtresse en regardant d'un air significatif la cage vide de Célestin.

— Je ne l'ai pas mangé! s'écria Ninette, indignée. Mais rien n'y fit. Elle n'eut pas de déjeuner, et, le soir, elle crut qu'elle allait devoir également se passer de dîner. Soudain, quelqu'un gratta à la porte. C'était Célestin, qui voulait entrer.

— Oh, Ninette! soupira sa maîtresse. Excuse-moi! Je m'étais trompée!

Et elle lui donna à manger ce que la petite chatte aimait le mieux. Lorsque Célestin eut avoué à Ninette qu'il la préférait de beaucoup au corbeau, son bonheur fut complet.

## Les papillons

**3 JUIN**

Papillons et fleurettes
Ont un p'tit air de fête
Et des couleurs de feu
De feu sous le ciel bleu.
Comment distingue-t-on
La fleur du papillon?
Le printemps les a faits.
Va donc lui demander!

## Les fourmis

**4 JUIN**

Le matin, Marc était toujours seul.

Tous les petits enfants étaient à l'école. Quant à ses amis adultes, ils avaient trop à faire. En rencontrant Marc, ils lui disaient bonjour, puis le quittaient tout de suite.

— L'année prochaine, j'irai à l'école, moi aussi, disait Marc.

Mais l'année prochaine, c'était encore très loin. Quatre heures aussi, le moment où les autres enfants rentraient. Alors, Marc alla regarder sous le perron pour essayer d'y trouver quelque chose avec quoi jouer. Il n'y découvrit que ce qu'il y voyait d'habitude : des bûches pour la cheminée, des feuilles mortes, un seau en fer.

Soudain, il s'aperçut que l'une des bûches était fendue. A l'intérieur de cette fissure, qui formait une sorte de vallée, déambulait une armée de fourmis noires et luisantes.

— Bonjour, dit Marc en se mettant à quatre pattes. Je suis bien content de vous voir.

Les fourmis hochèrent la tête, comme pour faire comprendre à Marc qu'elles étaient heureuses, elles aussi, de faire sa connaissance. Il les observa. Une à une, elles disparaissaient sous la bûche d'où elles rapportaient de lourds fardeaux. Elles s'aidaient mutuellement. Elles s'écartaient pour ne pas se gêner. Elles descendaient et montaient, montaient et descendaient, mais ne s'en allaient jamais.

Marc non plus. Le spectacle de ces petites fourmis l'absorbait tant que, lorsque sa mère l'appela pour le déjeuner, il en resta tout ébahi. La matinée était déjà passée! Après le déjeuner, ce serait la sieste. Puis ses petits amis viendraient jouer avec lui.

— Au revoir, fourmis, dit-il en se relevant d'un bond. A demain.

Ses amies fourmis hochèrent la tête, sans prendre le temps d'interrompre leur défilé incessant. Mais elles avaient bien compris car, le lendemain, elles furent fidèles au rendez-vous.

## Le peintre

**5 JUIN**

Quand je prends mes couleurs,
Mon papier, mes pinceaux,
Je nage en plein bonheur,
Je fais de beaux tableaux.

Ici, je mets du vert.
Là, j'ajoute du bleu.
J'obtiens de l'outremer
En mélangeant les deux.

Je fais des ciels d'orage
Et des mers démontées,
Des cités, des villages
Et de vertes forêts.

## Six petits tambours

**6 JUIN**

Six tambours tambourinant
Dans la ville défilant
Se dirent : « Si nous jouons
De nos tambours tout au long
De cette belle journée,
Nous serons très bien payés.
Nous irons au cinéma.
Youp là là.

L'un sa baguette cassa,
Le second sa main foula,
Le troisième se perdit,
Un autre s'évanouit.
Le cinquième trébucha,
Le sixième seul resta.
Il alla au cinéma
Youp là là

## Pauvre souris!

**7 JUIN**

*Mademoiselle Souris
J'en ai assez de vous voir,
Postérieur endolori,
Sangloter dans mon mouchoir.*

*Vous tombez dans l'escalier!
C'est douloureux, je le sais.
Hier, je vous ai soignée,
Mais aujourd'hui, c'est assez!*

*Vous posez votre patin
Sur la marche et vous glissez!
Ce n'est vraiment pas malin
De courir l'y replacer!*

## La maison neuve

**8 JUIN**

Pierre aimait sa nouvelle maison. Sa chambre, qui était plus grande et plus jolie que l'ancienne, lui plaisait beaucoup. Il était heureux de disposer d'un bois dans lequel il pouvait jouer, et d'un garage. Il aimait aussi beaucoup ses nouveaux voisins. Malheureusement, parmi eux, il n'y avait pas un seul petit garçon de son âge... et ça, Pierre ne l'appréciait pas du tout.

Un jour, il était en train de réfléchir à la question, quand un tracteur apparut en haut de la colline, traînant une grosse excavatrice. La machine fut installée dans le terrain vague, de l'autre côté de la rue, et se mit à creuser un gros trou. Pierre était si occupé à la regarder qu'il oublia tout le reste. Il ne remarqua même pas l'arrivée, sur le terrain vague, d'une voiture, et, pas davantage, la présence de quelqu'un derrière son dos.

Soudain, ce quelqu'un lui demanda :

— Tu vois cette grosse excavatrice ? Elle est en train de creuser la cave de ma maison !

Cette fois, Pierre entendit. Il se retourna pour voir qui parlait : c'était un petit garçon exactement de la même taille que lui !

— Quelle chance ! s'écria-t-il. Ta maison sera juste en face de la mienne... et nous pourrons jouer ensemble tous les jours.

— Oui, répondit le petit garçon. Je suis bien content.

Et les deux nouveaux amis regardèrent, côte à côte, la grosse excavatrice creuser son trou... en pensant que, dans ces conditions, un déménagement était la chose la plus amusante du monde.

# Perdu et retrouvé

**9 JUIN**

Le vieux cheval de ferme était très fier de son beau chapeau de paille. Non seulement il le préservait de la pluie et du soleil, mais il lui donnait aussi un air suprêmement élégant.

Hélas! un jour, le vent lui arracha de la tête son beau chapeau de paille et l'emporta hors de sa vue. Le vieux cheval parcourut à sa recherche des quantités de kilomètres. Il marcha des jours et des jours. Enfin, tête basse, il abandonna sa quête et reprit le chemin de son écurie.

Au moment où il pénétrait dans sa propre cour, la poule tachetée sautait à bas de son nid. Ses petits poussins venaient de naître et elle leur apprenait à gratter le sol pour y chercher leur nourriture. Les nouveau-nés avaient l'air si affamé que, brusquement, le vieux cheval de ferme se sentit, lui aussi, le ventre creux.

— Puis-je manger un peu de votre foin? demanda-t-il avec timidité.

— Servez-vous, répondit la poule. Je n'ai même plus besoin de mon nid puisque mes œufs sont éclos.

Alors, le vieux cheval de ferme se mit à mordiller le foin et, une fois mâchonné le dernier brin, il s'aperçut que la poule avait fait son nid dans son beau chapeau de paille!

Avec un hennissement de bonheur, il le lança en l'air, le rattrapa sur sa tête et se mit à caracoler dans la cour... l'air à la fois très heureux et suprêmement élégant.

## Chantecler

**10 JUIN**

*Le coq vient, le coq est là*
*Le coq passera par là!*
*Voyez-le se pavaner,*
*Voyez-le se rengorger!*

*Sur son chemin, ses sujettes*
*Font mille et mille courbettes.*
*Qu'il est beau et quelle allure!*
*Quelle splendide parure!*

*Rien n'égale sa splendeur,*
*Saluons notre empereur!*
*Ainsi poules et poulets*
*Font mine de s'extasier,*

*Mais il est si prétentieux*
*Qu'ils s'en moquent bien entre eux.*

# Les sous

**11 JUIN**

« *Si tu avais un sou, qu'en ferais-tu mon gars ?* »
« *Pourquoi le demander, puisque je n'en ai pas!* »

« *Si tu avais deux sous, en serais-tu content ?* »
« *Si je serais content! Quelle question, vraiment!* »

« *Et trois sous, mon enfant, te feraient-ils envie ?* »
« *Je vous trouve, monsieur, bien cruel aujourd'hui!* »

« *Je t'en donne un, et deux, et trois autres encore.
Seras-tu cette fois plus heureux de ton sort ?* »

« *Si je répondais non, je serais bien ingrat!
Donnez-les-moi, monsieur, advienne que pourra!* »

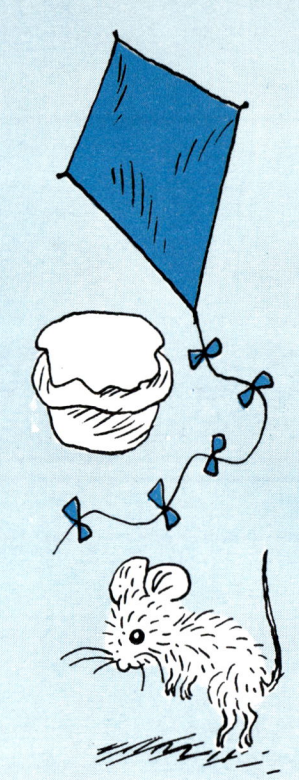

# La petite ombre grise

**12 JUIN**

Une petite ombre grise sautillait entre les rangées de choux avec une telle agilité qu'il était vraiment très difficile de la distinguer.

— Hum! se dit le fermier. Ce n'est peut-être qu'un nuage filant sur la lune.

Et il alla se coucher.

— Hum! se dit un petit renard maigre. Ce n'est peut-être rien de plus que l'ombre d'un rêve! Et il sauta dans son lit, lui aussi. Mais, le matin venu, quand l'ombre du fermier recouvrit les rangées de choux ensoleillées... il y avait de petites morsures dans les plus grosses feuilles. Et, quand l'ombre du petit renard maigre se dessina sur le chemin... il y vit de minuscules empreintes qui allaient il ne savait où.

Ce soir-là, le fermier resta assis dans son jardin, le fusil sur ses genoux.

Et le petit renard maigre fit le guet, lui aussi, un sac jeté sur l'épaule.

Mais nulle petite ombre grise ne longea en sautillant les rangées de choux. Peut-être parce qu'il n'y avait pas de lune. Peut-être, aussi, parce que, au plus profond de son terrier, un petit lapin potelé souriait dans son sommeil et rêvait aux jolies ombres grasses que font les choux par une belle nuit de pleine lune.

# Le petit renard affamé

**13 JUIN**

— Mon Dieu, que j'ai faim! s'exclama un petit renard affamé, en se pourléchant les babines. Jamais de ma vie, je n'ai eu un appétit pareil.

Et il se hâta vers la cour de la ferme, où il espérait trouver un bon dîner tout préparé. Bientôt, il aperçut un nid plein d'œufs qui auraient fait une magnifique omelette.

Mais le petit renard prit un air dédaigneux. « Une omelette, déclara-t-il, ça n'est pas suffisant. J'ai beaucoup trop faim pour ça! »

Et il poursuivit son chemin, jusqu'au moment où il rencontra une belle poule grasse, qui se serait bien accommodée d'un énorme plat de riz.

Cette poule grasse ne satisfit pas non plus le petit renard affamé.

« J'en ferais à peine deux bouchées », se dit-il, et il se dirigea vers le lac où deux cygnes se laissaient glisser vers la rive.

« Voilà qui est mieux! murmura-t-il. Deux cygnes rôtis, avec une sauce, c'est exactement ce qu'il me faut pour mon dîner. »

Tout doux, tout doux, il se glissa dans les roseaux en attendant le moment où les deux cygnes monteraient sur le rivage. Puis il bondit, d'un air féroce, prêt à en attraper un dans chaque patte.

Mais un seul petit renard, féroce ou pas, ne fait pas le poids devant deux grands cygnes blancs! Le cou tendu, les ailes battantes, les cygnes le pourchassèrent avec des sifflements terribles jusqu'en haut de la colline et dans les bois.

Ce petit renard fut si content de se retrouver chez lui qu'il sauta dans son lit sans prendre le temps de regretter son dîner.

« Je n'ai pas faim du tout, se dit-il. Et quand l'appétit me reviendra — c'est-à-dire demain — je me contenterai d'une bonne omelette, car les œufs, du moins, ne me résisteront pas! »

# Le pique-nique

**14 JUIN**

Claude et Nicole étaient très déçus. Il faisait chaud ce jour-là, et leur papa leur avait promis de les amener en pique-nique. Mais il ne pourrait pas tenir sa promesse car il avait été appelé au-dehors.

— Quel dommage que papa soit médecin! s'écria Claude. C'est toujours quand nous avons projeté quelque chose d'amusant qu'il est obligé de sortir.

— N'y pensez plus, leur conseilla leur maman. Il acceptera peut-être de jouer avec vous quand il rentrera.

— Oui, dit Nicole, mais ce sera l'heure de se coucher.

Claude et Nicole faisaient toujours la sieste après le déjeuner. Cette fois, la température était si élevée qu'ils s'endormirent profondément. Quand ils se réveillèrent, leur maman leur dit :

— Vous avez si bien dormi que, ce soir, vous pourrez rester debout plus tard que d'habitude.

— Hourrah! crièrent les enfants.

En rentrant, à huit heures, leur papa s'étonna :

— Vous n'êtes pas encore couchés, petits polissons!

— Maman a dit que nous avions bien dormi cet après-midi et que nous pouvions dîner avec les grandes personnes, hurlèrent Claude et Nicole.

— Ah! fit leur papa. Eh bien, j'ai une idée! Si nous allions pique-niquer?

Les enfants poussèrent des cris de joie. Ils prirent le panier et partirent dans le crépuscule. C'était beaucoup plus amusant qu'une excursion en plein jour.

Papa fit un feu de camp, et chacun grilla ses pommes de terre dans les cendres.

A la nuit tombée, les étincelles du feu s'élancèrent à la poursuite des étoiles. Claude et Nicole s'amusèrent beaucoup à grimper aux arbres et à cueillir des marguerites dans le noir.

— Tu ne trouves pas que c'est formidable de pique-niquer pendant que les autres enfants sont au lit? demanda Nicole à son frère.

— Oh si! répondit Claude. Et je suis content que papa soit médecin après tout.

# Le clown le plus drôle du monde

**15 JUIN**

Il était une fois un petit cirque si drôle et si gai qu'on le baptisa le Meilleur Spectacle de l'Année. Son propriétaire en fut si fier qu'il voulut aussitôt faire imprimer de nouvelles affiches où son titre s'étalerait en grosses lettres rouges.

— Excellente idée! déclara l'imprimeur. Et si vous ajoutiez sur votre affiche le portrait du plus drôle de vos clowns avec, en sous-titre, les mots Le Clown Le Plus Drôle du Monde?

— Ce serait merveilleux! s'écria le propriétaire du cirque en se frottant les mains. Malheureusement, je ne sais pas lequel de mes clowns est le plus drôle...

Il résolut aussitôt de trancher la question. Pour ce faire, il rassembla tous ses clowns et leur dit :

— Dans une semaine, je déciderai d'après le nombre de rires que chacun de vous aura déclenchés dans le public.

A peine les clowns eurent-ils entendu cela

que chacun désira, dans son for intérieur, être nommé Le Clown Le plus Drôle du Monde. Au lieu de travailler ensemble comme par le passé, ils allèrent s'exercer chacun dans son coin.

Au bout d'une semaine, ils ne s'adressaient même plus la parole, et... chose étrange, le public ne riait plus du tout en les regardant.

Les pauvres clowns étaient horriblement tristes.

Quant au propriétaire du cirque, il s'arrachait les cheveux.

— J'annule le concours! annonça-t-il enfin. Il n'y aura pas de portrait de clown sur mes affiches.

Cependant, avant même qu'il ait eu le temps de téléphoner à son imprimeur, la situation changea de nouveau. Les clowns redevinrent amis. Ils recommencèrent à s'entraider, à chercher ensemble des blagues inédites, à s'amuser entre eux.

Ce soir-là, les petits clowns se montrèrent plus drôles que jamais. Le public eut tant de plaisir que l'imprimeur, à l'autre bout du fil, entendit ses rires quand le propriétaire du cirque lui téléphona depuis la poste.

— Eh bien! eh bien! lui dit-il. Je suppose que vous avez enfin découvert lequel de vos clowns est le plus drôle!

— Au contraire! répondit son interlocuteur. Ils ne sont jamais si drôles que lorsqu'ils le sont ensemble. Alors, voilà ce que vous allez faire... Vous allez dessiner sur l'affiche le portrait de tous mes petits clowns, en écrivant dessous : Les Clowns les Plus Drôles du Monde.

Et il se hâta de retourner au cirque pour annoncer à ses petits clowns si drôles ce qu'il venait de décider.

## La lune est curieuse

**16 JUIN**

Souvent, je m'étonne en secret
De voir que la lune est levée
Au beau milieu de la journée.
Dieu sait quelle curiosité
L'empêche d'aller se coucher!
Il est vrai que, toujours, la nuit,
Elle nous voit dans notre lit.
Ce doit être bien monotone
Pour cette curieuse personne.

## La pendule

**17 JUIN**

Etant petit, je croyais
Que la pendule faisait
Tic tac régulièrement
Pour amuser les enfants.
Depuis quelque temps je sais
Qu'elle est bien plus avisée,
Que son doux tic-tac nous dit :
C'est le jour ou c'est la nuit,
C'est l'heure de s'amuser
Ou bien d'aller se coucher.

## La parade du cirque

**18 JUIN**

Voici les lions et les éléphants,
Les acrobates, les trapézistes,
L'homme le plus maigre du monde,
Le plus petit de tous les nains
Et le géant dont la tête effleure presque les nuages.
Voici les phoques et les ours,
Les chevaux caracolants,
Monsieur Loyal et son grand fouet,
Son beau chapeau sur la tête.
Voici les adroits jongleurs
Et les chameaux si bizarres
Qui avancent trois par trois.

Voici les clowns qui cabriolent,
Regardez donc leurs grimaces
Et leurs perruques, et leurs faux nez!
Les voilà! Les voilà!
Suivons-les! suivons-les!
Sous le grand chapiteau,
Le spectacle va commencer.

# Miranda se souvient

**19 JUIN**

Dès que le cirque venait s'installer dans sa ville, Guy se dépêchait de s'y rendre, car on lui avait confié la mission de porter à boire aux éléphants. Ça n'était pas facile pour un garçon de son âge, mais il aimait beaucoup son travail. Il s'entendait très bien avec les éléphants, surtout avec Miranda, la reine, qui s'était prise d'amitié pour lui.

En outre, au moment où Guy se préparait à partir, le dompteur d'éléphants venait toujours lui dire : « A l'année prochaine, Guy! » et lui donnait son salaire : un billet pour le Grand Spectacle.

Mais, une année, quand Guy se présenta, il découvrit que le dompteur d'éléphants était parti.

— Désolé, petit, lui dit le nouveau. Je n'étais pas au courant. J'ai déjà engagé deux garçons pour porter de l'eau à mes bêtes.

Quelle déception pour Guy! Juste à ce moment-là, ses deux successeurs arrivèrent, leurs seaux vides à la main. Ils étaient beaucoup plus grands que Guy, et pas très gentils.

— Pousse-toi, le gosse, dit l'un d'entre eux en lui assenant une bourrade.

Guy était furieux. Mais Miranda le fut deux fois plus. Elle aimait beaucoup le petit garçon et elle détestait les gens méchants. Aussi, refusa-t-elle de boire l'eau que lui apportaient les deux nouveaux. Même, elle se mit à barrir rageusement.

Or, tout ce que faisait Miranda, les autres éléphants le faisaient aussi. Ils poussèrent des barrissements épouvantables et refusèrent de boire.

Le dompteur arriva en courant.

— Qu'est-ce qu'il y a? demanda-t-il. Qu'est-ce qui ne va pas, Miranda?

Miranda se tut. Du bout de sa trompe, elle désigna les deux nouveaux, puis émit un grognement de mépris. Ensuite, elle se tourna vers Guy et l'attira doucement à elle.

— Je comprends! s'écria le dompteur. Eh bien, vous deux, vous pouvez chercher un autre emploi. Autrefois, c'était Guy qui portait à boire aux éléphants... et il semble que Miranda se souvient...

Les deux grands garçons n'avaient pas envie de discuter en présence de Miranda. Ils s'en allèrent sans souffler mot. Quant à Guy, il se dépêcha d'aller chercher les seaux. Il devait rentrer chez lui pour déjeuner, et il ne voulait pas manquer la représentation de l'après-midi!

Mais il trouva le temps de frotter gentiment la grosse tête de Miranda, comme elle aimait qu'on le fît, avant d'aller chercher son salaire : un billet pour le spectacle.

## Youki le Second

**20 JUIN**

Youki était perdu depuis une semaine. La famille de Jérôme finit par abandonner les recherches.

Mais Jérôme, lui, n'avait pas perdu tout espoir.

— Il faut absolument que je le trouve, se dit-il en s'enfonçant dans les bois. Youki s'était peut-être perdu en pourchassant un lapin. Peut-être même était-il tombé dans un piège.

— Ici, Youki! criait-il d'une voix tremblante. Allons, viens, Youki!

Et, soudain, déboula sur le sentier une petite boule brune, aux pattes blanches, qui remuait la queue.

— Oh, Youki! hurla Jérôme. Youki, tu es revenu!

Youki se jeta sur lui en aboyant de bonheur. Jérôme le serra dans ses bras, le caressa et, même, lui permit de lui lécher la figure. Soudain, il releva la tête. Un autre garçon était debout à côté de lui.

— Bonjour, dit-il. Je vois que tu connais mon chien Pataud.

— Pataud! s'exclama Jérôme. C'est mon chien Youki. Il est perdu depuis une semaine et... oh! je suppose que tu l'as trouvé et que tu as pris soin de lui.

Mais le garçon secoua la tête.

— Non, dit-il, c'est le chien que mon oncle Jean m'a donné. Et je ne l'ai retrouvé qu'au début de la semaine. Il était perdu depuis deux mois.

— Ici, Pataud! cria-t-il et Youki se précipita vers lui.

— Ici, Youki! cria Jérôme, et Youki revint sur ses pas.

— Ça alors! fit l'autre garçon. J'ai l'impression qu'il est à la fois, *et* Youki, *et* Pataud. Je ne sais pas du tout ce qu'il faut faire!

— Moi non plus, dit Jérôme. Allons demander à mon père.

Le père de Jérôme écouta l'histoire du petit garçon. Il vit le chien obéir à son appel quand il cria :

— Ici, Pataud.

— Je suis désolé, Jérôme, dit-il enfin, mais il est certain que Youki était perdu quand il est arrivé chez nous. Il appartient à ce petit garçon. Il faut donc le lui rendre.

Les yeux de Jérôme se remplirent de larmes. Mais il hocha la tête et dit :

— Oui, je suppose que tu as raison.

L'autre garçon n'avait pas l'air très heureux, lui non plus.

— Je vais m'en aller, à présent, dit-il. Je m'appelle Pierre. Je te reverrai peut-être.

En effet, quelques jours plus tard, Pierre vint rendre visite à Jérôme.

Il avait avec lui un chien qui n'était pas Youki, mais qui lui ressemblait étrangement avec son poil brun, ses pattes blanches, et sa queue remuante.

— Il est à toi, Jérôme, dit Pierre. C'est mon oncle Jean qui te l'envoie.

Jérôme ne put prononcer un mot. Il s'assit par terre et serra, serra très fort dans ses bras le chien qu'il baptisa aussitôt Youki le Second.

# ÉTÉ

## Le jour le plus long

**21 JUIN**

*Aujourd'hui on aura
Le temps de s'amuser,
De courir dans les bois,
D'aller pique-niquer*

*Ou bien au bord de l'eau
Qui scintille au soleil
De faire des merveilles
Avec un beau bateau.*

*On pourra regarder
Assis là, sur la plage
Un beau livre d'images
Avant d'aller dîner.*

*Aujourd'hui c'est le jour
Le plus long de l'année,
Oui, le plus long des jours,
Le premier de l'été.*

## La sage petite marmotte

**22 JUIN**

Tout au fond de sa petite maison de pierre, une marmotte affamée jouait du piano. Sur le seuil, un putois maigre et rusé se tenait prêt à l'avaler dès qu'elle sortirait.

Cela, la petite marmotte le savait bien et, pour le taquiner, elle se mit à jouer : « Tu as faim, petit putois! » en chantant les paroles.

Le petit putois fit semblant d'être très content.

— Quelle belle chanson! cria-t-il. Viens donc la chanter avec moi!

— Quand j'aurai déjeuné, répondit la marmotte. Pour l'instant, je te prépare une surprise.

En entendant ces mots, le putois, ne se méfiant plus, rentra chez lui où il déjeuna des restes de la veille, pendant que la petite marmotte sortait tranquillement et mangeait tout un plat de baies savoureuses. Puis, avec une petite boîte en carton, une allumette et une vieille corde de piano, elle confectionna une mandoline qu'elle déposa sur le pas de sa porte.

Le putois fut ravi. Il la ramassa et se mit à gratter les cordes tandis que la petite marmotte chantait en s'accompagnant au piano. Ils faisaient un si joli duo que jamais plus le putois ne pensa sérieusement à gober la marmotte pour son déjeuner, ou même pour son dîner.

## De l'autre côté

**23 JUIN**

Le soir dans mon lit
Je suis bien content,
Je pense aux enfants
Qui, dans les pays
De l'autre côté
Peuvent s'amuser
Parce que c'est à eux
D'avoir le ciel bleu.

## La balançoire

**24 JUIN**

A la branche du pommier
J'ai pendu ma balançoire
Et du matin jusqu'au soir
Je joue à me balancer.
Pousse-moi
Une fois.
Après, ce sera à toi.
Plus haut, plus haut,
De plus en plus haut
Jusqu'à la flèche du clocher
Jusqu'au ciel étoilé
Pousse encore ma balançoire
Bientôt la nuit sera noire
Et nous ne pourrons plus jouer
A nous balancer
A la branche du pommier.

## Les chardons

**25 JUIN**

La vieille Madame Brebis et sa famille prenaient grand soin de leur pré. Ils tondaient l'herbe de si près qu'on eût dit de la mousse, et seuls quelques pierres, quelques bouquets de chardons en rompaient la monotonie.

Dans son for intérieur, Madame Brebis aurait bien voulu se débarrasser aussi des chardons. Mais ils piquaient trop le palais.

— Au fond, ils sont jolis, se dit-elle, très jolis. Je n'ai qu'à les laisser là. Et, comme toute sa famille était d'accord avec elle, elle s'enorgueillit du bon air qu'avait son pré.

Mais, un beau jour, un petit âne qui passait par là remarqua les chardons. Il avait très faim, et il se dit qu'il s'en contenterait bien si seulement les moutons lui permettaient de les manger.

Il déclara donc qu'à son avis, le pré n'était pas joli du tout.

— Ces chardons font désordonné, ajouta-t-il. Si ce pré était à moi, je m'en débarrasserais.

— Eh bien! faites-le, répondit avec colère

# Le parapluie magique

**26 JUIN**

Il commençait à pleuvoir. Monsieur Tohu-Bohu (qui avait toujours beaucoup d'argent dans sa poche) se précipita dans la première boutique venue pour y acheter un parapluie.

— Que voulez-vous ? lui demanda le vendeur. Un simple parapluie, qui protège de la pluie, ou un spécimen plus perfectionné, doté de pouvoirs magiques ?

Intrigué, Monsieur Tohu-Bohu choisit le dernier.

Au début, il eut du mal à ouvrir son parapluie. Mais, une fois que le parapluie fut ouvert, il se mit à gonfler comme un ballon et il s'éleva dans les airs, emportant Monsieur Tohu-Bohu qui s'accrochait au manche.

— C'est merveilleux, murmura Monsieur Tohu-Bohu, en passant devant les fenêtres des bureaux, où les employés enfilaient à la hâte leurs imperméables et leurs caoutchoucs. Je n'aurai plus jamais besoin de porter ni l'un ni l'autre.

Ravi, il caressa la poignée de son parapluie qui, aussitôt, se mit à descendre. Mais Monsieur Tohu-Bohu ne toucha pas tout à fait le trottoir humide. Il le survola, à quelques centimètres de hauteur, sans le moindre effort de sa part. Et il se laissa porter, en pensant à l'étonnement de Madame Tohu-Bohu lorsqu'elle lui reprocherait — comme à l'habitude — d'avoir les pieds mouillés et qu'en baissant la tête, elle les verrait absolument secs.

la vieille Madame Brebis, en lui ouvrant la barrière.

— J'en ai pour un instant ! cria le petit âne. Il accourut et mordit une énorme bouchée de chardons. Ce fut une bouchée de trop !

— Ouille, ouille ! marmonna-t-il en la crachant. Ça pique ! Ça n'est pas bon du tout !

Il voulut s'éloigner, mais Madame Brebis ne l'entendait pas de cette oreille.

— Allons, allons, continuez, dit-elle. Débarrassez-moi de ces chardons.

— Non, non, dit le petit âne en reculant. J'ai changé d'avis. Ces chardons font trop bon effet dans votre pré. Ce serait dommage de les manger.

— C'est exactement ce que je pense, déclara Madame Brebis d'un ton adouci.

Le petit âne n'oublia jamais cette bouchée de chardons. Dorénavant, il ne manqua jamais une occasion de se récrier sur leur beauté. Et Madame Brebis, toute contente, se rengorgeait.

## La voyageuse

**27 JUIN**

Un jour j'ai vu
Une tortue
Qui cheminait
A pas comptés
En avançant
Si lentement
Qu'elle pouvait
Tout regarder.
Insecte ou mouche
Hop! dans sa bouche!
A voir ceci
Je me suis dit
Que mieux valait
Jamais, jamais
Ne se presser.

## Dans le jardin

**28 JUIN**

Pour escalader une fleur
La fourmi met une grande heure.
De même pour la sauterelle
Ou pour la jolie coccinelle.
L'abeille doit prendre son vol
Pour se poser sur la corolle.
Quand j'ai envie de l'admirer,
Il me suffit de me pencher.

## Le vieux Tom

**29 JUIN**

Pendant sa jeunesse, le vieux Tom avait eu maintes fois maille à partir avec les chiens. Combien en avait-il pourchassé, le dos rond, les yeux pleins de flammes, l'haleine sifflante? Et combien, épuisés, n'avaient trouvé le salut qu'en haut d'un arbre où ils grimpaient sous le regard méprisant du vieux Tom.

Autrefois, jamais un chien n'aurait osé s'approcher du vieux Tom qui, lorsqu'il se mettait en colère, ressemblait davantage à un tigre qu'à un chat.

A présent, Tom était vieux. Il était beaucoup trop fatigué pour griffer, pour faire le gros dos, pour cracher sur les chiens, beaucoup trop vieux et trop lent pour escalader un arbre d'un bond sous les yeux dépités d'un jeune chiot agile.

Mais cela, le vieux Tom l'ignorait. Il restait assis, sur le perron ensoleillé, en grommelant d'une voix de basse :

— Malheur au chien qui osera s'approcher de moi! Je lui montrerai qu'il faut se méfier du vieux Tom.

Sa queue s'agitait furieusement, ses yeux se rétrécissaient, se réduisaient à deux lueurs vertes, et il grondait comme un vrai tigre. Alors les chiens, jeunes ou vieux, passaient devant le perron sur la pointe des pattes. Les vieux se rappelaient trop bien l'époque héroïque, et les jeunes se disaient, en entendant ses grognements féroces :

— Il faut se méfier du vieux Tom!

## Le manège

**30 JUIN**

Aujourd'hui devant chez moi
Un camion s'est arrêté.
Quelle chance! il transportait
Cinquante chevaux de bois!
Cela faisait un manège
Mais non... au moins deux manèges.
Qui tournoyaient
Au rythme gai
D'une chanson démodée.

# Les ballons

**1er JUILLET**

— Voyez mes ballons! mes beaux ballons! criait l'homme aux ballons.

Et il arpentait la rue de haut en bas, ses ballons aux couleurs vives sur l'épaule, une sacoche sur l'autre bras.

— Voyez mes ballons! mes beaux ballons! criait-il et, de toutes les maisons, sortaient des petits garçons et des petites filles qui se précipitaient pour acheter leurs couleurs préférées. Alors, les ballons rouges, bleus, jaunes, verts ou violets quittaient l'épaule du marchand et venaient flotter au-dessus de la tête de ceux qui les avaient achetés.

Certains éclataient, boum! au bout d'une minute ou deux, d'autres duraient l'après-midi entier. Les uns allaient s'accrocher aux branches d'un noisetier, les autres tombaient dans le ruisseau.

Mais, le soir venu, il ne restait plus nulle part un seul ballon. Sauf, bien sûr, dans la maison de l'homme aux ballons, qui en avait des tas.

Après le dîner, il gonflait tous ses ballons, les attachait au bout d'une ficelle, les nouait ensemble, et les fixait à sa chaise avant de se coucher.

— Quels beaux ballons! pensait-il au moment de s'endormir. Demain, j'en vendrai plus que jamais...

Il ne se trompait pas.

Car, dans leurs lits, tous les petits garçons et les petites filles rêvaient, eux aussi, de ballons : de ballons rouges, bleus, jaunes, verts ou violets.

Et tous pensaient que les ballons qu'ils achèteraient le lendemain dureraient beaucoup, beaucoup plus longtemps que ceux de la veille.

# Le secret du renard

**2 JUILLET**

Depuis le début de la semaine qui précédait l'anniversaire de l'ours, le petit renard roux se comportait d'une façon étrange.

Il refusait d'aller pêcher avec son ami, le raton laveur. Il ne voulait plus aller patauger dans l'eau avec l'ours. Il ne leur ouvrit même pas sa porte quand ceux-ci vinrent lui rappeler la fête qui aurait lieu pour l'anniversaire de l'ours.

Il l'entrebâilla, simplement, en criant :

— Allez-vous-en, vous deux! Allez-vous-en tout de suite!

— Je crois que Renard ne nous aime plus, soupira l'ours le matin de son anniversaire.

— Et moi, je pense qu'il est malade, dit le raton laveur. Il a peut-être des migraines, ou des rages de dents qui le mettent de mauvaise humeur.

— Oh! fit l'ours. Eh bien! dans ce cas, tâchons de trouver quelque chose pour lui faire plaisir.

Et il courut chez lui, où il prit un pot de confiture de groseille, qui est délicieuse sur les tartines. Quant au raton laveur, il cueillit un bouquet de fleurs des champs, qui égaient si bien les chambres des malades. Puis, ils se présentèrent devant la porte du Renard.

— Pouvons-nous entrer? demandèrent-ils.

Personne ne répondit. On ne leur cria même pas de s'en aller.

Mais, brusquement, la porte s'ouvrit, révélant Monsieur Renard en personne... qui était l'image même de la santé.

— Entrez! dit-il. Entrez vite! J'ai hâte de vous montrer...

A peine les deux amis étaient-ils entrés qu'ils virent au beau milieu de la pièce une magnifique canne à pêche prolongée d'une belle ligne jaune et rouge, ainsi qu'une boîte de mouches faites à la main, sur laquelle étaient écrits les mots : « Bon anniversaire! »

— Oh! s'écrièrent ensemble l'ours et le raton laveur. C'est donc pour cela que tu n'avais pas de temps à nous consacrer!

— Oui, répondit le renard. Il faut du temps pour fabriquer tout ça, vous savez. Et je ne pouvais pas vous laisser entrer parce que vous auriez tout vu. Il y avait des bouts de bois et de ficelle qui traînaient partout. Et, maintenant, ajouta-t-il en prenant sa propre canne à pêche, plus une seconde pour le raton laveur, si nous allions pêcher une ou deux truites? Il me semble que nous avons suffisamment de temps avant le goûter.

— Quelle excellente idée! s'écria l'ours qui était impatient d'essayer sa canne à pêche neuve.

Et les trois amis s'en allèrent, bras dessus, bras dessous... aussi heureux qu'avant l'époque à laquelle le renard s'était mis à se conduire de façon si bizarre.

# Daniel le détective

**3 JUILLET**

— Oh, Daniel! gémit Annie. J'ai perdu ma poupée. Je l'avais laissée dans le jardin public et je l'ai oubliée. Elle était dans sa voiture. A présent, elle a disparu...

Daniel était sur le point de dire : « Que tu es sotte d'avoir fait ça, Annie », mais sa petite sœur semblait si affolée qu'il se ravisa.

— Viens, dit-il. Montre-moi l'endroit où tu l'as laissée. Je vais faire une enquête.

Annie lui ayant montré l'endroit précis où elle avait laissé la voiture, il scruta le terrain avec beaucoup d'attention pour tenter d'y trouver des indices. Heureusement, le sol était resté humide après une averse, et la piste se voyait distinctement.

Elle traversait le jardin public, suivait le trottoir et continuait jusqu'au jardin de la maison neuve, au coin de la rue.

— C'est bizarre, pensa Daniel. Je croyais que personne n'y habitait...

Il se trompait. Depuis le matin, il y avait quelqu'un dans cette maison. Les fenêtres étaient ouvertes, on apercevait une voiture dans le garage, et l'on entendait des bruits de voix à l'intérieur.

Daniel et Annie s'approchèrent de la barrière : dans le jardin, une petite fille à peu près du même âge qu'Annie berçait une poupée dans une voiture.

Non! Deux poupées, dans deux voitures!

— Celle de droite est à moi! s'écria Annie. Oh, Daniel, tu es un détective formidable! Tu me l'as trouvée!

Deux minutes plus tard, Annie était dans le jardin et serrait sa poupée dans ses bras avec l'air de quelqu'un qui, plus jamais, ne l'oublierait. Quant à l'autre petite fille, elle semblait si contente, à la fois d'être débarrassée de l'un de ses deux enfants, et d'avoir trouvé une nouvelle compagne de jeux, que Daniel rentra chez lui.

« On n'a plus besoin d'un détective ici », pensa-t-il en souriant.

Mais il se félicita d'avoir été disponible au moment où sa présence et ses capacités étaient les bienvenues.

# Le défilé des pompiers

**4 JUILLET**

Antoine habitait une ville où il y avait chaque année un défilé des pompiers. Ce défilé ne commençait qu'à deux heures de l'après-midi, mais l'agitation commençait bien avant.

Des motards sillonnaient la ville pour diriger la circulation ou pour accueillir les brigades qui venaient en visite. Partout, on voyait de grosses machines écarlates. Et c'était un véritable flot d'autobus transportant pompiers ou musiciens.

En se levant le matin, Antoine avait toujours l'impression que deux heures n'arriverait jamais. Mais l'après-midi était à peine commencée que déjà sa mère et lui descendaient sur la place et attendaient impatiemment ce fameux défilé.

— Reculez! reculez! criaient les agents de police en sifflant à pleins poumons et en agitant leurs bâtons blancs.

— Ballons! casques de pompiers! boutons souvenirs! hurlaient les vendeurs. Et les klaxons mugissaient, la foule bavardait et riait, les drapeaux s'agitaient au vent, les ballons s'échappaient dans l'air léger.

Antoine, lui, ne lâchait jamais son ballon. Il le tenait bien serré dans sa main.

Et, juste au moment où il commençait à se dire que, cette année, quelque chose n'allait pas, qu'ils s'étaient trompés d'endroit, ou que le défilé avait tourné à droite au lieu de tourner à gauche, il entendait les klaxons et les tambours, il voyait le premier drapeau déboucher sur la place.

Le défilé arrivait enfin... et quel défilé!

Des tambours-majors qui faisaient avec leurs bâtons quantité de mouvements compliqués, des musiciens en uniformes rutilants, des armées de pompiers en gants blancs, des voitures, des machines de toutes sortes, sans oublier les grandes échelles, etc.

Il y avait même un clown déguisé en pompier qui s'arrosait avec le tuyau de la pompe, ce qui le faisait rire à s'en rendre malade.

Quant aux vrais pompiers, lorsque Antoine et les autres enfants leur criaient : « Actionnez les sirènes! », ils ne se faisaient pas prier.

Pim pom! pim pom! mugissaient les sirènes; cuivres et tambours rivalisaient d'éclat, les chiens poussaient des aboiements frénétiques et la foule applaudissait avec tant d'ardeur que la ville tout entière semblait noyée de bruit.

Enfin, cuivres et tambours se taisaient au moment où la dernière rangée de pompiers tournait le coin. Puis, les musiciens se remettaient à jouer et la musique s'estompait en s'éloignant.

— Le défilé est terminé, Antoine, disait maman, en lui serrant doucement la main pour le réveiller. Il est temps de rentrer dîner.

— Oui soupirait Antoine, Tout heureux en songeant au bon dîner qui l'attendait, et plus heureux encore en pensant que l'année prochaine le défilé recommencerait.

## La famille Ours en pique-nique

**5 JUILLET**

— Il fait un temps idéal pour un pique-nique, dit Monsieur Ours à sa femme. Si tu nous préparais un panier ?

— Excellente idée ! répondit Madame Ours en fouillant dans son garde-manger pour chercher de quoi confectionner un déjeuner particulièrement savoureux. Seulement, cette fois, Monsieur Ours, j'espère que vous ne serez pas aussi pointilleux quand il s'agira de choisir l'endroit où nous nous installerons, et que nous ne finirons pas, en désespoir de cause, par nous contenter de la première prairie venue...

— Eh bien, dit Monsieur Ours, cette fois, ce sera à toi de choisir l'endroit du pique-nique. Entendu ?

— Entendu ! répondit Madame Ours en souriant.

Tout semblait s'arranger au mieux. Mais, lorsque Monsieur Ours, Madame Ours et les deux petits oursons furent dans les bois, chacun se rendit compte bien vite qu'on n'était pas prêt de s'installer. Ici, Madame Ours trouvait qu'il y avait trop d'ombre ; là, trop de soleil. Ce pré manquait de fleurs sauvages. Et, quand on découvrit une clairière qui semblait absolument parfaite, Madame Ours s'écria :

— Oh ! mais il n'y a pas de ruisseau ! nous pouvons sûrement trouver quelque chose de mieux !

Il était l'heure de déjeuner, et tout le monde avait faim.

Madame Ours ne se décidait toujours pas.

— Nous sommes affamés ! gémirent les deux petits oursons. Maman, dépêche-toi, s'il te plaît.

— Oui, renchérit Monsieur Ours, dépêche-toi, je t'en prie. Ce panier devient de plus en plus lourd...

— Bon ! fit Madame Ours avec un sourire suave. Tournons dans la prochaine

## Le toboggan

**6 JUILLET**

*Tout en haut du toboggan
Je me hisse lentement
Et là-haut
Que c'est haut!*

*Quand je file jusqu'en bas
J'ai le cœur qui bat, qui bat
Oh là là
Que c'est bas!*

## Sept petits marins

**7 JUILLET**

*Sept petits marins
Qu'ont pas froid aux yeux
Partent un beau matin
Sur l'océan bleu.*

*Ils cherchent une île
Où jamais les chats
Les chats si habiles
A chasser les rats*

*Ne viendront troubler
Leurs joyeuses fêtes
Et les pourchasser
Pendant leurs dînettes.*

*« La voilà! » crient-ils
Mais du fond de l'île
Surgit un gros chat
Qui en est le roi.*

allée. C'est là que nous nous installerons.

Ils empruntèrent donc l'allée en question et, oh! surprise... ils se retrouvèrent dans leur propre jardin!

Les deux petits oursons étaient tellement étonnés qu'ils ne purent prononcer un mot, mais Monsieur Ours s'empressa de poser son panier par terre.

— Je n'ai jamais vu un endroit plus agréable pour un pique-nique! déclara-t-il en toute hâte. Il y a des chaises, une table, un ruisseau, quantité de belles fleurs à regarder... Vraiment, je trouve que nous devrions y déjeuner tous les jours pendant l'été.

— C'est aussi notre avis, ajoutèrent les oursons affamés. Si nous commencions tout de suite?

— D'accord, dit Madame Ours qui souriait toujours, et elle ouvrit son panier qui exhalait une odeur délicieuse.

## La cadette

**8 JUILLET**

Christine était la cadette.

Elle n'était pas l'aînée, comme Dominique qui allait à l'école, qui traversait la route toute seule pour aller jouer avec ses amis, qui savait lire et qui se couchait la dernière.

Elle n'était pas non plus la benjamine, comme Annette.

Quand Annette désirait quelque chose, elle se mettait à pleurer et on le lui donnait. Quant elle se tenait mal à table, papa et maman se contentaient de rire. De plus, maman la prenait très très souvent sur ses genoux et papa jouait au cheval avec elle.

Non. Christine était la cadette. Trop grande pour se conduire comme Annette... trop petite pour avoir le droit de faire tout ce que faisait Dominique.

Mais Christine avait des occupations bien à elle. C'était elle qui poussait la voiture quand maman amenait Annette en promenade. Elle qui jouait avec le sable et qui préparait le déjeuner du chien quand maman était trop occupée.

C'était elle encore qui avait droit à des félicitations lorsqu'elle s'habillait toute seule, elle à qui maman racontait des histoires, elle avec qui papa jouait le soir, pendant que Dominique faisait ses devoirs et qu'Annette dormait.

Tout cela, c'était pour Christine.

Pas pour Annette. Elle était trop petite.

Pas pour Dominique, elle était trop grande.

Non, tout cela c'était pour Christine, la cadette.

## Le jardin désordonné

**9 JUILLET**

En plantant ses légumes dans son jardin, au mois d'avril, papa les avait disposés en files bien nettes, séparées par des intervalles réguliers. Au bout de chaque rangée, il avait dressé un bâton portant un écriteau sur lequel était inscrit le nom de chaque légume.

Jérôme avait observé très attentivement tout ce que faisait son papa et s'était efforcé de l'imiter. Hélas! malgré tous ses efforts, il n'avait pas su aligner parfaitement ses rangées.

En outre, le vent, avait dispersé ses graines.

Aussi, à présent, on trouvait des radis au beau milieu des haricots et des carottes là où il ne devait y avoir que des oignons. Quant aux graines de pensées et de violettes, qui devaient composer une bordure, elles étaient éparpillées un peu partout.

Quel petit jardin désordonné! Même s'il l'avait voulu, Jérôme n'aurait pas su où placer ses écriteaux.

Mais, pendant tout le printemps et l'été, les graines des deux jardins poussèrent, sous la surveillance attentive de Jérôme et de son père. Quand juillet arriva, les légumes de papa étaient forts et robustes, et chacun à leur place respective.

Quant à ceux de Jérôme, ils étaient robustes, eux aussi.

Et, chose extraordinaire, ils avaient tous poussé au bon endroit!

## Le temps des cerises

**10 JUILLET**

*Je suis allé me percher
Tout en haut du cerisier.
Mille cerises vermeilles
Me font des pendants d'oreilles.
Les mille autres, croyez-moi,
J'en ai pour un seul repas.
Je laisserai aux oiseaux
Les feuilles et les noyaux.*

Jérôme trouva cela si prodigieux qu'il grimpa sur un arbre pour mieux contempler son petit jardin bien ordonné. Quant aux visiteurs, ils ne se montrèrent pas chiches de compliments.

# Des lumières dans la nuit

**11 JUILLET**

Une nuit, un petit chat noir alla se promener seul, pour la première fois. Il huma les parfums de l'été. Il écouta les bruits de la nuit.

Il alla se mirer dans une petite flaque noire, et il vit deux lumières rondes, brillantes, qui le regardaient.

— Qu'est-ce que c'est que ça ? s'écria-t-il en faisant un bond en arrière.

Puis il revint sur ses pas, et il s'aperçut que les deux lumières étaient ses deux yeux ronds, qui luisaient dans l'obscurité.

— Ce n'est que moi ! s'exclama-t-il en riant. Et il jeta un regard de défi à la grande nuit profonde.

Alors, il vit tout autour de lui, dans l'herbe et dans les buissons, des dizaines et des dizaines de petites lumières qui brillaient et clignotaient dans le noir.

Qu'est-ce que c'était ? De minuscules vers luisants... mais le petit chat noir l'ignorait.

Cependant, il n'avait pas l'intention de se laisser effrayer encore une fois. Oh non !

Alors, il se dit : « Ce sont simplement des quantités de petits chats noirs tout pareils à moi, avec des yeux brillants, comme les miens. »

Et le petit chat noir se sentit si intrépide, si important, qu'il grimpa sur l'arbre le plus proche pour voir tout ce qu'il y avait à voir dans la grande nuit profonde. De là-haut, il distingua une très, très grosse lumière ronde qui luisait au-dessus de la montagne.

C'était la lune, tout simplement... mais ça, le petit chat l'ignorait.

Et il ne prit pas le temps de se poser des questions.

— C'est un grand chat noir, se dit-il. Un énorme chat noir... et je n'aime pas du tout sa façon de me regarder avec son gros œil beaucoup trop brillant !

Alors, il dégringola de son arbre, fila sur l'herbe noire et galopa le long du sentier.

Trente secondes plus tard, il grattait à la porte de sa maison !

Et, dès que la porte fut ouverte, le petit chat noir se faufila à l'intérieur, la queue en l'air, le poil hérissé. Il se dit qu'il attendrait longtemps avant de retourner se promener seul dans la nuit trop grande et trop profonde pour un petit chat esseulé.

## La leçon de musique

**12 JUILLET**

1. Excusez-moi... voudriez-vous me prêter les instruments dont vous ne jouez pas en ce moment? — Non. Ils sont à moi.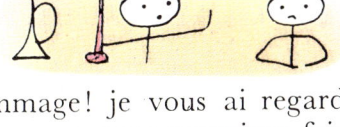

2. Oh! quel dommage! je vous ai regardé jouer, et je pense que nous pourrions faire un duo. — Ce n'est pas mon avis.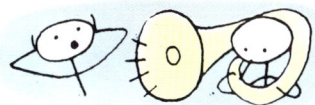

3. Tant pis! Il ne me reste plus qu'à en chercher d'autres. — Grand bien vous fasse!

4. Voilà, mon cher. Comment trouvez-vous cela? — Oh! mes pauvres oreilles! Arrêtez tout de suite! Tenez, prenez plutôt cela!

5. Entendu, puisque vous insistez. Commencez et je reprendrai... — Que notre duo est charmant! Je suis bien content d'avoir réussi à persuader ce jeune homme de jouer avec moi!

## J'aime l'eau

**13 JUILLET**

J'aime l'eau.
J'aime l'eau dans ma baignoire
Et sur le carrelage de la cuisine quand maman le nettoie.

J'aime l'eau sur la plage :
J'aime les vaguelettes
Qui me chatouillent les doigts de pieds
Et s'en vont avec la marée.

J'aime l'eau des flaques et des étangs,
Des lacs et des barrages où elle se heurte en écumant.

J'aime la pluie qui me mouille la langue
Et qui fait pousser les plantes dans le jardin.

J'aime l'eau des fleuves,
L'eau où pullulent les petits poissons.

J'aime l'eau quand elle est bien chaude
Le matin, dans mon lavabo.

J'aime l'eau quand elle est gelée,
Quand je peux patiner sur les mares glacées.

## Le quatorze juillet

**14 JUILLET**

Quand vient le Quatorze Juillet
C'est le grand bal des pompiers.
Tout le monde va danser
Dans les rues illuminées.
On s'en va bras d'ssus, bras d'ssous
Faire les fous
Faire les fous.

Y'a des tambours, des clairons,
Des guirlandes, des lampions,
Des sucettes, des bonbons,
Des refrains et des chansons.
On s'amuse ce jour-là
Comme des rois
Comme des rois.

## Pourquoi?

**15 JUILLET**

*Quand je construis une tour,
Une ville ou un château,
On me répète toujours
Que tout cela est bien beau,
Mais qu'il faut sans plus tarder
Démolir tout mon ouvrage*

*Et prendre soin de ranger
Comme un petit garçon sage.
Pourtant, quand ma maman coud,
Quand papa va au jardin,
Tout est sens dessus dessous,
Ils ne rangent jamais rien.
Alors je ne comprends pas
Pourquoi ils me gronderaient
Si seulement une fois
Je laissais traîner mes jouets.*

## Le trop petit Rémi

**16 JUILLET**

Le matin, quand Remi s'en allait jouer avec les petits garçons et les petites filles du voisinage, il avait l'air tout heureux. Mais, quand il revenait (ce qui n'était jamais très longtemps après), il pleurait toujours à fendre l'âme.

— Ils ne veulent pas que je joue avec eux, maman, gémissait-il. Ils disent que je suis trop petit. Et pourtant, ce n'est pas vrai...

— En effet, Remi, c'est bizarre, répondait maman. Tu es aussi grand que Philippe ou Christian, qui sont de toutes les parties...

— Je sais, disait Remi. Et je ne comprends pas... mais je voudrais bien avoir quelqu'un avec qui jouer!

— Bien sûr, dit maman.

Quelques jours plus tard, elle lui proposa :

— Si tu allais jouer avec Colin? Il est tout seul aujourd'hui.

Remi trouva l'idée excellente. Il se dépêcha d'aller jouer dans le sable avec son petit voisin. Mais, comme d'habitude, il fut de retour une demi-heure plus tard.

— Je ne peux pas jouer avec Colin, maman, expliqua-t-il. Il s'est mis à pleurer quand son tunnel s'est écroulé, il a recommencé quand je lui ai pris ses voitures pour lui apprendre à les diriger. Il pleure tout le temps. Ce n'est vraiment pas drôle de jouer avec lui. Il est beaucoup trop bébé...

A peine Remi avait-il prononcé ces mots que ses yeux s'ouvrirent tout grand. Il hésita un instant, courut à la porte, et se précipita au jardin public pour jouer avec ses petits amis. Cette fois, il ne rentra pas avant la fin de la matinée.

— Nous nous sommes rudement bien amusés, tu sais, déclara-t-il à sa mère pendant le déjeuner. Nous avons joué aux cow-boys, aux gendarmes et aux voleurs, comme les grands. Et je n'ai pas pleuré une seule fois, même quand je suis tombé. Alors, personne ne m'a dit que j'étais trop petit...

— J'en suis bien contente pour toi, Remi, dit maman. Oui, bien contente.

— Moi aussi, répliqua Remi. Et il se dépêcha d'avaler son déjeuner pour retourner jouer avec ses petits amis pendant tout l'après-midi.

# Quel ennui d'être un lapin !

**17 JUILLET**

— Oh ! gémit un petit lapin en sortant de son terrier. Il fait beaucoup trop chaud chez moi par un jour comme celui-ci !

Dans la prairie ensoleillée, il faisait trop chaud également. Et, en arrivant devant le ruisseau, le petit lapin eut envie de s'y plonger tout entier.

— Mais les lapins ne savent pas nager comme les grenouilles et les poissons, se dit-il en poursuivant sa route vers les bois ombragés où pas une feuille ne bougeait.

Là, les oiseaux gazouillaient comme au début du printemps. Un vieil hibou somnolait dans sa petite maison bien fraîche. Un bébé écureuil (à la fourrure très mince) se donnait de l'air en se balançant du haut d'une branche où il se suspendait par la

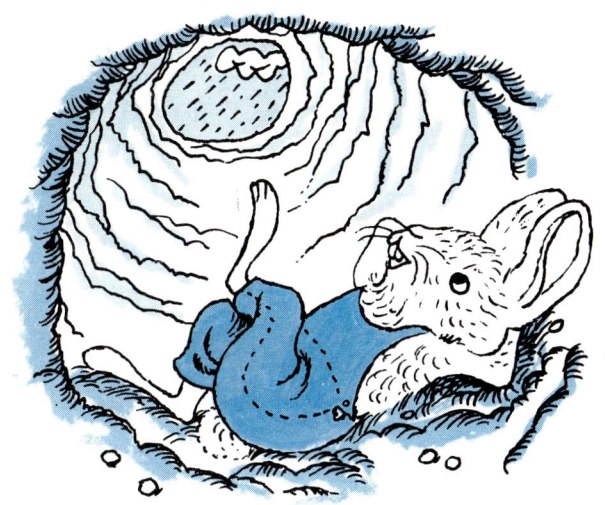

queue. La tortue elle-même semblait très à son aise sous sa coquille mouillée.

— Je suis le seul à avoir trop chaud ! haleta le petit lapin. Quel ennui d'être un lapin par un jour comme celui-ci !

Il était assis par terre, tout occupé à regretter de ne pas être quelque chose d'autre — même une vieille araignée noire avec des pattes trop nombreuses — quand, soudain, le ciel devint d'un noir d'encre. Un vent glacé retourna les feuilles et le petit lapin se mit à frissonner.

De grosses gouttes de pluie tombèrent, de plus en plus vite.

Un éclair sillonna le ciel.

Au premier grondement du tonnerre, le petit lapin se retrouva sur ses pattes.

Hop ! il sauta dans le premier tunnel venu, et il ne prit pas le temps d'exprimer le moindre souhait, de prononcer le moindre mot avant de se retrouver bien au chaud dans son propre terrier.

— Ah ! dit-il alors. Quelle chance j'ai d'être un lapin, d'avoir une petite maison souterraine et de pouvoir m'y réfugier lorsque tant d'autres animaux restent dehors sous la pluie !

## Le berger

**18 JUILLET**

*Sur sa colline ensoleillée*
*Un très joli petit berger*
*Garde les beaux nuages blancs,*
*Les troupeaux de sire le vent.*
*De sa houlette enrubannée*
*Il les oblige à cheminer.*
*C'est un petit berger d'azur*
*Qui vit heureux dans le ciel pur.*

## Le crocodile acariâtre

**19 JUILLET**

Un beau jour, dans un pays tropical, un crocodile vint s'installer dans le fleuve. Ce n'était déjà pas drôle pour les autres animaux, mais ce crocodile était si acariâtre que la situation devint vite intenable.

Il gobait mouches et libellules comme des cacahouètes et, si l'on osait se baigner non loin de lui, il se précipitait sur le téméraire la gueule grande ouverte. Personne ne pouvait plus nager dans le fleuve.

Il faisait si chaud cet été là que l'humeur des autres animaux finit par s'en ressentir. Il ne se passait pas un jour sans qu'il y eût quelque querelle. Enfin, le vieux raton laveur décida que cela avait assez duré et qu'il fallait prendre des mesures.

— Je suis devenu aussi acariâtre que ce vieux crocodile, déclara-t-il en prenant sa canne.

Et, devant tous ses amis rassemblés, il descendit sur la rive, très maître de lui.

— Bonjour, crocodile acariâtre, dit-il. Je suis le raton laveur acariâtre... et j'ai l'intention de me baigner.

Aussitôt, le crocodile fendit l'eau dans sa direction, l'air si menaçant avec sa gueule béante que le pauvre raton laveur recula. Il se prit le pied dans une racine, tomba dans le fleuve, et lâcha sa canne qui exécuta en l'air un magnifique vol plané.

— Pauvre raton laveur! soupira l'assistance. Il est certainement perdu.

Ils se trompaient. Sous leurs yeux étonnés, la canne alla se ficher entre les mâchoires ouvertes du crocodile. Et elle y resta plantée... si bien qu'il lui fut impossible de les refermer.

Le vieux crocodile acariâtre faillit s'étrangler de rage... mais il était si embarrassé qu'il se sauva et qu'on ne le revit plus jamais.

Le vieux raton laveur souriait de toutes ses dents.

— Venez donc! cria-t-il à ses amis. La voie est libre.

Et jamais personne ne sut que son exploit avait été involontaire.

## La plage

**20 JUILLET**

*Quand je descends sur la plage*
*Avec ma pelle et mon seau,*
*Je regarde le sable et les coquillages,*
*Je hume les parfums de la mer et des algues,*
*Celui de la brise marine*
*Qui souffle peut-être de l'Amérique*
*Et qui ébouriffe mes cheveux*
*Comme ceux des enfants de là-bas.*
*Je vois danser les vaguelettes*
*Et j'envie les mouettes blanches*
*Qui virevoltent au-dessus des bateaux.*
*Je me sens aussi léger qu'elles,*
*Tout chaud de soleil et frais comme l'eau.*
*Ah! quelle joie, le premier jour des vacances,*
*Quand je descends sur la plage*
*Avec ma pelle et mon seau.*

## Le retour de Léo

**21 JUILLET**

Avant la naissance de son bébé, Léo était le lion le plus féroce du cirque.

Mais, à présent, tout était changé.

Léo n'avait plus qu'une envie : amuser son petit, le caresser, le montrer.

— Et, pendant le spectacle, soupirait le dompteur, il ne met plus toute son âme dans le mortel combat entre l'homme et la bête.

— Le rugissement de Léo n'est plus ce qu'il était, déclarait, pour sa part, le propriétaire du cirque. On dirait presque une berceuse.

Quant à la caissière, elle signalait que le public n'achetait plus de billets pour voir un dompteur placer sa tête dans la gueule d'un lion qui ronronnait.

Le clown, heureusement, eut une idée. Il alla trouver Léo.

— Que veux-tu faire de ton lionceau quand il sera grand? lui demanda-t-il. Un lion de zoo?

— Sûrement pas! répliqua Léo. Il sera un lion de cirque. Le plus grand, comme moi!

— Et comment va-t-il apprendre son métier?

— Mais... en me regardant!

— Quand as-tu l'intention de commencer son instruction? Tu sais qu'il n'est jamais trop tôt pour bien faire.

— Tout de suite, répondit Léo.

Et, cet après-midi-là, le clown se présenta sur la piste en poussant la voiture du lionceau qui souriait et saluait de la main le public ravi.

Mais, lorsque Léo fit son entrée, il n'y en eut plus que pour lui.

Quels frissons durant les combats féroces de l'homme et de la bête! Quelle épouvante quand le fameux rugissement retentit! Quelle terreur quand le brave dompteur plaça sa tête dans l'énorme gueule béante de Léo!

— Bravo! crièrent les spectateurs. Bravo!

Le dompteur, la caissière, le propriétaire du cirque ne revenaient pas du changement qui s'était produit en Léo.

Le clown, lui, ne s'en étonna pas.

Il s'éloigna de sa démarche traînante, avec son sourire bancal, en se demandant ce qu'il aurait au dessert ce soir-là.

## Monsieur Pélican

### 22 JUILLET

*Monsieur Pélican venait de très loin,*
*De si loin vraiment qu'il avait très faim.*
*Les mouettes blanches dirent : « Servez-vous,*
*Prenez ce qui peut flatter votre goût. »*
*« Je vous suis, mesdames, fort obligé,*
*Je me bornerai à une bouchée »,*
*Répliqua, ravi, notre pélican,*
*Et vite il ouvrit sa bouche tout grand.*
*Mais, vous le savez, elle est très spacieuse.*
*On y logerait une lessiveuse!*
*A peine avait-il gobé sa bouchée*
*Que l'océan se trouva dépeuplé.*
*Monsieur Pélican fut bien étonné*
*D'entendre ses hôtesses protester.*
*« Que de cris pour une simple bouchée!*
*Dit-il, vous m'aviez pourtant invité! »*

## La baleine qui parlait

### 23 JUILLET

Le capitaine Tribord était un homme si gai que son bateau retentissait toujours de rires et de chansons. Les matelots chantaient en travaillant. Le cuisinier sifflotait en épluchant les pommes de terre. Et le capitaine, son perroquet sur l'épaule, plaisantait aimablement avec l'équipage.

Mais un jour où le vent soufflait en tempête, Coco le perroquet passa par-dessus bord. Du coup, le capitaine devint méconnaissable.

Il se mit à négliger ses devoirs. Il passait son temps à voguer sur l'océan à la recherche de son perroquet disparu. Et il avait l'air si triste, si déprimé, que l'équipage tout entier, du mousse au timonier, retenait difficilement ses larmes.

— Le pauvre Coco s'est sûrement noyé le jour de la tempête, se disaient les matelots. Notre capitaine est fou de croire qu'il va le retrouver. Comment faire pour lui remonter le moral?

Que de choses ils inventèrent! Ils attrapèrent des mouettes et tentèrent de leur apprendre à parler... ils racontèrent à leur capitaine les histoires les plus fantastiques qu'ils purent imaginer.

— Eh oui! soupirait le capitaine Tribord. A notre époque, il se passe souvent des choses curieuses. Mais il ne perdait pas pour autant son air triste. Un jour, enfin, au large du Labrador, la vigie signala une baleine.

On mit le canot à la mer.

Mais, juste au moment où l'on approchait de la baleine — le harponneur était prêt, tout le monde se taisait — une voix retentit au beau milieu de l'Océan :

— Allons, marins d'eau douce! laissez-moi donc tranquille!

— La baleine parle! hurla le harponneur

— Une baleine qui parle! crièrent les matelots. Retournons vite au bateau. Il ne faut pas rester dans ces eaux démoniaques!

— Un instant! dit le capitaine Tribord

qui avait retrouvé, brusquement, son air calme et joyeux. Avec une gaffe, il attira vers lui un vieux tonneau qui flottait sur les vagues non loin de là.

Il y plongea la main et en retira un maigre perroquet vert, aux plumes trempées.

— C'est Coco! s'écria l'équipage. Notre Coco, bien vivant! Le capitaine n'était pas fou, finalement!

— Fou de douleur, si! répliqua le capitaine en souriant. Mais pas assez fou pour croire à une baleine qui parle. Maintenant, Coco, demande pardon aux matelots de les avoir effrayés.

— Désolé, camarades, dit Coco, mais un pauvre naufragé a bien le droit de s'amuser.

Et sa voix était exactement la même que celle dont les marins avaient eu si peur, quoique un peu moins forte parce qu'elle ne résonnait plus à l'intérieur du tonneau.

L'équipage fut bien soulagé d'apprendre que la baleine ne parlait pas, et plus encore de voir le capitaine retrouver sa bonne humeur coutumière.

Quant à Coco, il se mit à gober avec une vitesse extraordinaire des biscuits de marins, en s'accrochant si solidement à l'épaule du capitaine qu'il aurait fallu un véritable cyclone pour l'en arracher.

## La maison de Jeannot Lapin

**24 JUILLET**

— Bonjour, dit Jeannot Lapin à son cousin. Qu'est-ce que tu fais là?

— Je construis une maison. Voilà mes plans.

— Ils ne sont pas bien jolis, tes plans, murmura Jeannot. Moi aussi, j'ai envie de bâtir une maison.

Et il se mit à scier du bois, à planter des clous... tout cela sans le moindre plan.

— Ma maison à moi aura deux étages, déclara-t-il. Et une cheminée, et des volets — aïe, mes doigts! — et un perron, et des escaliers... Elle sera très belle, n'est-ce pas, cousin?

— Je n'en sais rien, répliqua son cousin. Je n'ai pas vu les plans.

Et boum! juste à ce moment-là, la maison de Jeannot s'écroula parce que les différentes parties ne s'adaptaient pas.

— Oh! ma pauvre maison, soupira-t-il. Elle est complètement démolie.

— Ne pleure pas, Jeannot, lui dit son cousin. Si tu m'aides à peindre la mienne, elle sera aussi à toi. Et, en améliorant nos plans, nous pourrons peut-être la perfectionner.

— Entendu! s'écria Jeannot, en saisissant un pinceau. De quelle couleur allons-nous la peindre? Rose avec des papillons? Verte avec des marguerites?

— Non, dit son cousin. Blanche avec un toit bleu, comme c'est indiqué sur les plans.

Et Jeannot, jetant un coup d'œil de côté à sa maison démolie, inclina la tête.

# Deux petits singes

**25 JUILLET**

Il était une fois deux petits singes qui se ressemblaient comme deux gouttes d'eau, qui faisaient toujours les mêmes choses et qui avaient les mêmes pensées.

Quand le premier petit singe avait envie de grimper en haut d'un bananier et de cueillir une belle banane bien mûre, le second petit singe en avait envie également. Et hop! ils s'élançaient en même temps en haut de l'arbre.

Un jour, ce qui devait arriver arriva. Les deux petits singes se jetèrent sur la même banane. Elle leur glissa des mains et tomba en plein dans la bouche d'un zèbre qui les regardait faire.

Le zèbre se sauva, et les deux petits singes s'élancèrent à sa poursuite, mais il était beaucoup plus rapide qu'eux et il disparut dans la jungle entre les ombres des feuilles rayées comme son pelage.

— Ouf! fit le premier petit singe, tout essoufflé. J'ai bien soif.

— Ouf! fit le second petit singe. Moi aussi!

La main dans la main, ils coururent vers le fleuve. Mais la rive était si boueuse que le premier petit singe glissa. Flac! il tomba dans l'eau, entraînant avec lui son compagnon... tout à côté d'un gros crocodile qui bayait aux corneilles.

En hâte, les deux petits singes sortirent de l'eau... mais celui qui avait été entraîné par son ami ne put s'échapper qu'en laissant un morceau de sa queue dans la gueule du crocodile.

Il en fut si furieux que, lorsque l'autre petit singe déclara : « Je ne trouve pas très agréable d'être mordu par un crocodile », il ne répondit pas, comme à l'accoutumée : « Moi non plus. »

Au contraire, il s'écria : « Je ne trouve pas très agréable de se ressembler comme deux gouttes d'eau, de faire tout le temps la même chose... et surtout d'avoir les mêmes pensées... parce que ça nous attire toujours des ennuis. »

Là-dessus, il s'éloigna et s'en alla bouder, tout seul, derrière un gros rocher. Mais, lorsque sa queue ne lui fit plus mal, il commença à se sentir très seul.

Et il fut bien content lorsque son ami vint lui proposer de faire la paix.

Mais quand le premier petit singe lui dit :

— J'ai envie d'aller cueillir des fraises des bois pour le dîner, il ne répondit pas : « Moi aussi. »

— J'ai envie, dit-il au contraire, d'aller chercher du sucre et de la crème fraîche pour manger avec les fraises que tu as envie de cueillir.

— Quelle bonne idée! dit le premier petit singe. Ce sera bien meilleur!

Et, désormais, ces deux petits singes n'eurent plus jamais d'ennuis, car les pensées de l'un complétèrent heureusement les pensées de l'autre.

## L'inconnu

**26 JUILLET**

Un petit homme inconnu
S'est installé au village.
Il était un peu perdu
Mais il a eu du courage.

Dans la rue il est allé
Et tout en se promenant,
Si gentil il s'est montré,
Si serviable avec les gens,

Que chacun du premier coup
S'est pris d'amitié pour lui
Et que maintenant chez nous
Il a quantité d'amis.

## Ballet nocturne

**27 JUILLET**

Sur mon carreau chaque soir
Moustiques et papillons
Virevoltent dans le noir
Au rythme de leurs chansons.
Ils se font des révérences,
Des saluts cérémonieux.
Ils bondissent, volent, dansent
Avec des gestes gracieux.
Mais quand j'éteins ma lumière
Ils s'éloignent dans la nuit,
Tous ces danseurs éphémères
Et le spectacle est fini.

## Le parapluie de l'écureuil

**28 JUILLET**

Quand je vous aurai dit
A vous tous, mes amis
(Vraiment, le croirez-vous ?)
Que les écureuils roux
Ont un p'tit parapluie,
Vous serez bien surpris.
Mais quand luit le soleil,
Pour eux, c'est tout pareil.
Ils le gardent avec eux
Car ce n'est que leur queue.

## Le champignon

**29 JUILLET**

Il a poussé cette nuit,
Ce joli champignon blanc,
Au milieu de la prairie
Où les vaches vont broutant.
Personne encore ne le sait
Sauf un bébé sauterelle
Qui court s'y réfugier
Pour s'abriter du soleil.

## Silence !

**30 JUILLET**

— Taisez-vous, s'il vous plaît ! cria Madame la Cane. J'ai envie de faire la sieste, et ce bruit m'empêche de dormir.

Les oiseaux firent de leur mieux pour rester silencieux, mais ils oubliaient tout le temps. Les grenouilles aussi. Et puis, toutes les minutes, il se trouvait un petit poisson qui ne pouvait s'empêcher de sauter avec un grand bruit d'eau sur une mouche imprudente.

Madame la Cane finit par se mettre en colère.

— Je vous ai dit de vous taire ! cria-t-elle. Taisez-vous, les oiseaux. Taisez-vous, les grenouilles. Et vous aussi, vilains petits poissons !

Elle avait l'air si mécontent que tout le monde se tut; on eût dit qu'il n'y avait plus personne sur la terre... à l'exception de Madame la Cane elle-même.

— Ah ! voilà qui est mieux ! murmura-t-elle en s'installant confortablement dans les roseaux et en nichant sa tête sous son aile. Mais, chose curieuse, elle ne put s'endormir. Ce calme insolite donnait une telle impression de vide ! Madame la Cane se sentit tout à coup très seule.

Et puis, juste au moment où elle commençait à penser qu'elle ne pourrait plus supporter un seul instant ce silence... couac, couac, couac, six canetons nouveau-nés arrivèrent en file indienne, plus bruyants qu'un régiment.

— Chut ! murmurèrent les oiseaux.
— Taisez-vous ! soufflèrent les grenouilles.
— Silence ! gémit un petit poisson. Madame la Cane va se remettre en colère !

Mais Madame la Cane se contenta de sourire et d'admirer ses petits-enfants tout neufs.

— Non, dit-elle d'une voix somnolente, je ne me mettrai pas en colère. C'est le bruit le plus agréable que j'aie jamais entendu.

Alors, les canetons cancanèrent à cœur joie.

Les oiseaux se remirent à chanter, les grenouilles à coasser, les petits poissons à s'éclabousser et Madame la Cane sourit dans son sommeil.

## Monsieur Igzag

**31 JUILLET**

*Le vieux Monsieur Igzag*
*Ne marche qu'en zigzag.*
*Je n'ai compris pourquoi*
*Qu'un jour de très grand froid*
*Où je le regardais*

*Du haut du pigeonnier.*
*C'est que sur le trottoir*
*Il cherche avec espoir*
*Les sous que les passants*
*Ont perdu en marchant.*

# Le geai

**1er AOUT**

Un matin, Philippe et Nadine, qui étaient en train d'essuyer la vaisselle, virent un petit geai dans le jardin. Hop, hop, hop... il battait frénétiquement des ailes, mais rien ne se passait.

Ce petit geai était trop jeune pour voler !
— Finis la vaisselle, Nadine ! cria Philippe. Je vais essayer de l'attraper.

Il s'élança dehors et contourna en courant le massif de fleurs où le petit geai s'était réfugié. Nadine attendit impatiemment son retour. Mais ce ne fut pas long !

En effet, un tel vacarme retentit brusquement dans le jardin que papa et maman sortirent pour voir ce qui se passait. Ils reçurent dans leurs bras Philippe qui fuyait, poursuivi par deux geais fous de colère.

— Que s'est-il passé ? demanda Nadine, ébahie.

Papa répondit à la place de son fils :
— C'est bien simple. Philippe peut remercier sa bonne fortune d'avoir encore deux yeux intacts ! Vous auriez dû prévoir, tous les deux, que le papa et la maman geai ne vous laisseraient pas attraper leur petit.

« Dépêchez-vous de finir la vaisselle, ajouta-t-il. Ensuite, nous irons éparpiller des miettes de pain sur l'appui de la fenêtre, et vous pourrez observer les oiseaux qui viendront les picorer.

Ravis, Philippe et Nadine se mirent à essuyer la vaisselle plus vite qu'ils ne l'avaient jamais fait auparavant.

# L'erreur de bonne-maman

**2 AOUT**

Tous les deux ans, après la distribution des prix, les petits Olivier et leurs parents s'entassaient dans la voiture et se rendaient dans la ferme de leur bonne-maman. Les autres années, c'était bonne-maman qui venait passer les vacances chez eux.

Les petits Olivier aimaient autant leurs vacances campagnardes que leurs vacances citadines.

Mais, un jour, bonne-maman se trompa.

— Cette année, je vais chez mes petits-enfants, dit-elle en faisant ses valises.

Pendant ce temps, Madame Olivier faisait, elle aussi, les valises de la famille. Et elle était en train de penser que, pour une fois, elle aurait de beaucoup préféré aller au bord de la mer.

— Nous aussi! crièrent les petits Olivier. Nous pourrions nager dans la mer, faire des châteaux de sable et... oh, papa! si nous y allions cette année...

— Il n'en est pas question, répondit leur papa. C'est l'année où nous rendons visite à bonne-maman et il ne faut pas la décevoir.

Un peu tristes, les petits Olivier montèrent dans leur voiture et prirent le chemin du joli village où habitait leur bonne-maman.

Au bout de deux heures, les petits Olivier — qui regrettaient toujours de ne pas aller au bord de la mer — crièrent qu'ils avaient très soif. Et leur papa s'arrêta devant un café.

— Tiens! fit Madame Olivier. Cette voiture ressemble à celle de bonne-maman.

— En effet, renchérit Monsieur Olivier.

— Mais c'est la sienne! crièrent les petits Olivier. Regardez... elle est là, en train de boire une citronnade.

Deux minutes plus tard, les six Olivier faisaient irruption dans le café. Ils embrassèrent leur bonne-maman et lui demandèrent ce qu'elle faisait là.

— Je vais chez vous, bien sûr, dit bonne-maman. Mais, si vous avez d'autres plans, ne vous gênez pas pour moi. Tenez, l'autre soir... je me suis dit que j'aimerais autant aller au bord de la mer cette année, pour changer.

— Vraiment! s'écria Madame Olivier.

— Nous aussi! s'exclamèrent les petits Olivier.

Et Monsieur Olivier, qui consultait sa carte routière, déclara :

— Hum! Nous sommes en ce moment à dix kilomètres de la mer... Je propose que nous allions y passer toutes nos vacances.

Tout le monde applaudit. Monsieur et Madame Olivier s'efforcèrent d'obliger bonne-maman à admettre qu'elle s'était trompée, mais en vain. Quant aux petits Olivier, ils étaient bien trop occupés à se passer la langue sur les lèvres afin d'y détecter le premier grain de sel pour prendre part à la discussion.

## Le jardin féerique

**3 AOUT**

Souvent, par les beaux jours d'été,
Les petits enfants du quartier
S'en vont tous, la main dans la main,
Sonner chez Monsieur Célestin.
Il habite une rue déserte,
Mais derrière sa porte verte
Se cache un jardin féerique
Rempli de fleurs et de musique.
Là-bas l'oiseau le plus sauvage
Avec le chat fait bon ménage
Et s'il y avait un loup,
Il serait sûrement très doux.

## La chanson de Madame Corbeau

**4 AOUT**

— S'il te plaît, chante-moi une chanson, dit le petit corbeau à sa maman. Toutes les autres mamans chantent des berceuses à leurs enfants pour les endormir. Pourquoi pas toi?

Pauvre Madame Corbeau! Elle avait une voix de corbeau, qui n'était pas jolie du tout, mais elle n'avait pas envie que son enfant s'en aperçoive.

— Entendu, dit-elle. Veux-tu une chanson sur une mûre qui pousse dans les bois?

— Oh oui! répondit le petit corbeau en s'installant confortablement dans son lit.

— Attends! fit sa maman. Ne préfères-tu pas une chanson sur un renard rusé qui vole un gros fromage à un vilain corbeau vaniteux?

— Oh si! répondit le petit corbeau. Sa maman se racla la gorge, avec un bruit qui ressemblait à celui d'une vieille grille rouillée en train de tourner sur ses gonds.

— Mon Dieu! soupira-t-elle. Je crois bien que j'ai oublié les paroles. Et si je te chantais une chanson sur un petit nuage noir qui vogue dans le ciel? Au-dessus des montagnes et des vallées, au-dessus de la Chine et du Tibet, de l'Amérique et du Béloutchistan. Au-dessus des immenses savanes ondulantes, et des grands océans sillonnés de navires...

— Mmm, bonne idée! dit le petit corbeau en bâillant.

— Sur un petit nuage noir qui court partout pour aller chercher la pluie. Sur un petit nuage bien fatigué qui traverse le monde clair de la journée et le monde obscur de la nuit, qui flotte, flotte dans le ciel noir comme une plume légère, et qui se pelotonne sur la mousse d'une montagne, pour dormir, pour dormir tant il est fatigué. Sur un petit nuage épuisé, endormi sur la mousse de la montagne comme un oiseau dans son nid moelleux... veux-tu que je te chante cette chanson, mon petit corbeau?

Mais le petit corbeau ne répondit pas.

Il ne dit pas oui, il ne dit pas non.

Car ce petit corbeau dormait profondément, comme le nuage sur la montagne, comme l'oiseau dans son nid.

— Tant mieux, soupira sa mère. Pour ce soir, la question est réglée. Et s'il me redemande une chanson demain, qui sait? Je serai peut-être en voix.

Puis elle ébouriffa ses plumes noires, elle ferma les yeux, et elle s'endormit dans la nuit sombre... comme toi dans ton petit lit.

## Le petit escalier

**5 AOUT**

*Quand dehors il fait mauvais,*
*Souvent je vais m'abriter*
*Sous le petit escalier*
*Où il fait si bon jouer.*
*J'y apporte des cailloux*
*Des boîtes ou des joujoux*
*Et je peux m'y amuser*
*Jusqu'à l'heure du dîner.*

# Le petit hippopotame

**6 AOUT**

Le petit hippopotame était beaucoup, beaucoup plus gros que tous les autres animaux.

Quand il voulait jouer avec les petits tigres — qui traçaient une piste secrète à travers la jungle —, ceux-ci répliquaient :

— Tu es beaucoup trop gros pour ça. Tu ferais une piste si énorme qu'elle ne serait plus secrète du tout.

Et les petites girafes, qui jouaient à cache-cache derrière les arbres, lui disaient :

— Tu ne peux pas jouer avec nous! Nous te verrions tout de suite.

Quand aux petits singes qui s'amusaient à se balancer au bout de leurs lianes souples, ils criaient :

— Tu es beaucoup, beaucoup trop gros pour te balancer avec nous! Les lianes se briseraient sous ton poids.

Le petit hippopotame était très découragé.

— Il n'y a pas de jeu qui me convienne, soupirait-il.

Tout triste, il s'en retournait vers le fleuve où il vivait. Mais, par une très chaude journée d'été, il y retrouva tous les petits animaux qui étaient venus se baigner.

— Nous ne pouvons pas nager! gémissaient-ils. Comme il n'a pas plu depuis longtemps, l'eau n'est pas assez profonde.

En entendant ces mots, le petit hippopotame cessa d'être triste et se mit à sourire. Doucement, il descendit dans le fleuve, à un endroit où l'eau formait une sorte de poche.

Et son corps était si gros, il prenait tant de place qu'aussitôt l'eau se mit à monter.

— Voilà! déclara-t-il. A présent, vous pouvez nager.

— Quelle chance! crièrent les autres, et ils se précipitèrent dans l'eau.

Toute la journée, ils s'amusèrent à s'éclabousser, à monter sur le dos du petit hippopotame et à plonger dans le fleuve.

En fait, ils s'amusèrent tant que, le lendemain, lorsque le petit hippopotame vint leur demander la permission de jouer avec eux, ils se hâtèrent, au lieu de lui tourner le dos, d'inventer un jeu qui lui convenait parfaitement.

## Le ver luisant

**7 AOUT**

Hier devant mon carreau
Brillait un petit fanal
Pareil aux lampions d'un bal
Qui me faisait des signaux.

Dans ma chemise de nuit
Je me suis levé sans bruit
Et j'ai vu un ver luisant
Qui clignotait en dormant.

## Huit petits ours

**8 AOUT**

Huit petits ours épuisés
Gémissaient : Oh! Qu'il fait chaud!
Huit petits poissons très gais
Dirent : il fait bien frais dans l'eau.

Huit petits ours en colère
Plongèrent dans la rivière
Pour attraper les poissons
Qui s'échappèrent d'un bond.

Huit petits ours tout contents
Dirent : il fait frais maintenant!
Huit petits poissons tremblants
S'éventèrent en pleurant.

# Le petit ours tout mouillé

**9 AOUT**

Il pleuvait, pleuvait, pleuvait, et la pluie s'écrasait en grosses gouttes sur le parapluie de Sébastien. Au beau milieu du trottoir luisant, un petit ours en peluche gisait dans une flaque, les quatre fers en l'air.

Un petit ours en peluche, un petit ours marron et tout triste sous cette pluie diluvienne.

— Je pourrais le ramener chez moi et le sécher, pensa Sébastien. Il se sentirait tout de suite mieux. Mais il réfléchit que ce petit ours n'était pas à lui.

Alors, il le ramassa, tout mouillé qu'il était, et alla de maison en maison.

L'une après l'autre, il tira toutes les sonnettes de la rue. Mais tout le monde lui répondit :

— Non, ce n'est pas mon ours. Le mien est en haut, dans mon lit.

Sauf dans une maison. Là, on entendait des gémissements et des sanglots, qui ressemblaient bien à ceux d'un petit garçon pleurant son ours disparu. En effet, quand Sébastien tira la sonnette, on lui répondit que l'ours habitait bien ici.

Et le petit garçon repartit, sous la pluie qui faisait floc, floc, floc sur son grand parapluie. Le trottoir était encore tout luisant, mais dans la flaque il n'y avait plus rien.

Non il n'y avait plus rien, car le petit ours tout mouillé, le petit ours marron, le petit ours triste perdu sous la pluie était chez lui, bien au chaud dans une grande serviette éponge, en train de sécher en attendant l'heure de se coucher.

## Les mûres

**10 AOUT**

*A l'époque où les mûres
Sont encor toutes vertes,
Aigrelettes et sûres,
La campagne est déserte
Et déjà nous voyons
Les énormes paniers
Que nous rapporterons
Par les beaux soirs d'été.*

*Mais le moment venu,
Quand elles ont mûri,
Nous sommes bien déçus!
Les oiseaux, les insectes
De partout ont surgi
Et ils en ont mangé
Tellement qu'il en reste
A peine une poignée.*

## La colonie de vacances

**11 AOUT**

Cette année là, Alain partait pour la première fois en colonie de vacances; il devait y rester deux semaines. Mais il n'y était pas depuis plus de deux jours qu'il écrivait à ses parents :

« La colonie est très bien. Nous nageons, nous jouons au football, nous faisons un tas de choses intéressantes. Mais la nourriture n'est pas aussi bonne qu'à la maison. Et puis, le soir, c'est trop calme, à l'exception d'une chouette qui m'empêche de dormir. J'aimerais bien revenir au bout d'une semaine au lieu de deux. Croyez-vous que ça peut s'arranger? »

Alain mit sa lettre à la poste et attendit le dimanche, jour où sa famille viendrait lui rendre visite. Ce dimanche paraissait bien éloigné...

Mais, dès le lendemain, il commença à s'amuser.

Après un match de football au cours duquel il se couvrit de gloire en marquant deux buts coup sur coup, le moniteur le choisit pour

## L'orage

**12 AOUT**

*Ce matin, quand je suis sorti,*
*Le ciel était devenu gris.*
*Tout à coup le vent s'est levé,*
*Les feuilles se sont retournées,*
*Et après les premiers éclairs*
*A éclaté le tonnerre.*
*Je commençais à avoir peur*
*Quand, au bout d'une demi-heure,*
*La tempête s'est apaisée*
*Et j'ai vu le soleil briller.*

aller aider les petits à dresser leurs tentes au bord du lac.

Alain apprit aussi à tirer à l'arc, et il se révéla si bon tireur que les deux équipes opposées se le disputèrent.

Du coup, le dimanche arriva très vite. La maman d'Alain l'étonna en ayant la gentillesse de ne pas l'embrasser devant tous les autres garçons. Et son papa le stupéfia en lui demandant :

— Alors, Alain, as-tu fait tes valises.

— Mes valises? Pourquoi?

— Pour revenir avec nous! Tu nous as dit que tu aurais bien assez d'une semaine.

Alors, Alain se rappela sa lettre.

— C'est vrai! dit-il, mais, à présent, j'ai changé d'avis. Est-ce que je pourrais, au contraire, rester une semaine de plus?

— Si tu veux, répondit son père, tout content de constater que son fils se plaisait à la colonie.

Et, bien sûr, quinze jours plus tard, Alain regretta beaucoup de partir.

## Le petit laitier malheureux

### 13 AOUT

Il était une fois un petit laitier très malheureux car il adorait la vitesse et sa vieille jument bai le traînait à un rythme d'enterrement.

— Vraiment, dit-il un jour, il est temps qu'elle prenne sa retraite !

Et il avait l'air si triste que son patron le plaignit.

— Ecoutez ! lui dit-il. Il y a une vente de chevaux chez les pompiers. Allez en acheter un pour remplacer la vieille jument.

Le petit laitier partit, de l'argent plein les poches.

Tous les chevaux étaient beaux, mais il en vit un qui était vraiment splendide.

— Voilà celui qu'il me faut, s'exclama-t-il en donnant au marchand tout l'argent que son patron lui avait donné, plus le montant de ses propres économies.

Heureusement, juste à ce moment-là, son patron entra dans la salle.

Il fit des yeux le tour de la pièce notant au fur et à mesure les qualités et les défauts des chevaux mis en vente. Soudain son regard tombe sur son commis qui tenait fièrement par la bride sa nouvelle acquisition.

— Ce n'est pas du tout le cheval qu'il nous faut ! s'écria-t-il. Le lait tournerait et les bouteilles se casseraient s'il traînait notre carriole au grand galop !

Désolé, le petit laitier malheureux sentit les larmes lui monter aux yeux.

Au même instant, le chef des pompiers arriva en courant.

— Mon cheval ! s'exclama-t-il en désignant du doigt celui que le petit laitier venait d'acheter. Qui donc l'a mis en vente ?

— C'est moi, répondit un pompier, un pompier triste, qui détestait la vitesse. Et je vous donne ma démission. D'ailleurs, j'ai toujours eu envie d'être laitier.

En entendant ces mots, le petit laitier, ravi, jeta son chapeau en l'air.

— Voulez-vous me prendre à sa place ? demanda-t-il. J'ai toujours désiré être pompier !

Ainsi, tout s'arrangea.

Le patron du laitier retrouva son argent et engagea aussitôt le pompier triste qui devint un joyeux laitier. Le chef des pompiers retrouva son cheval et en fut si content qu'il assena une bourrade amicale sur l'épaule de l'ex-laitier.

— Si vous désirez vraiment devenir pompier, lui dit-il, venez avec moi.

L'ex-laitier serra la main de son nouveau patron et le suivit à la vitesse de l'éclair.

## Stratégie

**14 AOUT**

*Si j'étais un léopard
Enfermé dans une cage,
Je prendrais derrière les barres
Un air si dur, si sauvage
Que personne n'oserait
De ma cage s'approcher.
Alors on me permettrait
Dans ma jungle de rentrer
Et tout le long du chemin
Je rirais d'un air malin.*

## Dans notre tub

**15 AOUT**

*Dans notre tub, nous nageons
Ou bien nous nous transformons
En poissons, en canetons
Qui tournent, tournent en rond.*

*Et quand nous sortons de l'eau,
Nous lançons notre bateau
Sur l'immensité des flots,
Comme de vrais matelots!*

## Mon toutou

**16 AOUT**

*Quand dehors il fait bien frais,
Mon toutou est tout heureux,
Sans trêve il remue la queue,
Il joue toute la journée.
Mais lorsque le soleil brille
Jamais sa queue ne frétille.
Mon toutou se réfugie
Sous ma table ou sous mon lit.
C'est sa langue qui se meut
A la place de sa queue.*

## Un nouveau jeu

**17 AOUT**

Un jour, il faisait si chaud que les petits ours eurent envie de jouer à quelque chose de nouveau, mais ils ne surent que faire.

— Si nous avions un tronc d'arbre et une longue planche, nous pourrions en faire un tape-cul et nous balancer toute la journée, dit le premier.

— Oui, dit le second. Et, si nous avions un cheval, nous pourrions galoper sur la plage où il fait bien frais.

A son tour, le troisième ours déclara :

— Nous n'avons ni cheval, ni tronc d'arbre, ni longue planche. Tout ce que nous avons, c'est une toute petite planche très courte et un bout de corde trop épais pour le transformer en lasso de cow-boy. Que faire avec ça ?

— Je ne sais pas, dit le premier petit ours.

— Je ne sais pas, dit le second.

Mais, brusquement, le troisième petit ours eut une idée. Il se leva d'un bond.

— Nous pouvons fabriquer une balançoire, dit-il. Coupons la corde en deux, attachons-y la planche qui servira de siège, et nous aurons notre balançoire.

Ainsi, fut fait.

Les trois petits ours accrochèrent leur balançoire à la branche d'un arbre et s'y balancèrent chacun à leur tour. Cela fit une brise si agréable qu'ils ne trouvèrent plus la journée trop chaude, et ils s'amusèrent tant qu'ils furent bien étonnés quand leur maman vint les chercher pour dîner.

## La foire

**18 AOUT**

Depuis le début de la semaine, Elisabeth attendait avec impatience le jour où la foire commencerait et se demandait comment ce serait.

— C'est difficile à décrire, lui dit sa maman.

Et son papa ajouta :

— Tu ferais mieux d'attendre jusqu'à vendredi, Elisabeth. Tu pourras te rendre compte par toi-même.

Alors, Elisabeth attendit. Enfin, ce fut vendredi... vendredi matin... puis vendredi après-midi.

Au crépuscule, Elisabeth, son papa et sa maman partirent pour la foire. Ils s'arrêtèrent au sommet de la colline pour admirer la place du village, étincelante de lumières.

Il y avait des lampions accrochés aux branches des arbres, des lumières qui tournaient, d'autres qui montaient et descendaient. Et puis de la musique, des cris et des rires.

Les lumières qui tournaient étaient celles d'un manège, et la petite Elisabeth eut droit à deux tours dans un magnifique avion. Celles qui montaient et descendaient étaient celles des montagnes russes. Elisabeth y grimpa aussi, dans les bras de son papa.

Tout le monde dansait au rythme d'une joyeuse musique sous les lampions qui se balançaient.

Quant aux cris, ils provenaient des nombreux stands où l'on pouvait gagner des prix en jouant à la loterie ou en entourant d'un anneau le goulot d'une bouteille.

Ici, on vendait de vraies tortues à la coquille peinte en rouge, en jaune ou en orange; là, de la barbe à papa et des ballons en baudruche.

Et que de merveilles! Un prestidigitateur qui trouva une pièce d'un franc dans les nattes d'Elisabeth; une bohémienne qui lut son avenir dans sa main pour le même prix.

Il y avait aussi des clowns, des acrobates, des géants, des lutteurs.

Depuis le début, Elisabeth ouvrait les yeux si grand qu'ils finirent par se fermer tout seuls.

Papa prit dans ses bras sa petite fille avec son ballon, son oiseau, sa tortue, tous les prix qu'elle avait gagnés.

— Le feu d'artifice va commencer, dit-il doucement. Ne veux-tu pas le voir?

Elisabeth essaya d'ouvrir les yeux, mais elle avait trop sommeil. Elle nicha sa tête dans le veston de son papa et s'endormit. Après tout, l'année prochaine, elle aurait grandi et elle réussirait sûrement à rester éveillée pour voir le feu d'artifice!

## A la pêche

**19 AOUT**

*Je trouve vraiment curieux*
*Que les eaux de l'étang bleu*
*Soient toujours pleines de poissons,*
*De carpes ou de goujons*
*Quand je vais m'y promener*
*Sans essayer de pêcher,*
*Mais qu'il n'y en a pas un*
*Quand je viens, le lendemain,*
*M'asseoir la canne à la main.*

## La vipère

**20 AOUT**

*Là-bas près de la rivière,*
*Il y a une vipère.*

*Mais si, maman, je t'assure,*
*Elle vit sous le vieux mur.*

*Elle a la couleur du temps,*
*De longs poils, de grandes dents*

*Et le soir, pour son dîner,*
*Elle mange du pâté.*

## Les petits raisins verts

**21 AOUT**

Par les beaux après-midis d'été, les petits renards aimaient à faire la sieste près de la vigne. C'était si agréable, avec les feuilles vertes qui les protégeaient du soleil, et les petits raisins qui pendaient en grappes si tentantes!

— N'en mangez pas, leur disait toujours leur maman avant de s'endormir. Les petits raisins verts sont terriblement amers.

— Nous n'en mangerons pas, répondaient les petits renards.

Mais, de jour en jour, les raisins verts devenaient plus séduisants! Et, un jour que leur maman s'était endormie sans dire « n'en mangez pas », les petits renards tendirent furtivement la patte, cueillirent une grappe et la mordirent.

— Oh! gémirent-ils avec une terrible grimace. Oh! que c'est amer!

Et ils décidèrent de ne plus jamais en goûter.

Ainsi, lorsque les raisins furent bien mûrs et que la maman des petits renards leur dit : « A présent, vous pouvez en manger », ils se contentèrent de faire la grimace et de répondre :

— Non, merci.

Leur maman comprit aussitôt ce qui n'allait pas.

Vite, elle glissa deux beaux raisins dans les deux petits becs ouverts. Les petits renards se regardèrent, étonnés, leur grimace se changea en sourire et ils tendirent la patte pour en demander d'autres.

# Toupie

**22 AOUT**

Toupie était une vilaine petite chatte qui aimait pourchasser lapins et écureuils, taupes et souris, papillons et hannetons, et même sa propre petite queue. Elle tournait, tournait sans cesse, telle une toupie et c'est la raison pour laquelle on lui avait donné ce nom.

Mais, un jour, Toupie vit un oiselet sur la pelouse; elle l'aurait attrapé si sa maîtresse ne s'était précipitée pour la retenir.

— Méchante petite Toupie, cria-t-elle avec colère. Ne recommence jamais à chasser les petits oiseaux!

A vrai dire, cela ne signifia rien pour la méchante petite chatte qui continuait à regarder l'oiseau, en se débattant.

— Je vais devoir te mettre des grelots, dit sa maîtresse. Et elle plaça une rangée de grelots en argent sur le collier rouge de la chatte. Ils étaient très beaux et ils avaient un joli son, mais ils empêchaient Toupie de s'amuser.

Taupes, écureuils, lapins et surtout les oiseaux se sauvaient maintenant quand ils l'entendaient venir. Et le plus grave c'est que la nuit suivante les souris coururent à leur gré dans toute la maison.

Elles firent tant de bruit à gratter et à ronger que la maîtresse de Toupie ne put fermer l'œil de la nuit.

— Oh, Toupie, soupira-t-elle, qu'allons-nous faire?

Toupie miaula. Cela voulait dire : Enlevez ces grelots et je m'occuperai des souris! Mais sa maîtresse ne comprit pas ce que signifiait son miaou et elle se creusa la tête pendant des nuits, des nuits et des nuits.

— J'ai trouvé! cria-t-elle enfin, en sautant du lit.

Les souris sont des créatures qui vivent la nuit pendant que les oiseaux, petits et grands, sont en sécurité sur les hautes branches des arbres.

Elle enleva les grelots du collier de Toupie qui put alors chasser toutes les souris de la maison et même du voisinage.

Comme elle était fière d'elle, la petite Toupie.

Sa maîtresse l'était aussi et elle se réjouissait de pouvoir dormir en paix. Le matin, lorsque les oiseaux gambadaient sur la pelouse, elle remettait le collier. Et le soir, Toupie était libre de courir, de rôder et de chasser afin que nulle souris n'ose pénétrer dans leur confortable petite maison.

## Le tourniquet

**23 AOUT**

Si demain il fait chaud
Je mettrai mon maillot,

J'irai dans le jardin
Sans avoir pris mon bain.

Et puis j'arroserai
Avec le tourniquet

Les roses, les œillets,
Les choux et les navets.

On me remerciera
Et, en plus de cela,

Je n'aurai pas besoin
De me laver les mains.

## La poire dorée

**24 AOUT**

Sur le poirier
Il n'y avait
Qu'une poire
Belle à voir,
Bien dorée,
Gonflée à souhait.

Je me suis approché
Pour la voir de plus près.
Sans que j'y sois pour rien,
J'ai vu bouger ma main
Et mes dents l'ont croquée
Sans me le demander.

## Une feuille de chou pour chacun

**25 AOUT**

Comme il faisait chaud dans le champ de choux où les petits lapins aidaient leur papa !

Ils passaient entre les rangées, chassant les insectes qui voulaient manger les gros choux ronds, en s'arrêtant toutes les quelques secondes pour s'essuyer le front et s'éventer.

— Papa, répétaient-ils, ne pouvons-nous avoir une feuille de chou chacun, juste une ?

Et leur père leur répondait :

— Non, pas avant que vous ayez terminé votre travail; alors vous aurez tout ce que vous voudrez.

Ainsi, les petits lapins travaillaient, s'arrêtaient, s'éventaient et s'essuyaient, continuant à réclamer jusqu'au moment où leur papa, qui avait chaud, lui aussi, perdit tout à fait patience.

— Vous n'aurez pas de feuilles de chou, cria-t-il. Pas même un petit morceau, tant que vous n'aurez pas fini !

— Un morceau ? répétèrent les petits

# Toutes sortes d'insectes

**26 AOUT**

Il était une fois une drôle de petite souris qui était particulièrement tranquille, même pour une souris.

En hiver, elle restait pendant des heures à regarder tomber les flocons de neige. Au printemps, elle restait si longtemps assise qu'elle pouvait voir l'herbe pousser et entendre les bourgeons craquer.

Et, en été, elle restait encore plus tranquille, car alors il y avait un monde nouveau à observer : le monde des insectes, les gros et les petits, certains volant, d'autres marchant.

— Il faut prendre garde à ceux qui piquent, pensait la petite souris. Les moustiques, les abeilles, les guêpes et les frelons, et les déplaisantes grosses mouches. Elle les observait tous, évitant de les déranger, s'écartant même de leur chemin. Elle regardait ramper les chenilles vertes et sauter les sauterelles.

Elle observait leurs manières ainsi que celles des papillons. Et elle s'étonnait de voir les vers luisants, la nuit.

Ce que la petite souris aimait particulièrement, c'étaient les scarabées. Il y en avait tant de sortes différentes, de si nombreuses couleurs, à raies, à pois. Et, par-dessus tout elle aimait aider les gros hannetons bourdonnants à se retourner lorsqu'ils étaient sur le dos et ne pouvaient plus bouger.

— Là ! disait-elle lorsqu'elle en avait aidé un. Si je ne connaissais pas si bien les insectes, je n'oserais pas faire cela. Que se passerait-il si c'était un bourdon au lieu d'un hanneton ? Il me piquerait en guise de merci, voilà ! Et la tranquille petite souris pensait que malgré tout ce qu'elle savait déjà, il lui restait encore beaucoup à apprendre sur le monde merveilleux des insectes.

lapins. Ce n'est pas pour la manger que nous voulons une feuille de chou chacun, papa. C'est pour la mettre sous notre chapeau, pour nous tenir la tête au frais, comme le fait grand-papa.

— Oui, c'est vrai, il fait cela, dit leur papa.

Il donna à chacun des petits lapins une grande feuille pour mettre sous leur chapeau et en mit une encore plus grande sous le sien. Et les petits lapins n'eurent plus trop chaud. Ils travaillèrent si vite, sans s'arrêter, qu'en un rien de temps les insectes étaient partis.

— Que votre grand-père est sage ! déclara papa lapin, en coupant une belle feuille de chou, particulièrement grosse, pour leur souper, et une encore plus grosse pour grand-papa qui aimait tant les choux qu'il avait déjà grignoté le dernier de son propre champ.

## Le petit capitaine

**27 AOUT**

Il était une fois un petit capitaine
Qui naviguait le soir dessus les mers lointaines.
L'obscurité du ciel était son océan,
Ses longs rideaux des voiles agités par le vent,
Les arbres des grands mâts dressés dans la tempête,
Sa chambre, une cabine; son lit, une couchette,
Et pendant que sa mère le croyait endormi,
Il voguait, solitaire, vers de lointains pays.

## Le marchand de glaces

**28 AOUT**

Sur notre place
Un marchand d'glaces
S'est arrêté.
J'ai hésité...
A en manger ?
Non pas! Non pas!
Entre la vanille et l'chocolat!

## Un petit chien frisé

**29 AOUT**

Un petit chien frisé
Avait une pagaie,
Sans canot ni radeau
Pour voguer sur les flots.

Un chaton moustachu
Aux oreilles pointues
Cherchait une pagaie
Pour aller naviguer.

Ils se sont embarqués,
Ensemble ils ont pêché,
Et ils ont partagé
Les poissons attrapés.

vint l'heure de fermer le châlet sur le lac et de reprendre le chemin de la maison.

— Quel dommage de partir par un temps aussi beau! pensait Bertrand en finissant son dîner de pique-nique. Il soupirait et paraissait triste.

Mais la nuit, alors qu'il était déjà couché, le temps changea. Un vent froid soufflait et Bertrand frissonnait sous ses couvertures. Le matin, le beau temps clair avait disparu. Le soleil était caché derrière des nuages gris et bas et le lac était froid et lugubre. Et quand le châlet fut fermé et que Bertrand fut revenu à la ville avec sa famille, il avait oublié le merveilleux mois d'août pour penser qu'il serait bien agréable d'être couché dans son doux petit lit bien chaud.

## Au mois d'août

**30 AOUT**

Un jour du mois d'août, il faisait très beau, Bertrand souhaitait que le temps restât toujours ainsi.

— Juste comme ça, pensait-il. Avec un ciel clair et bleu et des nuages blancs et hauts.

Il aurait voulu que le lac fût toujours aussi calme et bleu foncé, avec les bateaux à voile, glissant dans la brise légère, qui poussait les voiles sans rider l'eau; et l'eau si claire qu'il pouvait voir les petits poissons essayer de mordiller ses orteils. Il souhaitait que les champs restassent pleins de coquelicots et de pâquerettes, et les bois remplis de grosses mûres pour avoir des tartes à manger au dessert.

Et que la grive-chanteuse restât dans le cerisier à chanter la merveilleuse chanson de l'été dans la lumière éclatante de la belle saison.

Et tout restait comme il le voulait. Mais

## Le coquillage magique

**31 AOUT**

*J'ai trouvé sur la plage*
*Un très beau coquillage*
*Qu'à la fin de l'été*
*Chez moi j'ai ramené.*

*De temps en temps le soir,*
*Je le sors du tiroir*
*Et j'écoute les vagues*
*Déferler sur le sable.*

*C'est la mer, c'est le ciel,*
*La plage, le soleil,*
*Qui chantent à mes oreilles.*

## L'été

**1ᵉʳ SEPTEMBRE**

*L'été vient, l'été est là,
Si vite, vite il s'en va
Qu'on ne s'en aperçoit pas.
Mais un jour il fait plus froid
Et dans le ciel les oiseaux
Partent pour les pays chauds.
Adieu l'été! vive l'automne!
Bientôt, nous rentrons à l'école!*

## Au milieu de la prairie

**2 SEPTEMBRE**

*Au milieu de la prairie
Nous avons fait notre nid.
Un petit lapin tout brun
Est sorti sur le chemin,
Puis il a creusé son trou
Tout juste à côté de nous.
Hélas! quand il nous a vus,
Hop! hop! il a disparu!*

# Tonio, Tonio !

**3 SEPTEMBRE**

— Tonio, Tonio ! appelait son père. Viens m'aider à transporter le maïs qui est dans les champs !

Et Tonio obéissait, courant aussi vite que ses petites jambes le lui permettaient. Tonio habitait en Italie.

— Tonio, Tonio ! appelait ensuite sa mère. Vite, va me chercher de la laine pour mon tissage.

Et quand Tonio avait rapporté la laine, l'une de ses trois sœurs lui demandait d'aller chercher des roseaux pour les paniers, ou de la paille pour les sandales, ou encore de l'argile pour les belles coupes que l'une d'elles faisait.

Parfois, il lui semblait que tout le monde appelait sans cesse : « Tonio, Tonio, Tonio ! » Il travaillait tout le temps, mais la veille du jour de marché, quand sa famille se mit à empaqueter la marchandise pour la transporter au marché, Tonio n'avait rien à emporter.

— Et rien à vendre. Je n'aurai pas d'argent pour m'acheter ce que j'aime, se disait-il tristement. Pensant aux beaux jouets et aux délicieux bonbons que l'on pouvait acheter au marché, il alla se coucher. Il pensait avec regret qu'il n'irait même pas au marché, le pauvre petit Tonio.

Mais, le lendemain matin, dès que sa mère appela : « Tonio, Tonio ! il est temps de te lever », il sauta du lit, curieux de voir, au moins, l'ambiance du marché.

Il vit sa mère préparer ses gros paquets de tapis, son père ses grands paniers de maïs, et ses sœurs les objets qu'elles avaient fabriqués. Quand tout le monde eut sa charge sur le dos, il s'aperçut qu'il restait un paquet sur le sol.

Dans ce paquet, il y avait un peu de maïs, un petit tapis et, soigneusement enveloppée, une superbe coupe.

« Ils ne vont sûrement pas laisser ce paquet », pensa-t-il.

A ce moment, la famille entière appela :
— Tonio, Tonio ! Prends ton paquet, dirent-ils, c'est ta part pour ce que tu as fait, et dépêche-toi, maintenant, Tonio, le soleil est déjà levé !

Alors Tonio prit fièrement son paquet et se hâta. Et bien que son paquet fût gros, et que la place du marché fût éloignée, il était certain que ses petites jambes ne seraient pas fatiguées de marcher ni de recommencer à faire leur part de travail.

## Méchants petits ours!

**4 SEPTEMBRE**

Il était une fois deux petits ours.

Un jour, l'un prit, sans demander la permission, le fusil de leur père. Et l'autre prit, sans demander la permission, l'arc et les flèches de leur père. Et les deux petits ours partirent, l'un vers la droite, l'autre vers la gauche. Et chacun arriva devant un gros rocher et entendit un bruit de pas précipités de l'autre côté.

— Quelque chose à tuer avec mon fusil! murmura l'ours qui avait le fusil, en regardant derrière le rocher.

— Quelque chose à tuer avec mon arc! pensa l'autre petit ours, en se levant sur la pointe des pieds pour regarder. Et voilà les deux petits ours, prêts à tirer, se faisant vis-à-vis.

— Oh, dis, ne tire pas! cria l'un des ours.

— Non, et toi non plus! cria l'autre.

Et, chacun de leur côté, ils s'en revinrent chez eux. Ils remirent à leur place le fusil, l'arc et les flèches, et reprirent leurs jeux habituels qu'ils préféraient de beaucoup à la chasse.

## Les habits neufs du pauvre Jeannot

**5 SEPTEMBRE**

— Je ne peux pas jouer au football cet après-midi, dit Jeannot à Marc. Après le déjeuner il faut que j'aille en ville acheter de nouveaux vêtements pour l'école.

— Oh, zut alors! dit Marc. Aujourd'hui tu devais être gardien de but. Tu vas perdre ton tour.

— Eh oui, répondit Jeannot, en essayant de ne pas trop montrer sa déception.

Mais pendant tout le déjeuner et sur le chemin qui conduit à la ville, il était très silencieux, pensant à son jeu et souhaitant être en train de courir sur le terrain.

Il pensait aussi que, s'ils se dépêchaient, il pourrait être de retour à temps pour disputer une ou deux parties. Mais sa maman n'était pas pressée. Elle mit du temps à se décider à acheter des pantalons, des chemises, des chaussures et des chaussettes! Et quand toutes ces choses furent enveloppées, elle alla regarder les manteaux d'hiver.

— Ne pouvons-nous revenir demain ou un autre jour? supplia Jeannot.

— Non, dit sa maman. Ces manteaux sont en vente aujourd'hui. Essaie celui-ci, Jeannot.

Et Jeannot, découragé, dut se mettre à essayer des manteaux chauds et encombrants. Enfin, ils en choisirent un. Les achats pour l'école étaient terminés.

Mais il était quatre heures et demie.

« Le jeu aussi est terminé », pensait Jeannot, encombré de paquets. Mais au moment précis où Jeannot et sa mère sortaient du magasin, Marc et sa mère, aussi chargés qu'eux, s'en allaient!

— Marc! appela-t-il. As-tu aussi manqué la partie de football?

— Non, dit Marc. Presque tous nos camarades ont dû aller faire des courses pour

l'école aujourd'hui. Nous jouerons demain, à la place.

— Demain! s'exclama Jeannot, en changeant ses paquets de bras, pour tendre sa main droite. Eh bien! je suis content que l'on ait terminé les achats aujourd'hui!

Il eut un large sourire et lorsque sa mère lui proposa de manger une glace au chocolat, il ne réussit pas, malgré tous ses efforts, à l'élargir davantage!

## *Le petit chat*

**6 SEPTEMBRE**

*Sa maman lui avait dit :*
*« Tu es beaucoup trop petit*
*Pour t'en aller gambader*
*Dans les bois et dans les prés.*

*Ce vilain petit chaton*
*N'y fit pas même attention.*

*Il gambada tant et tant*
*Qu'il tomba, plouf! dans l'étang*
*Où l'on vint le repêcher*
*Frissonnant et bien trempé!*

## *Bonjour, les jumeaux*

**7 SEPTEMBRE**

*J'ai deux amis :*
*Jacques et Remi.*
*Remi est grand*
*Et Jacques autant.*
*Ils ont tous deux*
*De grands yeux bleus,*
*Des cheveux blonds,*
*Un nez fripon.*
*Ils ont chacun*
*Un' dent en moins.*
*Et quand je dis*
*« Bonjour, Remi »*
*Ce n'est pas lui.*
*C'est Jacquot,*
*Son jumeau!*

# L'argent de poche

**8 SEPTEMBRE**

Lorsque Christian entra en classe de septième, son père décida de lui donner 15 F par semaine.

— 15 F! s'écria Christian. Que vais-je faire avec tout ça?

— Cela te regarde, lui répondit son père. Mais n'oublie pas qu'il te faudra payer avec cette somme tes frais de cantine et de transports. La cantine, c'est 1,50 F par jour. Combien cela fait-il par semaine?

Christian dut prendre une feuille de papier et un crayon pour calculer le résultat.

— 7,50 F, déclara-t-il enfin, puisqu'il y a seulement cinq jours d'école.

— Bien. Ajoute à cela 3,70 F pour ton carnet d'autobus hebdomadaire. Combien te reste-t-il?

Cette fois, Christian mit beaucoup plus longtemps pour obtenir la réponse.

— Il me restera, dit-il, 3,80 F.

— Tu es un grand mathématicien! répliqua son père en riant.

Christian était ravi. Il projeta d'économiser son argent pour acheter un équipement de bicyclette.

Le lendemain, qui était un jeudi, il acheta pour 0,30 F de bonbons. Puis, tout en faisant tinter sa monnaie dans sa poche, il alla regarder la vitrine du magasin de cycles.

Aussitôt, son œil fut attiré par un magnifique fanion aux couleurs de la Bretagne. Il entra.

— Puis-je voir ce fanion? demanda-t-il. Le marchand le lui montra.

— Combien coûte-t-il?

— 5 F.

C'était beaucoup plus que ce qu'avait prévu Christian. Mais le fanion était si beau qu'il n'hésita pas longtemps.

De retour chez lui, il fit ses comptes. Il avait dépensé dans sa journée 5,30 F. Il ne lui restait donc plus assez pour la cantine et pour le carnet d'autobus. Que faire? Christian était assez ennuyé. Il ne pouvait pourtant pas se passer de déjeuner! Il ne lui restait plus qu'une solution : se lever une demi-heure plus tôt chaque jour et aller à pied à l'école.

A la fin de la semaine, Christian ne trouvait plus du tout son fanion joli. Et il avait également décidé que la marche à pied n'était pas un sport qui lui convenait à 7 heures du matin!

Aussi, le lundi suivant, quand, à la sortie de l'école, son ami Philippe voulut l'entraîner chez le marchand de cycles pour y regarder les sonnettes, il répondit :

— Non merci.

— Pourquoi? demanda Philippe. Tu n'as pas d'argent?

— Si, répondit Christian, en tâtant ses pièces de monnaie dans sa poche. Mais je ne veux pas le dépenser tout de suite. Je préfère l'économiser pour pouvoir acheter ensuite ce dont j'aurai envie sans être obligé de me priver.

Et c'est ce qu'il fit.

## Neuf petits écoliers

**9 SEPTEMBRE**

*Neuf petits écoliers
S'en allaient à l'école,
Le cartable à la main,
Dans la bouche une pomme.
Neuf petits écoliers
Auraient bien mieux aimé
S'en aller promener
Dans les champs, dans les prés.
Neuf petits écoliers
Tout à coup s'écrièrent :
« Mais... mais que faisons-nous ?
Nous nous sommes trompés
De toute une semaine !
Ce n'est pas aujourd'hui
Que commence l'école ! »
Neuf petits écoliers
Jetèrent leurs cartables
Sur l'herbe du chemin
Et coururent jouer
Dans les champs, dans les prés.*

## Les chaussures neuves

**10 SEPTEMBRE**

*Nous voilà, nous voilà,
Les chaussures neuves !
Nous allons, deux par deux,
En grinçant, en craquant
Crac, crac, crac
Sur les chemins, sur les trottoirs
Nous sommes des chaussures basses,
A semelles de cuir,
A semelles de crêpe,
Noires, blanches ou marron,
Parfois même vernies
Pour les petites filles coquettes,
Parfois aussi, nous nous faisons bottillons
Pour les petits garçons qui jouent au football,
Mais toutes nous amenons nos propriétaires
Du côté de l'école,
Qu'ils le veuillent ou non !*

## L'insouciante petite girafe

### 11 SEPTEMBRE

Elle avait une curieuse manière de manger, la petite girafe !

Elle examinait chaque feuille avant de la mordiller et s'arrêtait entre chaque bouchée, regardant autour d'elle ce que faisaient ses amis, si bien que lorsqu'elle avait terminé son petit déjeuner, ils étaient prêts pour le déjeuner. Le déjeuner de la petite girafe durait jusqu'à l'heure du dîner. Et quand elle terminait son dîner, les autres étaient prêts à aller se coucher.

— Nous sommes fatigués et nous avons trop sommeil pour jouer encore ce soir, lui disaient-ils. Bonne nuit ! Alors la petite girafe allait se coucher aussi. Que pouvait-elle faire d'autre, toute seule ? Mais, souvent, elle n'allait pas se coucher tout de suite. Elle restait à se demander comment elle pourrait trouver le temps de jouer dans la journée, puisque ses repas lui prenaient toutes ses heures. Et, une nuit, elle crut avoir trouvé.

— Je ne vais plus manger ! se dit la petite girafe. Ainsi, j'aurai tout le temps de jouer.

Et, le lendemain matin, elle ne prit rien pour son petit déjeuner. Elle joua toute la matinée avec ses amis et s'amusa beaucoup. A l'heure du déjeuner, la petite girafe était affamée.

— Oh, dit-elle. Je vais quand même manger maintenant.

Elle avait tellement d'appétit qu'elle ne perdit pas de temps à lambiner. Elle déjeuna en un instant et fut prête à jouer avant ses amis.

— Ne t'en va pas, lui dirent-ils. Attends-nous !

— Je vous attends, répondit la girafe en souriant.

Elle se sentait bien et fort satisfaite d'être la première à avoir fini de déjeuner ce jour-là.

## L'imperméable et les bottes

### 12 SEPTEMBRE

Oh, maman ! je vais être le seul à porter un imperméable et des bottes ! dit Jeannot. Mais quand il arriva en classe, il s'aperçut que, vraiment, il se trompait du tout au tout !

# Le chat qui allait à l'école

**13 SEPTEMBRE**

Félix était un gros chat gris. Il aimait jouer avec Denis et lorsque celui-ci allait en classe, il aurait aimé y aller aussi. Chaque jour il faisait ce vœu, le gros Félix. Et un jour, très discrètement, il suivit Denis jusqu'à l'école.

Il était tellement gros qu'il pensait pouvoir aller au moins en classe de sixième, si ce n'est en cinquième. Aussi, il monta les escaliers qui conduisaient vers les grandes classes.

Le professeur de sixième lui ferma la porte au nez avant qu'il ait même eu le temps de jeter un coup d'œil dans la pièce. Celui de cinquième dit :

— Mon Dieu, mais il y a un chat dans cette école! Le concierge va le mettre dehors.

Et il ferma sa porte aussi.

Félix était très fâché. Il redescendit les escaliers et se dirigea vers la petite classe où la porte était restée ouverte.

Félix entra, la queue en l'air.

— A qui est ce chat? demanda la maîtresse en souriant.

— A moi, répondit Denis, timidement. Je ne cesse de lui dire que les chats ne peuvent aller à l'école!

— Mais il est venu quand même, dit la maîtresse. Et nous sommes heureux de l'avoir, pour une fois.

Denis était ravi, ainsi que les autres enfants.

A la récréation, ils donnèrent du lait à Félix. Et Félix regardait tout : les dessins, les jeux des enfants, en particulier les jeux de construction. Quand ils épelèrent le mot C H A T, il écouta attentivement et apprit à faire comme eux.

Puis, soudain, la cloche sonna. Tous les enfants s'habillèrent pour sortir.

Félix, lui, avait déjà sa fourrure sur lui.

Il marcha, à côté de Denis, la queue droite, très satisfait, car il était réellement allé à l'école, tout comme Denis.

# Le beau petit Indien

**14 SEPTEMBRE**

En Amérique, un petit Indien se rendait à l'école pour la première fois. Fièrement, il mit ses beaux vêtements en peau de daim et ses jolis mocassins; sur la tête, son nouveau bandeau à plume.

Son déjeuner dans son sac en bandoulière, il s'en alla, sûr qu'aucun petit garçon n'avait de plus beaux vêtements que lui.

Mais quand ce petit Indien arriva à l'école, il ne se sentit pas à l'aise du tout. Car aucun des autres garçons ne portait d'habits en peau pas plus que de mocassins ou de bandeau à plume. Pas même les autres petits Indiens. Ils étaient tous en blue-jean, avec des chemises en gros drap et des chaussures à lacets. Pendant toute la matinée, le petit Indien regarda autour de lui les autres garçons et souhaita que ses vêtements d'école fussent comme les leurs. A l'heure du déjeuner, il s'en alla dans le fond de la classe manger son repas, tout seul. Mais au bout de peu de temps, un autre petit garçon vint s'asseoir à côté de lui.

Il regarda les vêtements en daim du petit Indien et soupira. Il regarda ses beaux mocassins et soupira de nouveau. Ensuite il regarda le bandeau à plume et dit :

— J'aimerais tant être habillé en Indien, comme toi!

— C'est vrai? demanda le petit Indien.

— Oh, oui, dit le petit garçon. Et tous mes camarades aussi.

— Tous! pensa le petit Indien, se sentant fier de nouveau. Mais il ne voulait pas en avoir l'air. Il se contenta d'ouvrir sa sacoche et de demander à son nouvel ami s'il aimerait aussi avoir un déjeuner indien.

# Les deux chenilles

**15 SEPTEMBRE**

— Jacques, lui dit sa mère, je ne veux pas de ces chenilles dans la maison. Mets-les dehors tout de suite!

— Oui, répondit Jacques.

Il attrapa facilement la blanche et la mit sur les marches du perron. Elle descendit l'escalier, gagna une allée du jardin où se retrouvent toutes les chenilles. Mais la noire fut plus difficile à attraper. Elle était sortie de sa boîte et avait grimpé presque jusqu'au plafond. Jacques s'y reprit à plusieurs fois. Enfin, il la posa sur le perron et lui dit au revoir.

Mais au lieu de prendre le même chemin que la chenille blanche, elle grimpa sur le mur jusqu'à ce qu'elle trouve un endroit confortable pour filer son cocon. Quand elle fut installée, elle se mit au travail. Et Jacques, qui savait qu'elle allait dormir dans son cocon tout l'hiver et, au printemps, devenir un beau papillon, enleva l'herbe de la boîte qui contenait les chenilles et la jeta sans le moindre regret.

## Le déménagement

**16 SEPTEMBRE**

C'était le jour du déménagement; le petit Bruno était si triste que le déménageur s'en aperçut et lui demanda ce qu'il avait.

— J'aime cette maison, répondit Bruno. Et la nouvelle ne sera pas du tout pareille.

— Non, bien sûr, dit le déménageur. Ce sera différent. Un jour, j'ai déménagé des gens dans une maison qui avait un nid d'écureuils à la fenêtre, et j'en ai vu une autre où un petit garçon avait déjà construit une maison dans les arbres.

— Et quoi encore ? demanda Bruno.

— Oh, j'ai oublié, dit le déménageur en prenant un gros fauteuil. Mais il y a toujours de nouvelles choses à découvrir, des façons d'arranger les pièces.

Bruno se mit à penser à cela. Il se dit qu'il aimerait disposer tous ses objets exactement là où il voudrait. Mais, ensuite, il pensa à autre chose.

— Dans la nouvelle maison, dit-il tristement, je n'aurai plus mes amis.

— Combien d'amis as-tu ? demanda le déménageur.

— Neuf, dit Bruno. Neuf qui habitent tout près d'ici.

— C'est beaucoup, répondit le déménageur. Mais il y a une chose que je sais; quand un petit garçon a des amis dans une ville, il s'en fait autant dans sa nouvelle ville. Je ne sais pourquoi, mais c'est toujours ainsi.

Puis il mit la couverture de Bruno sur son épaule et la pièce fut vide. La maison entière était vide et la grosse voiture de déménagement était prête à partir. Le papa, la maman et la sœur de Bruno étaient dans la voiture, prêts à partir eux aussi.

Et tous les amis de Bruno étaient assis sur la barrière pour les regarder s'en aller.

— Au revoir ! dirent-ils à Bruno lorsqu'il s'installa dans la voiture, à côté de sa sœur, à l'arrière. Bruno essaya de leur dire au revoir mais il avait la gorge trop serrée. Sa maman se pencha et leur dit :

— Nous reviendrons vous voir.

Pendant un moment, Bruno ne put que serrer le bras de sa sœur. Puis il vit le déménageur qui lui souriait. Il sourit aussi.

Et il put dire à ses amis :

— A bientôt !

Puis, le camion, la voiture de papa, et le petit Bruno démarrèrent vers une vie nouvelle et de nouveaux amis, tandis que leurs anciens amis leur faisaient de grands signes.

## Bientôt l'hiver !

**17 SEPTEMBRE**

*Quand les canards sauvages*
*Sillonnent le ciel en grandes formations,*
*Quand les hirondelles s'envolent*
*Au loin, vers les pays chauds,*
*Vous pouvez rentrer*
*Les chaises de jardin*
*Et ranger la balançoire dans le garage,*
*Car l'hiver ne va pas tarder !*

# Le petit ours bancal

**18 SEPTEMBRE**

La vieille Madame Martin, qui fabriquait des ours en peluche, eut un jour de grosses difficultés avec l'un de ses animaux. Il se tortillait pendant qu'elle le bourrait, qu'elle le cousait et qu'elle essayait de lui mettre le

nez, la bouche et les yeux en place. Quel air comique il avait avec son regard penché!

— Je ne peux le vendre, dit la vieille Madame Martin, en plaçant dans un grand sac tous ses autres jouets, qui étaient très réussis. Personne ne voudrait l'acheter!

Madame Martin, mortifiée, était sur le point de jeter l'ours contrefait lorsqu'un petit garçon passa la tête par la porte.

— Madame Martin, dit-il, j'ai besoin d'un ours, mais je ne possède que cinq nouveaux francs. N'en auriez-vous pas un à me vendre à ce prix?

— Mais pourquoi pas, répondit en souriant la vieille Madame Martin. Pourquoi pas!

Elle lui proposa le petit ours contrefait qui se contorsionnait de plaisir. Et le petit garçon, tout heureux, le prit et le serra fortement dans ses bras. Puis il paya Madame Martin et s'en alla en courant chez lui avec son nouvel ours en peluche. Il le trouvait beaucoup plus à son goût que tous les autres ours bien faits qu'il avait vus dans la petite boutique de Madame Martin.

# *La lune se promène*

**19 SEPTEMBRE**

*La lune, je le sais,*
*Dans le ciel se promène.*
*Chaque fois que je vais*
*Sur les bords de la Seine*
*Regarder les bateaux*
*Qui naviguent sur l'eau,*
*Elle y est avant moi,*
*Mais elle est déjà là*

# *La promenade*

**20 SEPTEMBRE**

*Quand je rentre chez moi.*
*En promenant ma poupée,*
*Je dis bonjour aux passants,*
*A tous ceux que je connais*
*Ou que connaît ma maman,*
*C'est à dire à tout le monde!*
*Gentiment ils me répondent,*
*S'inquiétant de ma santé*
*Sans oublier ma poupée.*

# AUTOMNE

## Le vent méchant

**21 SEPTEMBRE**

*Cet après-midi le vent
A soufflé si violemment
Que dans ma chambre un volet
Brusquement s'est décroché,
Me réveillant en sursaut
Dans mon petit lit bien chaud.
Mais le vent s'est excusé.
Poliment il m'a prié
De continuer ma sieste,
Ce vilain petit vent d'est!*

## Dans un arbre

**22 SEPTEMBRE**

Un gros petit garçon jouait avec un cerf-volant qui alla se loger dans un arbre.

— Voulez-vous me jeter mon cerf-volant? demanda-t-il à un gros petit ours qui était assis sur une des branches de l'arbre. Mais le petit ours ne comprit pas. Il ne connaissait pas le langage des hommes. Il se contenta de remuer la tête.

— Bon, dit le petit garçon. Je vais grimper pour aller rechercher mon cerf-volant.

Le petit ours ne comprit pas cela non plus. Et il n'éprouva aucun plaisir à voir le gros petit garçon grimper à l'arbre.

— Il risque de m'attraper avec une ficelle, grogna l'ours en regardant l'enfant. Et au fur et à mesure que l'enfant grimpait, il grimpait lui aussi. Il monta très haut, le gros petit ours, jusqu'à la cime. Et lorsque le petit garçon atteignit son cerf-volant, l'arbre se courba jusqu'au sol. Car le gros petit ours et le gros petit garçon étaient trop lourds!

Ce fut une belle glissade pour le petit garçon, le petit ours et le cerf-volant. Ils furent contents de se retrouver sur le sol.

Le petit ours courut aussi vite qu'il le pouvait chez sa mère.

— Mon Dieu! lui dit sa mère, dans le langage des ours, quand il lui eut tout raconté. Tu inventes des histoires, petit ours!

C'est ce que la mère du petit garçon dit à son fils aussi; mais le gros petit garçon et le petit ours savaient que ce n'était pas une histoire et que ce qu'ils avaient raconté à leur mère était la vérité.

# Un jour de pluie

**23 SEPTEMBRE**

Il pleuvait encore lorsque Brigitte revint de l'école. Mais cela lui était égal. C'était le jour où, avec sa mère, elle allait confectionner des gâteaux, car ils avaient invité des amis à goûter.

« Et les jours de pluie sont agréables quand on fait de la pâtisserie », pensait Brigitte en enlevant son imperméable.

Mais elle trouva sa mère, allongée sur le divan, les yeux larmoyants, prête à éternuer. Le visage de Brigitte s'allongea.

— Oh, dit-elle, tu es encore enrhumée, n'est-ce pas ?

— Je le crains, répondit sa maman. Et je regrette que nous ne puissions faire les gâteaux, comme prévu. Mais tu peux aller à la pâtisserie et en choisir quatre douzaines. Ce sera amusant, n'est-ce pas ?

— Oui, dit Brigitte avec hésitation. Mais je suis désolée que tu sois malade.

Sa maman essaya de la remercier mais au lieu de cela elle éternua et ce fut si drôle que toutes deux éclatèrent de rire. Et pendant qu'elles riaient, Brigitte eut une merveilleuse idée.

— Maman, dit-elle, je t'aide toujours à faire les gâteaux et j'observe tout ce que tu fais. Je pense donc que je serais capable de les faire toute seule cette fois.

Sa maman réfléchit pendant une minute et éternua deux fois.

Puis elle dit :

— Pourquoi pas, Brigitte, si tu fais très attention au four. Je suis sûre que tu en es capable.

Brigitte fit attention. Elle mesura, mélangea, prépara. Elle fut particulièrement prudente lorsqu'elle mit les gâteaux dans le four.

Et comme elle les avait faits exactement de la même façon que sa maman, ils avaient la même apparence lorsqu'ils sortirent du four.

— Ils sont délicieux, dit sa maman, quand elle en eut goûté un.

— Oui, dit Brigitte, se hâtant de retourner à la cuisine pour tout remettre en ordre.

— Tu sais, maman, dit-elle quand elle revint, maintenant que je sais faire la cuisine, tu peux être malade autant que tu en auras envie !

Et la maman de Brigitte se remit à rire et à éternuer.

— Oh, Brigitte, dit-elle, je ne veux pas être malade. Mais c'est consolant de penser que si cela m'arrive j'ai une grande fille qui peut faire les choses à ma place !

Brigitte le pensait aussi. Avant de mettre le couvert, elle prit quelques instants pour écouter la pluie tomber et sentir la délicieuse odeur des gâteaux qu'elle avait confectionnés elle-même pour leurs amis.

## La course du lapin

**24 SEPTEMBRE**

Le vieux grand-père Tortue était sage et, par-dessus tout, il voulait que les gens pensent qu'il l'était. Aussi, il donnait toujours des conseils, que personne n'écoutait. Jusqu'au jour où il rencontra un petit lapin rapide qui s'entraînait à courir.

— Viens ici, Lapin, dit Grand-papa Tortue. La manière échevelée dont tu cours me donne à penser que tu n'as jamais entendu dire que c'est avec du calme et de l'assiduité que l'on gagne des courses.

— Du calme et de l'assiduité ? dit le lapin, tout surpris. Dans ce cas, je ne serai jamais un champion, à moins que je ne trouve un moyen de ralentir la cadence de mes pattes arrière.

Pendant qu'il disait cela, le petit lapin ne cessait de regarder la lourde carapace que portait Grand-papa Tortue. Tout à coup il s'écria :

— Grand-papa Tortue, sage Grand-papa Tortue, prêtez-moi votre grosse carapace. C'est le meilleur moyen de me faire aller moins vite.

Grand-papa Tortue était sur le point de refuser lorsqu'il se souvint que le petit lapin lui avait dit qu'il était sage. Il en fut tellement ravi qu'il retira sa carapace. Et le petit lapin la revêtit. Quel amusant couple ils faisaient maintenant. Le petit lapin avait une si lourde charge sur le dos qu'il ne pouvait plus marcher du tout. Et le vieux Grand-papa Tortue paraissait si nu et ridicule que ceux qui le voyaient étaient malades de rire.

Mais si Grand-papa se sentait humilié, il ne le montrait pas.

— Tu as appris ta leçon, Lapin dit-il d'une voix grave. Rends-moi maintenant ma carapace.

Le petit lapin la lui rendit avec joie et Grand-papa Tortue la remit avec encore plus de joie sur son dos. Il était persuadé d'avoir accompli une grande chose. Et le petit lapin, se sentant tout léger, se mit à courir plus vite qu'il ne l'avait jamais fait auparavant. Il était si rapide qu'il gagna la course et qu'il devint champion.

— Eh bien, pensaient les autres animaux, Grand-papa Tortue a dû lui donner une bien sage leçon !

Et lorsqu'ils eurent crié « Hourra » à l'intention du nouveau champion, ils se mirent à crier « Hourra » pour le sage vieux Grand-papa Tortue.

Cela fit tant plaisir au vieux Grand-papa Tortue qu'il cessa de donner des conseils. Il se contenta de sourire et de paraître sage, et les choses allèrent bien mieux qu'elles n'étaient jamais allées auparavant.

## Où allez-vous, petits cochons ?

**25 SEPTEMBRE**

Trois petits cochons sont sortis de leur bauge pour aller quelque part.

— Où allez-vous, petits cochons ? A l'étang, pour vous rouler dans la boue et regarder les canards nager ?

— Non, répondit le premier petit cochon. Pas là !

— Où donc, petits cochons ? Allez-vous vous gratter le dos sur une planche rugueuse ? Est-ce là que vous allez ? Ou bien dans le jardin, chercher des carottes pour les broyer et les manger dans vos drôles de petites bouches ?

— Non, dit le second petit cochon. Nous nous sommes gratté le dos ce matin contre un tabouret et nous avons mangé des racines dans le jardin, autant que nous en voulions. Nous ne désirons rien de tout cela, merci !

— Où donc allez-vous, petits cochons ? Dans le verger plein de pommiers, où les pommes mûres, frôlées par la brise, tombent des branches sur le sol, acides et savoureuses, est-ce là que vous allez, petits cochons ?

— Oui, dit le troisième petit cochon. C'est là, c'est là ! C'est exactement là et nous sommes presque arrivés.

## La retraite de l'Amiral Grenouille

**26 SEPTEMBRE**

Un après-midi, une bande d'oies sauvages vint envahir la mare de l'Amiral Grenouille. Que d'éclaboussures et de cris elles faisaient ! Et comme elles plongeaient à la recherche de bébés grenouilles pour les dévorer !

— Nous devons leur déclarer la guerre ! crièrent les jeunes grenouilles. Nous allons leur mordre les pieds et leur tirer les plumes, et les chasser dans un bruyant coassement !

— Halte-là ! dit l'Amiral Grenouille. Si nous employons une telle tactique, elles auront tôt fait de nous manger tous ! Je suggère que nous nous enfoncions jusqu'à demain.

— L'Amiral Grenouille a peur ! murmurèrent les jeunes grenouilles. Il faut lui ôter sa casquette et choisir un chef plus courageux ! Mais, comme il était tard et que les oies étaient très grosses, elles obéirent et allèrent dormir un peu avant de faire ce qu'elles avaient décidé. Au matin, la mare était déserte. Au loin, dans le ciel rose, un troupeau d'oies sauvages volait vers le sud.

— L'ennemi est parti ! s'écrièrent les jeunes grenouilles.

— Victoire ! dit l'Amiral. Elles ont toujours agi ainsi depuis que je suis têtard ! Il s'agit de se cacher jusqu'à ce qu'elles aient pris une nuit de repos.

Et il paraissait si énergique qu'au lieu de choisir un autre chef, les jeunes grenouilles s'assirent pour essayer de dire « victoire ! » aussi sagement et dignement qu'il le disait.

# Une maison pour Madame Mulot

**27 SEPTEMBRE**

— Je pense, déclara Madame Mulot, en posant son tricot, qu'il faudrait nous trouver une maison pour l'hiver.

— Une maison? demanda son mari. Mais n'en avons-nous pas déjà une?

— Dans une certaine mesure, oui, dit Madame Mulot en souriant, mais ce n'est pas une vraie maison. Pas comme celle de Cousine Thérèse. La sienne est dans une belle cave chaude, près d'un four. Je trouve qu'il nous faudrait une maison comme cela.

Monsieur Mulot soupira. L'idée lui déplaisait de quitter les pièces qu'ils avaient si douillettement arrangées!

— Ne pourrions-nous pas aller passer d'abord quelques jours chez votre cousine? demanda-t-il enfin.

— Bien sûr que si! répondit sa femme, certaine qu'il aimerait cet endroit une fois qu'il y aurait vécu. Et elle se hâta de faire les valises.

Quant à Monsieur Mulot, il était tout aussi sûr qu'il ne se plairait pas là-bas. Mais il aida à faire les préparatifs et ils partirent.

Quand ils arrivèrent à l'extrémité du champ, ils rencontrèrent justement la Cousine Thérèse, en larmes, avec toute sa famille, chargée de paquets.

— Ces gens, cria-t-elle, vous savez ceux chez qui nous avons construit notre maison? Eh bien, ils ont trouvé le moyen de recueillir un chat et de le traiter comme un membre de la famille!

— Quelle cruauté! s'exclama Madame Mulot.

— Ainsi, nous voilà, soupira la Cousine Thérèse, après tant d'années, sans abri!

Et les enfants mulots se mirent à pleurer, ce qui toucha profondément Monsieur Mulot.

— Ecoutez-moi, leur dit-il. Si vous voulez vous installer à côté de chez nous, je vais vous creuser une maison avant la tombée de la nuit!

Ainsi fut fait, à la grande joie de la Cousine Thérèse et à la fierté de Madame Mulot.

— Cela va être charmant, dit la Cousine Thérèse lorsqu'ils eurent achevé le souper que Madame Mulot avait préparé.

— Certainement, quand nous aurons fait des rideaux et quelques arrangements, répondit Madame Mulot.

Et Monsieur Mulot, soulagé à l'idée que sa femme serait trop occupée pour penser à déménager — au moins jusqu'au prochain hiver — alluma sa pipe d'un air de grande satisfaction.

## Les chiens

**28 SEPTEMBRE**

Qu'aimes-tu le mieux
Parmi tous ces chiens ?
Le boxer hargneux,
Ou le dalmatien ?

Le petit caniche
Qui joue dans sa niche,
Ou le fox-terrier
A l'œil si rusé ?

Le bon gros bouvier
Qui garde les vaches,
Le petit roquet
Ou le chien de chasse ?

## Le collectionneur

**29 SEPTEMBRE**

Mon frère fait collection
De mouches et de papillons.
Il les pique sur du coton
Et dessous il marque leur nom.
Très souvent il a essayé
De me pousser à l'imiter,
Mais j'aime mieux les regarder
Virevolter en liberté.

## Avec ses sous et son poney

**30 SEPTEMBRE**

Avec ses sous et son poney
Jacquot s'en va-t-à la foire.
Il ne veut pas m'emmener
Je serai seul jusqu'au soir !

On dansera sous les lampions,
Dans les cris et les flonflons
Je suis le seul du pays,
Le seul à rester ici !

Tous les enfants du village
Oui, tous sauf moi, quel dommage !
Vont chanter et s'amuser
Pendant toute la journée.

Mais, tiens ! revoilà Jacquot.
A-t-il perdu un sabot ?
Non, il revient me chercher
Avec ses sous et son poney !

## Les scarabées

**1er OCTOBRE**

Un jour, le petit chat gris était dehors, occupé à ennuyer des scarabées.

Il poursuivait un pauvre scarabée noir et lui donnait des coups de patte. La malheureuse bête, tout étourdie, finit par s'échapper et le petit chat se vengea sur un gros hanneton qu'il parvint à mettre sur le dos.

— Vous êtes un misérable! criait le hanneton, en remuant ses pattes pour essayer de se retourner. Nous sommes petits, et vous êtes gros, et vous ne devriez pas nous ennuyer!

— Je ne devrais pas, se moqua le méchant petit chat. Mais j'aime ennuyer les petites bêtes et je continuerai à le faire.

Il allait remettre le hanneton sur le dos lorsqu'arriva un autre scarabée. Mais celui-là était énorme, avec de brillants yeux noirs, et d'étranges griffes qui s'agitaient lorsqu'il marchait.

Le petit chat oublia complètement son hanneton. Nez à terre, il se dirigea directement vers le gros scarabée. Mais avant qu'il ait eu le temps de lui donner un coup de patte, le scarabée lui saisit le nez entre ses grandes pinces.

— Laisse-moi partir! gémissait le petit chat.

— Je le ferai quand il me plaira! répondit le gros scarabée.

Et quand il fut décidé à le lâcher, le petit chat se sauva aussi vite qu'il put.

— Reviens m'ennuyer encore! dit en se moquant le gros scarabée. Tu as dit que tu aimais ennuyer les scarabées!

— Ça ne m'amuse plus, répondit le petit chat gris. Pas quand les scarabées se mettent à me faire mal! Il se frotta le nez, tourna le dos et alla jouer avec les feuilles mortes.

*Le jars*

**2 OCTOBRE**

*Au bord du lac, les canards*
*Se moquent toujours du jars*
*Qui court en se dandinant*
*Comme poussé par le vent.*

*Mais ils riront moins un jour*
*Lorsque dans la basse-cour*
*Ils iront sans se presser!*
*Le jars aura tout mangé!*

## L'artiste

**3 OCTOBRE**

1. Maintenant que j'ai tout ce qu'il me faut pour peindre, je m'en servirai comme il me plaira...

2. pas comme à l'école où on ne peut même pas renverser une goutte de peinture...

3. pas comme à l'école où l'on doit laver son pinceau chaque fois que l'on change de couleur...

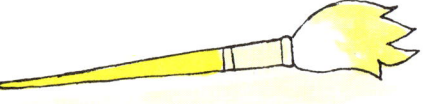

4. pas comme à l'école où il faut faire tellement attention à ses feuilles de papier.

5. pas du tout comme à l'école! Oh, voilà que toutes mes nouvelles couleurs sont mélangées et qu'il ne me reste plus une seule feuille de papier!

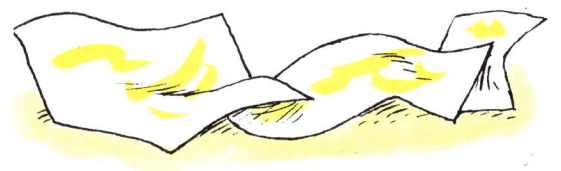

## *Mon chandail*

**4 OCTOBRE**

*Je préfère mon chandail
Tricoté en grosses mailles,
Si léger, si moelleux
Au vison le plus précieux.
Les chèvres et les lapins
Me l'envient soir et matin.*

## La nouvelle amie

**5 OCTOBRE**

Chaque jour, après l'école, Sophie et Brigitte jouaient ensemble. Elles faisaient de la bicyclette, dessinaient, s'amusaient avec leurs poupées et leur cousaient des vêtements. Un jour, même, les deux petites filles se fabri-

quèrent une maison dans le vieux poulailler de chez Brigitte. Ensuite, chaque samedi, elles déjeunèrent là, toutes les deux.

Et elles s'amusaient tellement que bien des fois Sophie restait chez Brigitte toute la journée et ne rentrait chez ses parents que fort tard, juste pour le dîner. Mais un jour, quand Sophie arriva pour jouer, il y avait une autre petite fille chez Brigitte. Son nom était Jeannine et elle habitait depuis peu la maison d'à côté.

Et ce jour-là, tout fut différent.

Jeannine demanda à Sophie de lui prêter sa bicyclette; et elle partit se promener avec Brigitte pendant que Sophie les attendait.

Quand elles jouèrent à la poupée, Brigitte fut la maman et Jeannine la nourrice. Sophie fut le papa et tout ce qu'elle eut à dire ce fut : « Au revoir, je vais au bureau. » Puis : « Bonjour, me voilà ! » A l'heure du déjeuner, Sophie en avait assez.

— Je vais déjeuner à la maison, dit-elle. Je crois que maman m'a demandé de rentrer.

Et elle retourna chez elle, en traînant tristement les pieds dans les feuilles mortes.

Après le déjeuner, le téléphone sonna.

C'était Brigitte.

— Ne peux-tu venir, Sophie ? lui demanda-t-elle. Nous voulons jouer à cache-cache et envoyer les poupées à l'école. Mais nous n'avons pas de maîtresse. Et aussi, Sophie, nous avons essayé de dessiner, mais ce n'est pas amusant si tu n'es pas là pour nous raconter des histoires sur ce que nous dessinons. Veux-tu venir ?

— Oui, dit Sophie, j'arrive ! Et elle courut chez Brigitte aussi vite que ses jambes purent la porter. Elles s'amusèrent tellement, à toutes sortes de jeux pour trois, que l'heure du dîner arriva sans que Sophie s'en aperçut.

Ne voulant pas être en retard, elle retourna chez elle en courant.

Avant de partir, elle leur dit :

— A demain ! Je vous verrai toutes deux, n'est-ce pas ?

## Mon verger

**6 OCTOBRE**

*On dirait que mon verger*
*Sort d'un vrai conte de fées.*

*J'aimerais bien que ses fruits*
*Soient des diamants, des rubis.*

*Je serais riche à millions,*
*J'aurais de belles maisons,*

*Des serviteurs, des palais...*
*Plus besoin de travailler !*

*Oui, mais je préfère encore*
*Quand dans les pommes je mords*

*Leur saveur délicieuse*
*A la fois âcre et juteuse !*

## Les fugitifs

**7 OCTOBRE**

On vit arriver sur la route, lancé au grand galop, un beau cheval brun, monté par un cavalier.

Bijou s'élança à sa poursuite en aboyant. Catherine courut jusqu'au porche et se cacha. Et tous les enfants se mirent à courir derrière le gros cheval au poil luisant. Ils coururent jusqu'en haut de la colline mais quand ils y arrivèrent, le cheval n'était plus à l'horizon. Où était-il parti ?

Geneviève dit :

— Il est peut-être dans le parc. Il y a peut-être une course.

Et chacun écouta. En effet, on entendait des cris et des encouragements dans le parc, près de la mare aux canards.

— Allons-y voir, dit Geneviève.

— Oh, oui, allons-y, répéta Catherine en prenant par la main la petite Anne qui n'avait que trois ans. Et tous les enfants se donnèrent la main et coururent, de plus en plus vite, pour arriver dans la rue principale. Là ils ralentirent prudemment et atteignirent le parc.

Non seulement le beau cheval n'était pas là mais il n'y avait pas de course. Quelques garçons seulement jouaient au football et criaient.

Il y avait des promeneurs, des balançoires, la vieille fontaine en pierre et les mares où nageaient les canards. Les enfants se mirent à patauger dans la mare car il faisait chaud et beau en cet après-midi d'octobre. Seul le petit Claude n'alla pas dans la mare. Il ne se sentait pas à son aise ici.

— Il faudrait rentrer, dit-il. Il peut faire nuit bientôt, vous savez ! Nous n'aurions pas dû aller si loin.

Les petites filles, et même Louis, regardèrent le ciel ; ils remirent vite leurs chaussures. La maison leur semblait si loin qu'ils furent tous très contents de voir arriver le père de Catherine qui, pourtant, avait une mine sévère.

Sans un mot, ils grimpèrent tous dans la voiture. Et sans un mot, le père de Catherine les reconduisit chez eux. Quand ils eurent tous été grondés pour s'être sauvés, et qu'on leur eut dit de ne pas sortir de leurs jardins pendant une semaine entière, le beau cheval descendit de la colline en trottant.

Comme il était beau et fier ! Le petit Louis se remit à courir derrière lui. Catherine courut jusqu'au porche et se cacha.

Mais Geneviève, Claude et la petite Anne restèrent dans leurs jardins et se contentèrent de regarder le cheval descendre de la colline pour aller souper.

## Le petit chameau grognon

**8 OCTOBRE**

Un petit chameau grognon
Se lamentait tout au long
Tout au long de la journée.
Il disait qu'il détestait
Transporter de lourds fardeaux,
Que sa bosse sur son dos
Le gênait terriblement,
Qu'il avait les pattes en sang,
Qu'il n'aimait pas la chaleur,
Qu'il trottait depuis une heure
Et que c'était bien assez,
Qu'il était très fatigué.
Sa maman le comprenait :
Elle aussi, elle grognait!
Ne vous en étonnez pas,
Tous les chameaux sont comme ça!

## Peur de quoi?

**9 OCTOBRE**

— Viens te promener, disait le rhinocéros à une timide petite souris de montagne qui passait craintivement la tête hors de son trou.

— Non, répondit-elle. J'ai peur!

Cela fit rire le rhinocéros.

— Peur de quoi? demanda-t-il. Je ne vois rien qui puisse te faire peur!

— Je serais de votre avis si j'avais votre peau épaisse et votre grosse corne, répondit la souris. Mais je n'ai rien de tout cela.

Et elle ne sortit pas.

Le lion déclara que c'était la chose la plus stupide qu'il ait jamais entendue.

— Enfin! moi, je me promène tous les jours, dit-il en riant. Et moi, je n'ai jamais peur!

— Si j'avais vos grandes dents et votre rugissement féroce, je n'aurais pas peur non plus, dit la petite souris de montagne. Mais je ne les ai pas et j'ai peur, et je reste là.

Et elle ne bougea pas jusqu'au jour où une minuscule souris apparut devant son trou.

— Oh, cria la peureuse, en se reculant, comme vous m'avez fait peur!

— Comment cela? s'étonna la nouvelle arrivante. Venez donc vous promener avec moi!

La peureuse examina pensivement cette cousine intrépide. Elle n'avait ni la peau épaisse ni la grosse corne du rhinocéros; elle n'avait pas non plus les grandes dents et le rugissement du lion. Elle était vraiment minuscule. Et, pourtant, elle attendait, souriante, et elle n'avait pas peur d'aller se promener!

« Eh bien! moi non plus, je n'ai pas peur! » pensa la craintive.

— Je viens, dit-elle.

Elle sortit de son trou.

Et les nouvelles amies partirent toutes deux bravement, à l'aventure.

## Dix petits hiboux

**10 OCTOBRE**

Dix petits hiboux grelottaient
En haut de leur arbre gelé.
Il faisait froid, c'était le soir,
Ils sortirent tous leurs mouchoirs
Ils se mirent à renifler,
A tousser, à éternuer!
Ils ne pouvaient plus ululer,
Quelle triste, triste soirée!

Dix petits hiboux mécontents
Enfilèrent moufles ou gants,
Gros chandails et passe-montagnes
Avec un trou pour le visage.
Puis ils s'abritèrent du vent,
Et perchés confortablement
Ululèrent de tout leur cœur
En frétillant de bonheur.

## Un jardin pour Philippe

**11 OCTOBRE**

— Moi, dit Philippe un samedi matin, je ne peux jouer nulle part dans le jardin!

— Que veux-tu dire? demanda son papa.

— Que lorsque je me trouve une place pour bêcher, expliqua Philippe, elle est toujours utilisée pour quelque chose d'autre. Je m'étais installé sur un côté de la maison, on y a mis du gazon. Devant le garage, on a fait un chemin. Près du porche, on y a planté des rosiers.

Puis il explosa :

— J'avais trouvé un endroit derrière le porche, et maman y a mis des petites plantes, avec des noms sur des morceaux de bois.

— Roses trémières, delphinium, lut son père. Ne veux-tu pas que notre nouvelle maison soit belle, Philippe?

— Oh, si, papa! Mais j'aimerais bien avoir un peu de place pour construire des tunnels, des montagnes et pour faire rouler mes voitures.

— C'est vrai! dit son père.

Alors, ensemble, ils trouvèrent un endroit un peu à l'écart, derrière le garage. Le papa de Philippe éleva une barrière tout autour.

— Nous allons peindre la barrière, cet après-midi, dit-il. Et au printemps prochain, nous planterons des fleurs tout autour, mais seulement à l'extérieur. Rien à l'intérieur. Tu pourras y faire ce que tu veux.

Et Philippe eut enfin un endroit bien à lui où il put faire tout ce qu'il voulait.

# La découverte de Christian

**12 OCTOBRE**

— Comme je voudrais, dit un jour Christian, qu'il y eût encore dans le monde des lieux à découvrir !

— Mais il y a l'espace, tu sais, lui dit sa maman.

Et comme il décidait d'être plus tard un explorateur de l'espace, sa maman ajouta :

— Je vais commencer à ranger le grenier aujourd'hui. C'est une sorte d'exploration. Tu veux venir ?

— Oui, répondit Christian, en prenant les brosses et les chiffons que sa maman sortait. Et ils montèrent tous deux au grenier.

Comme il était mystérieux, ce grenier, avec sa poussière et ses toiles d'araignées partout. Christian et sa maman se mirent à ouvrir les boîtes et les malles.

Ils s'aperçurent, en regardant les lainages, que Christian avait tant grandi qu'il faudrait lui acheter d'autres vêtements d'hiver. Christian était très content de constater qu'il grandissait. Il eut beaucoup de plaisir, lorsque sa mère ouvrit une vieille malle, à regarder des tableaux de ses grands-parents et de ses arrière-grands-parents. Cela lui donnait de l'importance. Comme s'il venait de très loin dans le temps.

« Presque de Christophe Colomb qui a découvert l'Amérique », se dit-il.

Et, ensuite, Christian fit une merveilleuse découverte. Sur une étagère se trouvait une grande boîte enveloppée de vieux papier journal. Il se demandait bien ce que contenait cette boîte.

Il défit soigneusement le papier, souleva le couvercle et regarda à l'intérieur.

Enveloppé de tissu, se trouvait le plus joli modèle de bateau qu'il ait jamais vu. Il était peint en rouge et or. Il avait de nombreuses petites voiles et, sur la proue, était écrit *Santa Maria*.

— C'est le bateau de Christophe Colomb ! s'écria Christian. D'où vient-il ?

— Oh, dit sa maman en se retournant. Il doit venir de notre grand-mère Gilbert. Son père était capitaine de vaisseau.

Et elle ajouta :

— Il est si beau qu'il faut le descendre afin que tout le monde puisse le voir.

— Ne pourrait-on le mettre dans ma chambre ? demanda Christian.

— Pourquoi pas, répondit sa maman. Après tout, c'est *ta* découverte !

Et Christian descendit les escaliers avec le *Santa Maria* qu'il plaça sur son armoire, dans sa chambre.

Désormais, une fois par an, on l'exposa au centre de la table de la salle à manger sur une glace qui faisait penser à une mer calme ; ceci en l'honneur de Christophe Colomb et de sa découverte. Et aussi en l'honneur du jeune Christian et de sa découverte !

## Les jumeaux

**13 OCTOBRE**

*A deux, toujours à deux nous montons l'escalier
A deux, toujours à deux nous disons nos prières*

*A deux nous nous couchons
Et à deux dans le lit nous chantons des chansons*

*Nous nous racontons de très belles histoires
Jusqu'à ce que d'en bas quelqu'un nous crie :
« Voyons!*

*Voulez-vous bien dormir! »
Alors, tous les deux, nous fermons les paupières
(Ça en fait quatre en tout)
Et nous plaignons beaucoup tous les petits garçons
Qui ne sont pas jumeaux.*

## Le petit ours trop pressé

**14 OCTOBRE**

— Petit ours, lui dit un jour sa maman, veux-tu, je te prie, aller me cueillir bien vite un joli bouquet de feuilles colorées ?

— A l'instant, madame, répondit le petit ours trop pressé. Et il s'enfuit si vite qu'il n'entendit même pas sa maman ajouter :

— Mais surtout, ne me rapporte pas ces feuilles rouges et brillantes, qui sont trois sur la même tige, avec de jolies petites baies...

Aussi, tandis que sa maman expliquait « parce que ce sont des feuilles empoisonnées et que tout le corps te démangerait... » il était déjà au fond des bois, en train de chercher les plus belles feuilles qu'il pût trouver.

Les feuilles du platane étaient d'un jaune étincelant. Le petit ours trop pressé les trouva magnifiques, jusqu'à ce qu'il vît les feuilles rouges et brillantes de l'érable.

« Je vais en cueillir un gros bouquet », pensa-t-il. Mais ce fut à ce moment-là qu'il en aperçut de bien plus rouges et plus brillantes encore, à trois sur la même tige, avec de jolies petites baies.

Il en cueillit tant et tant qu'il eut bientôt un bouquet considérable. Puis il s'en retourna chez lui.

A peine était-il arrivé à mi-chemin que le petit ours trop pressé se frotta le nez. Il se mit à se gratter. Ses pattes le démangeaient. Et ses doigts de pied, et le bord de ses oreilles. Quand il arriva chez lui et tendit à sa maman son bouquet, tout son corps le démangeait.

Mais, pis encore, dès qu'elle le vit, sa maman recula, les bras au ciel.

— Oh, petit ours trop pressé! s'écria-t-elle. Après tout ce que je t'ai dit... tu as cueilli des feuilles empoisonnées.

— Vraiment! fit le petit ours trop pressé. Et que m'as tu dit?

— Je t'ai dit : surtout - ne - me - rapporte - pas - ces - feuilles - rouges - et - brillantes - qui - sont - trois - sur - la - même - tige - avec - de - jolies - petites - baies - parce - que - ce - sont - des - feuilles - empoisonnées - et - que - tout - le - corps - te - démangerait... Et maintenant, déshabille-toi, que je te frotte avec une lotion.

Bientôt, le petit ours trop pressé se sentit beaucoup mieux dans ses vêtements propres.

— Je vais te chercher des feuilles d'érable, dit-il.

— Très bien, répondit sa maman, occupée à balayer les feuilles empoisonnées. C'est très joli, les feuilles d'érable.

Et cette fois, avant de se sauver, le petit ours compta jusqu'à cent, pour bien s'assurer que sa maman n'avait plus rien à lui dire.

# Le déjeuner

**15 OCTOBRE**

— Remi, toute la semaine tu as emporté à l'école des sandwiches à la crème de gruyère. Est-ce que tu ne préférerais pas quelque chose d'autre, pour une fois?

— Si, maman, mais quoi?

— Du saucisson ou des rillettes, du pâté ou du jambon, des œufs durs ou de la viande froide...

« Du rôti, du corned beef, du poulet, de la tomate avec de la laitue. Choisis...

— Oh là là... C'est trop difficile. Je crois que je prendrai encore de la crème de gruyère aujourd'hui.

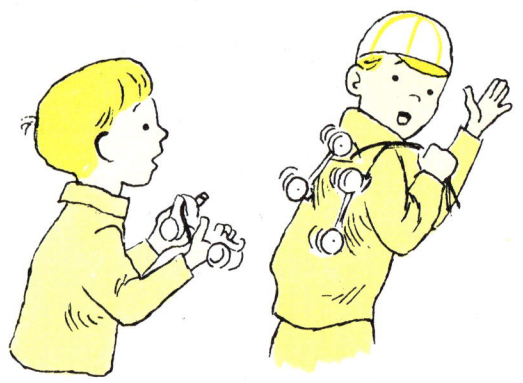

## Christian fait du patinage

**16 OCTOBRE**

— Gilles, dit Christian un matin, veux-tu m'apprendre à patiner sur mes nouveaux patins à roulettes?

— Pas maintenant, lui dit son grand frère. J'ai rendez-vous avec un camarade. Peut-être demain, Christian.

Alors, Christian demanda à ses amis Claude, Jean et Robert de venir avec lui. Mais aucun n'était libre. Et Christian ne voulait pas attendre au lendemain pour commencer à s'exercer.

— Je vais essayer tout seul, dit-il, en chaussant ses patins et en serrant les courroies.

Puis, très prudemment, Christian se releva.

qu'il y avait une grille le long du chemin. Il alla jusqu'à elle, tant bien que mal. Puis, en se tenant, Christian put faire glisser ses pieds l'un après l'autre sans tomber. Le pied gauche, le pied droit, il s'exerça longtemps.

Enfin, le courageux petit garçon lâcha la grille. Il pouvait se tenir sur ses patins et faire glisser le pied gauche, puis le pied droit,

Mais quand il voulut glisser un pied, il tomba.

Il se releva, se frotta et recommença. Et trois fois de suite il tomba. Endolori et découragé, il allait renoncer lorsqu'il remarqua

sans tomber. Quelle merveilleuse sensation! Christian pensait qu'il ne tomberait plus jamais. Mais au bout d'un moment, il se sentit fatigué. Il s'assit sur des marches. Et pendant qu'il se reposait ses camarades passèrent.

Ils se montrèrent désolés de voir Christian, assis, chaussé de ses patins tout neufs!

— Viens, Christian, dit l'un d'eux. Je vais t'apprendre tout de suite. Peux-tu te lever tout seul?

Christian souriait intérieurement.

— Oui, je peux, dit-il. Il se leva et se mit à patiner, seul, au grand étonnement de ses petits camarades qui n'en croyaient pas leurs yeux.

— Mais tu sais patiner, Christian! criaient ils. Tu vas pouvoir venir avec nous jouer sur le terre-plein. Maintenant allons déjeuner, et rendez-vous ici, après!

## Monsieur Lion fait des confitures

**17 OCTOBRE**

Monsieur Lion avait attendu toute la semaine que Madame Lion ait le temps de venir faire avec lui une promenade en voiture. Mais, toute la semaine, Madame Lion avait fait des confitures — une nouvelle sorte chaque jour — et, le jeudi, elle en faisait encore.

— Encore combien de sortes ? demanda Monsieur Lion.

— Quatre, répondit Madame Lion, inscrivant soigneusement sur des étiquettes les mots : coing, groseille, fraise et prune. J'aurai terminé samedi, à l'heure du dîner.

— Samedi ! s'écria Monsieur Lion. Ecoute. Sors de la cuisine ! Je vais terminer moi-même les confitures pour que nous puissions aller faire une promenade avant le coucher du soleil.

Madame Lion sortit de la cuisine, en se demandant comment son mari allait s'y prendre. Dès qu'elle fut partie, Monsieur Lion prit un énorme récipient dans lequel il mit des coings, des groseilles, des fraises, des prunes et quelques pommes. Il ajouta beaucoup de sucre et mit à cuire. Pendant le temps de la cuisson, il s'installa dans un fauteuil et consulta une carte routière. Quand les fruits furent cuits, il mit la confiture dans des pots.

— Et de la paraffine, sur le dessus, murmura-t-il.

Et les étiquettes, ajouta-t-il.

Puis Monsieur Lion mit son chapeau, lava les récipients et sortit sa voiture.

Il appela Madame Lion, qui avait peine à croire qu'il eût déjà tout fait. La voiture partit doucement. La campagne était belle, les couleurs délicieuses et le ciel clair. Et au coucher du soleil, Monsieur Lion était de retour.

— Ce fut une charmante promenade, dit en souriant Madame Lion. Maintenant, je vais préparer le thé.

Ce qu'elle fit, avec des toasts beurrés et un pot de confiture confectionné par Monsieur Lion, un pot marqué *Coing*.

Elle la goûta et la trouva délicieuse.

— Je n'ai jamais mangé de confiture qui ait autant le goût de coing, dit-elle.

« Bon ! pensa Monsieur Lion. Je suis content. » Et il espéra que les pots marqués groseille, fraise, prune auraient autant de succès que celui-là.

# Un jour pas comme les autres

**18 OCTOBRE**

Anne était sûre que sa mère avait oublié ce que c'était que d'être une petite fille.

C'était un jour d'orage et il y avait panne d'électricité. Il n'y avait donc ni télévision ni radio, et quand Anne demanda à sa maman ce qu'elle pouvait faire, celle-ci lui répondit :

— Pourquoi ne pas faire les lits ?

Anne se mit à faire les lits, du mieux qu'elle put.

— Maintenant, Anne, dit sa maman, tu peux écosser les pois.

— Ecosser des pois ? demanda Anne. Je ne savais pas que les pois s'écossaient.

— Les frais seulement, expliqua sa maman en montrant à Anne comment on s'y prenait pour ouvrir les cosses. Cela amusa beaucoup la petite fille, qui faisait tomber dans un récipient les petites boules, pendant que sa maman confectionnait un pain d'épices.

— C'est bientôt l'heure de déjeuner ? demanda Anne.

— Pas encore, répondit sa mère, nous avons le temps de jouer aux cartes.

Elles s'installèrent dans la cuisine et jouèrent à quatre jeux différents. Anne gagna aux deux derniers. Pendant ce temps, l'orage avait amené l'obscurité presque complète. On dut allumer des bougies pour le déjeuner; Anne et sa mère durent aussi faire la vaisselle à la lueur des bougies.

— Maintenant, dit la maman d'Anne, veux-tu me faire la lecture pendant que je prépare la sauce et que je mets le rôti à cuire ?

Anne choisit Jeannot Lapin parce que c'était drôle. Que de rires ! La petite fille devait interrompre si souvent sa lecture qu'elle en avait à peine lu trois pages lorsque son papa revint.

— Je suis en avance, dit-il, à cause de l'orage. Quelle journée ! Mais qu'il est agréable de rentrer ici, et comme cela sent bon ! Qu'avez-vous fait toutes deux aujourd'hui ?

— Des tas de choses, dit Anne. Nous avons

fait vraiment beaucoup de choses, n'est-ce pas Maman ? Comment cela se fait-il ?

— Je ne sais pas, dit en riant sa maman. Mais ce que je sais, c'est qu'aujourd'hui, je me suis cru redevenue petite fille. Peut-être avons-nous passé davantage de temps ensemble parce que nous manquions de confort.

Anne crut comprendre ce qu'elle voulait dire.

Sans télévision, sans radio, sans électricité, elles avaient tout fait à deux. C'était certainement ce que la maman d'Anne voulait dire.

Et Anne n'était plus absolument sûre que sa mère ait oublié ce que c'était que d'être une petite fille.

## Les feuilles d'automne

**19 OCTOBRE**

En tombant, elles avaient
Une belle couleur rousse,
Elles craquaient sous le pied,
Elles étaient douces, douces!
Maintenant elles sont grises,
Déchiquetées par la bise.

Mais quand je les brûlerai
Là-bas, au milieu du pré,
Elles reprendront un temps
Leur jolie couleur d'avant,
Les feuilles, les feuilles mortes,
Les feuilles mortes de l'automne.

## Le vieux mur de pierre

**20 OCTOBRE**

On était déjà au milieu de l'automne. Le vent était froid, l'eau de l'étang aussi. Il faisait froid partout, excepté sur le vieux mur de pierre quand le soleil brillait. Sur ce mur ensoleillé se trouvaient une mouche et une abeille.

Un petit lézard brun était là également ainsi qu'un petit serpent vert qui faisait aller sa petite langue fourchue. Une tortue grimpait le long du mur afin de se réchauffer au soleil.

Personne ne parlait, personne ne bougeait. Mais un nuage arriva, se déplaçant lentement jusqu'à ce qu'il recouvrît le soleil. Il resta là et, dans l'ombre, le vieux mur de pierre redevint froid.

La mouche trouva une minuscule crevasse où elle se réfugia; l'abeille s'envola jusqu'à une ruche endormie. Le lézard se glissa dans le mur. Le serpent redescendit jusqu'à sa résidence d'hiver. La tortue qui mettait plus de temps à comprendre, qui se déplaçait plus lentement, redescendit sans se presser elle aussi. Elle se cacha sous un tas de feuilles. A présent, toutes les créatures de l'été avaient disparu.

Sur le vieux mur de pierre étaient assis deux écureuils. Bien au chaud, dans leurs vêtements de fourrure, ils ronchonnaient contre le vent qui n'était pas encore assez fort pour faire tomber les glands dont ils avaient besoin pour leur souper.

## Les glands

**21 OCTOBRE**

Là-bas, tout au fond
du bois,
Les glands ont mûri
pour moi!
Est-ce pour moi ou
pour toi
Petit écureuil futé
Qui sais si vite grimper
Sur les arbres dénudés?

## Le temps des récoltes

**22 OCTOBRE**

Habituellement, lorsque Pierre et Jean allaient rendre visite à leurs grands-parents, ils passaient leur temps à jouer et à se divertir. Mais, cette fois, ils étaient venus pour travailler. C'était l'époque des récoltes et tout le monde à la ferme travaillait pour rentrer ce qui avait poussé pendant l'été.

— C'est amusant aussi, pensèrent tout d'abord Pierre et Jean.

Les pommes et les poires étaient si agréables à toucher et si belles à regarder! Les fruits mûrs remplissaient leurs paniers en un rien de temps. Ils étaient tellement nombreux sur les arbres!

C'était un plaisir d'arracher carottes et betteraves, de cueillir les haricots.

Mais ce qui leur plaisait le plus, c'était de remplir de grands paniers de grappes de raisin.

Cependant, après un certain temps, il leur sembla que plus ils cueillaient, plus il leur restait à cueillir. Et le soleil, qui se déplaçait lentement, était, à certains moments de la journée, chaud, de plus en plus chaud! Les bras de Jean commençaient à le faire souffrir à force de cueillir. Et le dos de Pierre lui faisait mal à force de porter des paniers. Pierre dit à son grand-père qu'il faisait pousser de trop grandes quantités de chaque chose.

Son grand-père sourit et lui dit qu'il était l'heure d'aller dîner.

En effet, à ce moment, la cloche de grand-maman sonna, annonçant que le dîner était prêt. Ils se rendirent donc à la maison avec les garçons et filles du voisinage qui étaient venus les aider aussi. La grande table semblait dressée pour une fête. Et quelle fête ce fut!

— Il y a tout ce que nous récoltons, décla-

ra leur grand-maman. Avec, en plus, un gâteau au chocolat.

Au milieu du repas, qui était merveilleux, grand-papa se tourna vers Jean et lui demanda :

— Trouves-tu encore que je fasse pousser trop de choses ?

— Non, répondit Jean. Juste assez.

Et personne n'eut à demander à Pierre s'il pensait encore ce qu'il avait dit à son grand-papa tout à l'heure. Car il regardait les quelques carottes qui restaient sur le plat et disait :

— Nous pourrons en manger de nouveau demain. Il y en a d'autres qui attendent d'être cueillies, cuites et mangées !

## *L'automne*

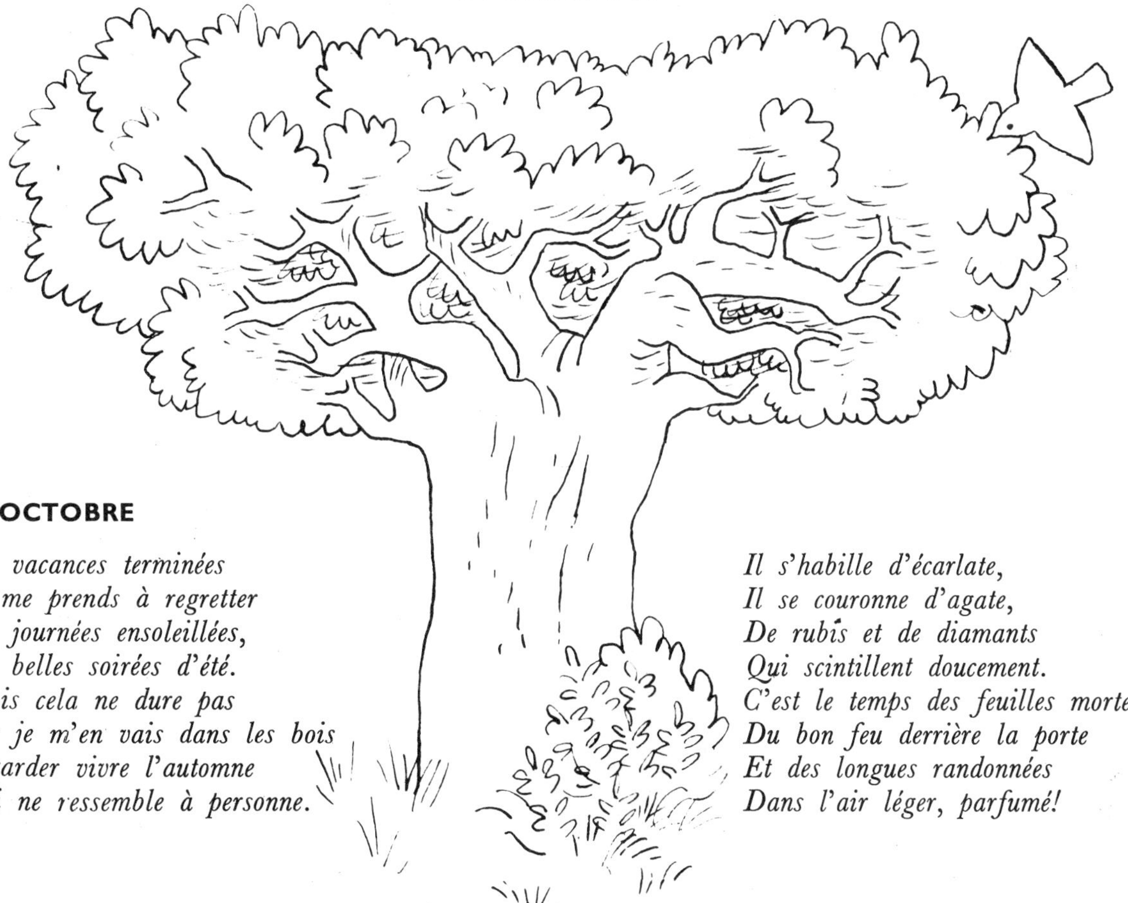

**23 OCTOBRE**

*Les vacances terminées
Je me prends à regretter
Les journées ensoleillées,
Les belles soirées d'été.
Mais cela ne dure pas
Car je m'en vais dans les bois
Regarder vivre l'automne
Qui ne ressemble à personne.*

*Il s'habille d'écarlate,
Il se couronne d'agate,
De rubis et de diamants
Qui scintillent doucement.
C'est le temps des feuilles mortes,
Du bon feu derrière la porte
Et des longues randonnées
Dans l'air léger, parfumé !*

## Le jardin de l'automne

**24 OCTOBRE**

Dans mon jardin maintenant
Que le temps a fraîchi,

Il y a des œillets blancs
Et de jaunes soucis

Qui taquinent l'odorat
Des dernières abeilles

Assoiffées, enivrées
Par tant de merveilles!

## Chacun pour soi

**25 OCTOBRE**

Bavard l'écureuil avait des yeux perçants. Il était toujours le premier à voir les glands tomber.

— Des glands! des glands! disait-il. Et il courait pour les prendre. Mais il n'avait pas les jambes les plus rapides!

Non, vraiment. Les gros écureuils couraient tellement plus vite qu'ils étaient les premiers à attraper les glands qu'il avait vu tomber. Puis, les joues pleines, ils passaient fièrement devant lui pour aller cacher leurs provisions.

« Ils doivent avoir des armoires remplies! pensait Bavard l'écureuil. Et la mienne est vide! »

Puis il se dit : « Comme c'est toujours moi qui les vois tomber, les autres écureuils m'en donneront sans doute chacun un. Ainsi, moi aussi j'aurai mon armoire pleine! »

Mais lorsqu'il fit cette demande aux autres, ils refusèrent.

— Certes, déclarèrent-ils, tu es un gentil camarade aux yeux vifs! Vraiment l'un des plus gentils. Mais lorsqu'il s'agit de glands dont on fait provision pour l'hiver, c'est chacun pour soi!

Et ils attendirent que leur petit camarade les prévienne quand il tombait un gland.

Mais Bavard l'écureuil avait compris!

A présent, lorsqu'il voyait tomber un gland il ne disait plus rien à personne. Et il put ainsi remplir son armoire. Quant aux écureuils égoïstes, ils se demandèrent en vain ce qui était arrivé à leur petit compagnon.

## Vive le roi !

**26 OCTOBRE**

Un jour que les jeunes chimpanzés se disputaient à qui serait le roi, un explorateur arriva dans la jungle.

Il était fort élégamment vêtu, avec son superbe chapeau de paille, son johdpur immaculé, sa chemise écossaise du dernier chic. Mais il était aussi très fatigué, à cause de l'énorme paquet qu'il transportait.

— Si seulement quelqu'un voulait bien m'aider à porter mon matériel, soupira-t-il en s'essuyant le front.

Tous les chimpanzés entendirent ces mots. Et tous (sauf un) se dirent : « Si je pars maintenant, le roi sera élu pendant mon absence! »

Aussi restèrent-ils impassibles. Mais l'un d'eux s'avança sans réfléchir à deux fois.

— Laissez-moi vous aider, dit-il à l'explorateur, ravi.

Ce jeune chimpanzé sut se rendre extrêmement utile. Outre le fait de porter les paquets, il apprit à dresser la tente de l'explorateur, à faire des crêpes succulentes et à jouer mélodieusement de la mandoline par les calmes soirées africaines.

Mieux encore, il monta la garde pour protéger son nouvel ami des cannibales et des tigres, au cas où ceux-ci oseraient s'approcher. L'explorateur le trouva très brave.

— Mon ami, dit-il enfin, quand ils arrivèrent au port, je suis au regret de devoir vous quitter.

— Moi aussi, avoua le chimpanzé, mais hélas! les meilleures choses ont une fin...

— En effet, reprit l'explorateur. Mais je veux vous offrir un cadeau, à la fois pour vous remercier de votre aide et pour que vous vous souveniez de moi.

Là-dessus, il fit présent au jeune chimpanzé de son superbe chapeau de paille, de son johdpur immaculé, sans oublier sa chemise écossaise du dernier chic.

Quelle belle mine il avait, ce jeune chimpanzé, quand il retourna dans la jungle où ses amis hésitaient encore à élire le nouveau roi!

Dès qu'ils l'eurent aperçu dans son magnifique costume, ils crièrent « Vive le Roi » et le menèrent sur le trône.

Il y siège encore aujourd'hui, et il règne avec sagesse en prenant soin de ne jamais renverser la moindre goutte de lait de coco sur sa chemise écossaise du dernier chic.

## *Le lampion*

**27 OCTOBRE**

*J'ai pris une citrouille,*
*J'en ai fait un lampion,*
*Lampion couleur de rouille*
*Le nez en tire-bouchon*
*Les cheveux en persil,*
*Les oreilles en salade,*
*De gros yeux immobiles*
*Et le sourire fade.*

## Vers les pays chauds

**28 OCTOBRE**

Depuis le début de la semaine, Coco regardait, l'air soucieux, les oiseaux qui passaient devant sa fenêtre.

— Ils partent pour les pays chauds, expliqua-t-il à Minette, son amie. Voilà pourquoi ils répètent : « Dépêchons-nous, dépêchons-nous, il va faire froid ici. »

— Oh, Coco, répliqua Minette, je ne m'inquiéterais pas de ça, si j'étais toi.

— Certainement que si, rétorqua Coco. Si tu étais moi, tu n'aurais pas ta chaude fourrure, mais seulement une poignée de plumes qui ne suffiraient pas à te tenir au chaud.

A cette évocation, Minette frissonna.

— Il fait bien froid ici, reprit Coco. Je t'en prie, Minette, ouvre ma cage pour que je puisse, moi aussi, m'envoler vers les pays chauds.

Mais Minette refusa.

— Tu tomberais de fatigue au bout d'un kilomètre, et que dirait notre maîtresse ?

— Tu te moques bien que je meure de froid ! lança Coco, furieux. Et ça ne va pas tarder !

Là-dessus, il alla s'étendre au fond de sa cage, les pattes en l'air, si malade apparemment que Minette poussa un petit cri d'angoisse.

— Que se passe-t-il, Minette ? s'enquit leur maîtresse, en se précipitant dans la pièce.

En apercevant Coco, elle jeta, elle aussi, un cri de frayeur.

— Pauvre Coco, dit-elle, je crois qu'il fait trop froid pour toi ici.

Et elle alla poser la cage de Coco sur la fenêtre ensoleillée. De plus, elle alluma le chauffage.

Au bout de trois secondes, Coco était chaud comme une caille.

— C'est merveilleux ! s'écria-t-il. Je n'ai pas besoin de voler vers les pays chauds ! Ce sont les pays chauds qui viennent à moi !

## Bal masqué

**29 OCTOBRE**

*Je t'ai reconnu, Jacky !*
*Eh bien, moi aussi, Jimmy !*
*Mais, sous ce déguisement,*
*Qui vient vers nous maintenant ?*
*Un fantôme tout en noir,*
*C'est lui le plus beau ce soir !*
*Qui es-tu, gentil fantôme ?*
*Un chien, un chat ou un gnome.*
*Le fantôme ne dit mot,*
*Ne mangea pas de gâteaux.*
*On l'appelait de partout,*
*Il répondait Hou, hou, hou.*
*Tout à coup, il s'est sauvé*
*Vers la vieille maison hantée*
*Et chacun s'est regardé,*
*Peut-être en était-ce un vrai !...*

## Le bal dans la grange

**30 OCTOBRE**

— Connaissez-vous la nouvelle? cria le Chat, en agitant son chapeau. Il va y avoir un bal.

— Vraiment! fit l'Ours. Et où donc?

— Dans la grange, je crois, caqueta la Poule. Mais ce que j'aimerais savoir, c'est la date.

— Ce bal n'aura sûrement pas lieu tout de suite, répliqua la Vache avec son sourire lent.

— Il nous faudra de la musique, dit le Cheval.

— Et des lampions, je suppose, observa le Hibou en courant les chercher.

— Sans oublier les galettes et le cidre, renchérirent deux petites souris perpétuellement affamées.

— Nous ferions mieux de nous dépêcher, bourdonna l'abeille affairée. Je vais me procurer de la cire pour le plancher.

— C'est moi qui fournirai le cidre, cria le Cochon. J'en ai une cruche pleine!

— Et moi, les galettes! déclara la Poule. Je vais vite les mettre au four...

Chacun s'en alla de son côté. Au bout d'une heure à peine, tout était prêt. Le Chat apporta son violon qu'il accorda soigneusement. Le Lapin, son accordéon. L'Ours, son tambour. Dès qu'ils eurent commencé à jouer, le Coq alla se poster devant la porte et cria :

— Il y a un bal dans la grange! Venez, venez tous!

Bien sûr, tout le monde se précipita.

— Quelle merveilleuse surprise-partie! s'écria le Cheval. Je lève mon verre en l'honneur de notre hôte. Au fait, qui est-ce?

Mais personne ne répondit :
« C'est moi! »

— Ah ah! fit le Hibou. Je comprends. Cette surprise-partie, c'est nous tous qui la donnons. Mais qui en a eu l'idée?

Le Chat avoua que l'idée venait de lui. Et, quand tout le monde l'applaudit, il prit un air modeste.

Sa petite ruse avait très bien réussi, n'est-ce pas?

## Les pigeons des villes

**31 OCTOBRE**

*Les pigeons des villes  
Ont la vie rêvée.  
Les petites filles  
Leur donnent à manger*

*Tant de pain et de gâteau  
Qu'ils deviennent gras et gros!  
Et tout ça sans travailler!  
J'aimerais les imiter!*

## Le faon

### 1er NOVEMBRE

*En me réveillant*
*J'ai vu ce matin*
*Un tout petit faon*
*Dans notre jardin.*
*Je me suis levé,*
*Vers lui j'ai couru,*
*Mais trop effrayé,*
*Il a disparu.*
*J'ai pensé alors*
*Que j'avais rêvé,*
*Mais il y a encore*
*Ses traces marquées*
*Dans notre jardin.*
*Petit faon, reviens!*

## Les rudiments

### 2 NOVEMBRE

Chaque jour, en rentrant de l'école, Nicolas trouvait deux garçons qui l'attendaient au bas de la colline.

— Veux-tu te battre, petit? demandaient-ils.

— Non, répondait Nicolas. Un jour, même il avoua qu'il préférerait de beaucoup devenir leur ami.

Les deux garçons éclatèrent de rire.

— Devenir *amis!* s'écrièrent-ils. Tu as *peur!*

Et, désormais, outre le fait qu'ils l'attendaient encore tous les soirs et qu'ils essayaient de l'engager à se battre, ils se mirent à l'appeler « poule mouillée » chaque fois qu'ils le voyaient. Cela devint si épouvantable qu'un jour Nicolas ne put faire autrement que d'en parler à son papa et à sa maman.

— Je n'aime pas les enfants qui se battent, lui dit sa mère.

— Moi non plus, rétorqua son père. Mais il y a des occasions où un homme doit savoir s'imposer. Viens en bas, je vais t'apprendre l'art de la boxe.

Nicolas passa le week-end à apprendre les rudiments de la boxe. Il était bon élève. Le dimanche soir, Papa ne plaçait plus tous ses punches, et Nicolas, lui, en plaçait quelques-uns. Du coup, le lundi, il se surprit à espérer que les deux garçons l'attendraient comme à l'accoutumée.

Ils étaient bien là et, cette fois, au lieu de se dérober, Nicolas accepta la bataille. Le plus vieux des deux garçons commença. Il envoya un bon coup de poing sur le nez de Nicolas, mais celui-ci avait levé le bras, et l'autre en fut si étonné qu'il oublia de se protéger. Boum! Nicolas lui envoya un bon direct à l'estomac!

— Aïe! cria-t-il, en se pliant en deux.

Puis il regarda Nicolas, les yeux écarquillés.

— Où as-tu appris à te battre? demanda-t-il.

— C'est mon papa qui m'a enseigné les rudiments de la boxe, répondit Nicolas.

— Ton papa doit être un vrai champion! s'exclama son adversaire. J'aimerais bien qu'il m'apprenne, à moi aussi.

— Il acceptera peut-être, dit Nicolas.

Les deux garçons lui serrèrent la main et ils se séparèrent bons amis.

## Le chiot qui cherchait une maison

**3 NOVEMBRE**

Il était une fois un petit chiot égaré qui se cherchait une maison. Il visita tour à tour une très grande niche, une moyenne niche et une toute petite niche.

La très grande niche était spacieuse et magnifique. Elle contenait un lit moelleux, un os d'aspect succulent et une énorme écuelle pleine de lait crémeux.

Mais il y avait aussi un très gros chien.

Quand le très gros chien vit le petit chiot égaré qui passait sa tête à l'intérieur de la niche, il poussa un grognement terrible pour le forcer à s'enfuir.

« Au fond, se dit le petit chiot en matière de consolation, cette maison ne me convenait pas. Elle était beaucoup trop grande! »

Il passa à la moyenne niche. Elle était spacieuse et confortable, elle aussi, mais elle

abritait déjà une maman chienne avec ses cinq petits chiots qui lapaient leur écuelle de lait avec une énergie féroce.

— Là non plus, il n'y a pas de place pour moi, se dit le petit chiot. Cinq enfants, c'est déjà beaucoup!

Et il alla regarder dans la toute petite niche.

Elle était neuve, si neuve qu'en reniflant le petit chiot sentit une odeur de peinture. Elle était petite, mais agréable, et on y avait placé un coussin moelleux.

A part ce coussin, elle était vide.

— Cette maison a l'air faite exprès pour moi! se dit le petit chiot en agitant la queue comme un sémaphore. Et le petit garçon qui venait de peindre la niche aperçut ce signal du haut de sa fenêtre.

— Oh, maman, regarde! s'écria-t-il. Un chiot s'est installé dans ma niche! Un vrai de vrai!

Et il se précipita dehors, tenant d'une main un petit os succulent, de l'autre une écuelle pleine de lait chaud. Le petit chiot, de son côté, s'élança à sa rencontre, certain d'avoir enfin trouvé une maison où il serait bien accueilli.

## Un tout petit dragon

**4 NOVEMBRE**

J'ai demandé à Tante Aurore
Si les dragons vivaient encore.
« Bien sûr que non, mon grand benêt,
Ce sont des histoires de fées. »
Alors, ça ne sert plus à rien
De faire comme si j'en avais un
Qui voudrait bien me réchauffer
L'hiver quand les nuits sont glacées,
Qui serait bien doux, bien mignon,
Et tout aussi brave qu'un lion!

## Les fusées

**5 NOVEMBRE**

Les Chinois avaient
Dit-on, des fusées
Il y a longtemps
Mais leur préféraient
Leurs grands cerfs-volants.

Alors là, vraiment,
Moi, je les comprends!
C'est si amusant
Un grand cerf-volant!
Il est vrai bien sûr
Que si j'étais sûr

De pouvoir lancer
Lancer ma fusée
Jusque sur la Lune,
Je l'échangerais
Immédiatement
Contre mon grand cerf-volant!

# L'heure de se coucher

**6 NOVEMBRE**

Le soleil de novembre était si chaud que six jeunes grenouilles jaillirent de la mare comme des diables de leur boîte et allèrent s'installer sur un vieux tronc pourri.

— Qu'on est bien ici! s'écrièrent-elles de leur nouvelle voix, qui était beaucoup plus profonde qu'au printemps.

— Qu'on est bien! Qu'on est bien!

— Ah! vous êtes là! s'écria leur mère en sortant sa tête de l'eau. Venez vite! il est l'heure d'aller se coucher... l'heure d'aller dormir dans la boue chaude et confortable.

Mais les jeunes grenouilles ne bougèrent pas.

— Nous restons là! déclarèrent-elles. Il fait bien trop beau pour aller dormir. Nous préférons prendre un bain de soleil.

— Venez immédiatement! ordonna leur mère.

— Non! répliquèrent les six jeunes grenouilles avec entêtement.

Mais, tout à coup, le ciel se couvrit d'un gros nuage noir. Qu'il faisait froid, soudain, sur ce vieux tronc d'arbre. Les six jeunes grenouilles frissonnèrent et, avec ensemble, plongèrent dans l'eau pour rejoindre leur mère.

Elles filèrent dans l'eau glacée.

Puis elles allèrent s'enfoncer dans la boue bien chaude et confortable, là où tout était sombre et appelait le sommeil.

Enfin, très docilement, elles s'endormirent.

Et on ne les entendit plus de tout l'automne et de tout l'hiver, jusqu'au moment où le beau soleil du printemps se mit à briller sur le vieux tronc d'arbre.

# La belle auto

**7 NOVEMBRE**

*J'ai dit à maman*
*J'ai dit à papa :*
*En me promenant*
*Hier dans les bois,*
*J'ai vu un garçon*
*Qui filait, filait*
*A coups de klaxon*
*Et tête baissée*
*Dans une voiture*
*Si belle vraiment*
*Que si d'aventure*
*J'en avais autant,*
*Je serais heureux,*
*Heureux comme un roi.*
*Mais je suis trop vieux*
*Dit-on, pour cela.*
*Et comme cadeau*
*J'ai eu un vélo*
*Que je trouve beau,*
*Plus beau que l'auto.*

# L'ourson malicieux

**8 NOVEMBRE**

Il était une fois un petit ours qui n'aimait pas prendre son bain.

Le samedi, quand sa maman lui disait :
— Allons, petit ours, il est temps de prendre ton bain, voilà ce qu'il faisait.

Il ouvrait tout grand le robinet et il ôtait son pantalon.

Il s'asseyait par terre et il agitait sa patte dans l'eau, flic-flac, flic-flac... le bruit que fait un petit ours en train de se laver.

Puis il s'essuyait la patte, il mettait son pantalon propre et il sortait. Il se croyait très fort, ce malin petit ours !

Mais, un jour, sa maman l'inspecta de haut en bas. Elle mit ses lunettes pour mieux le regarder derrière les oreilles.

— Petit ours, dit-elle, tu me parais bien sale pour quelqu'un qui prend son bain tous les samedis. Je crois que tu ferais mieux d'en prendre un tous les jours de la semaine.

Et c'est ce qu'il fit.

Car sa maman restait devant la baignoire en tapant du pied et en surveillant le savon pour voir s'il en mettait assez sur son gant.

Au bout d'une semaine, ce petit ours était tout propre, tout lisse et tout luisant. Et, chose curieuse, cela ne lui déplaisait pas.

Sa maman le remarqua et lui dit :
— Cette fois, petit ours, tu as les oreilles propres. Et, comme un bain chaque jour, c'est beaucoup à ton âge, tu n'en prendras plus que le samedi.

Donc, le petit ours malicieux ne se baigna plus qu'une fois par semaine. Et, quand sa maman lui disait : — Petit ours, il est temps de prendre ton bain, il y allait tout droit, sans murmurer.

## L'aventure

**9 NOVEMBRE**

*Il m'est arrivé ce matin*
*Une grande aventure.*
*Je suis allé dans le jardin*
*A l'heure où la nature*
*N'était pas encore éveillée.*
*Soudain, de gros flocons*
*Tout doux se sont mis à tomber.*
*Je suis le seul garçon*
*Qui les ait vus passer.*

## Les déguisements de Fabrice

**10 NOVEMBRE**

Très souvent, Fabrice avait envie d'être autre chose qu'un simple petit garçon. Et cela lui était facile : il lui suffisait de quelques morceaux de ficelle.

Quand il attachait un morceau très court au dos de sa ceinture, cela signifiait qu'il était un petit chien, et la ficelle représentait sa queue.

Avec un morceau plus long, Fabrice était un chat. Si l'extrémité de la ficelle était effrangée, il était un chameau... ou un lion. La plupart des gens n'arrivaient pas à décider entre ces deux animaux, mais Fabrice savait.

Avec sa queue très courte et tout ébouriffée, Fabrice était un petit lapin. Mais ce qu'il préférait par-dessus tout, c'était une longue, très longue queue, qui lui permettait de se déguiser en souris.

A pas feutrés, il se faufilait dans la cuisine, cherchant quelque chose de bon à grignoter. Un jour qu'il pleuvait, il alla jouer dans le jardin avec sa longue queue de souris. Au retour, elle était toute humide et toute sale.

— J'aimerais bien que tu ôtes ta queue de souris avant de rentrer, Fabrice, lui dit sa mère.

Et Fabrice obéit.

Il ôta sa queue sale et mouillée et la laissa dans le jardin, en se disant qu'il avait bien de la chance d'être un petit garçon car, à la différence de la souris, il pouvait se transformer en n'importe quel animal... et laisser sa queue dehors pour la sécher pendant qu'il prenait son goûter.

## Onze citrouilles

**11 NOVEMBRE**

*Onze citrouilles sur un mur*
*Sur un mur ensoleillé*
*Attendaient d'être bien mûres*
*Mûres pour être mangées.*

## Le feu de bois du lapin dodu

**12 NOVEMBRE**

Un jour de grand froid, un petit lapin dodu se sentait gelé.

— Je vais couper un peu de bois pour faire du feu, se dit-il en prenant sa hache et sa brouette.

Mais c'était un gros travail pour un petit lapin dodu.

Il avait péniblement coupé quelques brindilles quand Monsieur Ours arriva, le nez tout bleu de froid.

— Petit lapin, prêtez-moi votre hache, je vous prie, que je coupe du bois pour mon poêle, demanda-t-il.

Le petit lapin n'avait aucune envie de prêter sa hache. Sans elle, il n'aurait jamais son joli feu flambant. Mais le pauvre Monsieur Ours lui promit de lui rendre sa hache tout de suite. Et puis il semblait glacé jusqu'aux os, et il tremblait si fort que le petit lapin dodu répondit :

— Eh bien prenez-la, la voilà.

Et pan! pan! l'énorme bras de Monsieur Ours allait bon train. Cela cognait dur.

Il eut bientôt un gros tas de bois, et il rapporta tout de suite sa hache au petit lapin.

— Vous avez bien vite fait! remarqua-t-il. Quand je pense au temps qu'il me faut pour avoir un tout petit tas de bois!

Et il allait repartir avec sa hache et sa brouette, mais Monsieur Ours l'arrêta.

— Pourquoi voulez-vous couper du bois, petit lapin ? Sans votre hache, je n'en aurais pas, moi non plus. Tenez, prenez ce qu'il vous faut. Et il posa lui-même les plus petites de ses bûches dans la brouette verte du lapin dodu. Puis, avec un grand sourire, Monsieur Ours ramassa sa brassée de grosses bûches et se hâta vers sa maison pour allumer son beau feu flambant.

Le petit lapin dodu n'en revenait pas. Tout surpris, il murmurait :

— Qu'il est gentil, ce Monsieur Ours!

Deux minutes plus tard, il se chauffait, lui aussi, devant son joli feu flambant.

*Le fermier passant par là*
*Passant par là se dit : « Ah!*
*Ah! vraiment voilà de quoi,*
*De quoi faire un bon repas! »*

## Des glands par milliers !

**13 NOVEMBRE**

Les glands tombaient par milliers.

Plouf! par terre, et plouf! sur le toit, et roule, roule, roule, et plouf!

Tous les enfants accouraient, les ramassant dès qu'ils tombaient.

Annie en avait une pleine boîte, Sophie un plein sac, et Marie un plein chariot.

Annie en choisit un dans sa boîte, y planta quatre cure-dents, et elle eut une petite poupée avec des bras et des jambes.

Elle lui peignit un visage, et le petit chapeau du gland fit un joli béret.

Sophie choisit quelques chapeaux de glands et en fit des assiettes de poupée. Elle fit aussi des soucoupes et des tasses avec les glands.

Puis Sophie se fit une poupée comme celle d'Annie.

Les poupées donnèrent un thé, et les petites filles furent invitées.

Mais Marie ne vint pas. Elle était bien trop occupée à planter des glands pour avoir une belle forêt de chênes.

Elle en planta trois. Mais on l'appela pour déjeuner. Elle rentra. On appela Annie, on appela Sophie.

Alors trois petits écureuils sortirent à toute allure de leur maison.

— Des glands! des glands! des milliers de glands! disaient-ils en jacassant tant qu'ils pouvaient. Et ils entrèrent dans la boîte d'Annie, dans le sac de Sophie, dans le chariot de Marie, et se servirent.

Ils couraient de tous les côtés, ils faisaient une grosse provision de glands pour l'hiver.

Annie les vit. Sophie et Marie les virent aussi. Mais personne ne s'en soucia. Il y avait des glands pour tout le monde, et les deux petites poupées étaient sagement assises sous l'arbre. Les écureuils ne les avaient pas dérangées.

Elles étaient assises et prenaient le thé.

Les glands tombaient par milliers. Plouf! par terre, et plouf! sur le toit, et roule, roule, roule, et plouf!

## *J'aime la pluie*

**14 NOVEMBRE**

*Moi j'aime la pluie, pas toi?*
*S'il pleut, je reste chez moi,*
*Je m'installe sur ma chaise*
*Et je prends ma terre glaise,*
*Mes ciseaux et mes crayons,*
*Mon papier et mon carton.*
*Avec ça, je peux construire,*
*Tout ce qui me fait plaisir,*
*Tente d'Indien ou bateau,*
*Villages ou animaux,*
*Tout un délicieux fatras!*
*Moi, j'aime la pluie, pas toi?*

# Monsieur Benoît

**15 NOVEMBRE**

Monsieur Benoît était un brave vieux coq.

Très tôt chaque matin, il sautait sur la haie et poussait des « cocorico » retentissants, jusqu'à ce que chacun fût réveillé.

Mais, cet automne, les matins se faisaient plus frais, et personne, à la ferme, ne voulait se lever. Tout le monde grognait :

— Tais-toi ! Laisse-nous tranquilles !

Et chacun se retournait dans son lit pour dormir encore un tout petit peu.

Le fermier était le plus paresseux de tous. Un matin, il se mit en colère.

— Au diable ce vieux coq stupide ! Je voudrais qu'il devienne muet !

Monsieur Benoît l'entendit et ne fut pas content du tout. Il redressa sa crête. Ses yeux jaunes eurent un éclat terrible. « Très bien, pensa-t-il, je vais les laisser dormir ! »

Et, le lendemain matin, Monsieur Benoît ne chanta pas.

Tout le monde dormait, dormait, et la matinée passa.

Aussi, quel travail !

Les vaches meuglaient : il fallait les traire. Les moutons bêlaient : il fallait les conduire à la prairie. Les cochons grognaient : ils voulaient leur soupe. Les poules s'étaient mises à couver leurs œufs en jacassant comme des pies, et tous ces cris d'animaux en colère faisaient une bien vilaine musique.

Le fermier et sa famille se ruèrent sur la besogne sans aucun soin, trayant les vaches dans le panier à œufs, lâchant les œufs dès qu'ils les prenaient, gardant les cochons dans la prairie des moutons, et donnant aux moutons la soupe des cochons.

Quant aux enfants du fermier, ils étaient furieux : ils avaient manqué l'autobus, ils devaient marcher à pied jusqu'à l'école, et ils auraient sûrement une heure de retenue pour leur retard.

Toute la maison était sens dessus dessous.

Ce jour-là, après le dîner (au fait, n'était-ce pas plutôt le déjeuner ? personne n'en était bien sûr) toute la famille alla trouver Monsieur Benoît.

— Vous voudrez bien nous réveiller ? demandèrent-ils.

Mais Monsieur Benoît boudait.

— Sûrement pas ! Je ne veux pas qu'on me traite de vieux coq stupide !

— Oh ! nous ne le pensions pas ! répondit toute la famille.

— Ça m'est égal ! Je ne chanterai pas ! s'obstinait Monsieur Benoît. D'autant plus que personne ne me le demande poliment.

— S'il vous plaît, Monsieur Benoît ! supplièrent-ils.

— Et si je chante, est-ce que vous applaudirez ? demanda Monsieur Benoît.

— Oui, oui, nous applaudirons ! promirent-ils. D'ailleurs, tenez, nous allons tout de suite faire un ban pour Monsieur Benoît.

Et les fermiers d'applaudir, et de crier « Hurrah ! »

Le lendemain matin, Monsieur Benoît sauta de nouveau sur la haie et chanta de tout son cœur, plus joyeux que jamais.

## La petite fille qui n'aimait pas son nom

**16 NOVEMBRE**

Il était une fois une petite fille qui s'appelait Sarah, et qui n'aimait pas son nom. Elle aurait voulu s'appeler Sophie, ou Christine, ou Anne, ou encore Virginie, n'importe comment, mais pas Sarah.

Un jour, elle demanda à sa maman :

— Pourquoi m'as-tu appelée Sarah ?

Et sa maman, qui rangeait la vaisselle dans le buffet, lui répondit :

— Parce que j'ai voulu faire plaisir à ta grand-tante Sarah qui, elle, n'a jamais eu de petite fille. N'est-ce pas une bonne raison ?

— Oui, oui, disait Sarah toute songeuse, bien sûr, c'est une bonne raison. Mais, malgré cette bonne raison, Sarah ne trouvait pas son nom plus joli. Et, un autre jour, elle demanda à sa grand-tante :

— Pourquoi t'a-t-on appelée Sarah ?

Cela fit sourire tante Sarah.

— Oh! dit-elle, c'est le nom de ma grand-mère, qui s'appelait Sarah elle-aussi. Et quand j'avais ton âge, j'aurai bien voulu qu'on lui eut donné un autre nom. Je trouvais que Sarah était le nom le plus laid qu'on pût donner à une petite fille.

— C'est vrai ? demanda la petite Sarah. Et maintenant, l'aimes-tu ?

— Beaucoup, dit tante Sarah en souriant. Car, un jour, j'ai demandé à ma grand-mère pourquoi on l'avait appelée Sarah. Et elle m'apprit ce que Sarah veut dire.

— Qu'est-ce que ça veut dire ? demanda la petite fille.

— Ça veut dire *Princesse*, répondit tante Sarah qui, tout à coup, se rengorgea et se fit plus majestueuse que jamais. Quand j'ai su cela, je me suis mise à aimer mon nom. Depuis, j'ai toujours été contente de le porter. Qu'en penses-tu, Sarah ?

— Eh bien, tante Sarah, répondit la petite fille qui soudain se rengorgeait et se faisait aussi majestueuse qu'une princesse, eh bien, tante Sarah, je crois que je suis tout à fait de ton avis.

## Sage petit hibou

**17 NOVEMBRE**

« Petit hibou,
Viens dans mon trou,
Viens donc », disait
Un ours rusé.
« Il y fait froid
Mais toi et moi
L'un contre l'autre serrés,
Nous saurons nous réchauffer ».
« Sûrement non,
Non, non et non,
Car sur ma vie,
Je le parie
Si j'y allais,
Petit futé,
Le temps d'arriver au bois
Il n'y aurait plus que toi! »

# Le rétameur

**18 NOVEMBRE**

Il y a longtemps, très longtemps, un rétameur plein d'entrain s'en allait de village en village. Il réparait les pots et les casseroles, racontait des histoires et vendait de menus objets.

A cette époque, il y avait peu de maisons, les villages étaient très loin les uns des autres, et les gens s'ennuyaient. Aussi, c'était un événement quand un étranger des régions lointaines arrivait dans un village avec des nouvelles toutes fraîches.

Chaque fois que le petit rétameur apparaissait à l'horizon, sifflant un petit air joyeux, tout le village se réjouissait.

Ensuite, on l'invitait, on l'installait au coin du feu, et on lui préparait un vrai festin.

Tous ouvraient de grands yeux émerveillés quand le rétameur, avec des gestes adroits, réparait les pots et les casseroles.

Et quand il racontait des histoires, on l'écoutait sans dire un mot. Ensuite, chacun choisissait avec beaucoup de soin les objets qu'il avait à vendre, et quand il montrait ses images des régions lointaines, on trouvait qu'il n'en avait jamais assez. C'est vrai! un grand voyageur comme lui aurait dû avoir des centaines d'images, et même des milliers.

Enfin on lui demandait une chanson. Tout le monde chantait avec lui, et chantait encore. Alors le rétameur reprenait son baluchon et se remettait en route.

Il dévalait la côte en sifflant un air joyeux; les villageois le suivaient du regard, lui souhaitaient un bon voyage et beaucoup de clients.

« Ah! se disaient-ils, comme il est heureux, ce rétameur! »

Mais, souvent, juste après le tournant, le rétameur s'arrêtait et regardait en arrière, vers les petites maisons bien closes et douillettes, et il se disait qu'il aurait bien donné tous ses voyages pour avoir seulement une petite maison douillette lui aussi.

Puis il accrochait son baluchon à son épaule et reprenait son chemin, ce joyeux petit rétameur, et il sifflait un air nouveau que lui avait appris la bouilloire qui chantait là-bas, dans une douillette petite maison.

# Le petit cochon gras

**19 NOVEMBRE**

Il était une fois cinq petits cochons tout roses, qui jouaient toute la journée. Cependant, les quatre premiers étaient des petits cochons très difficiles et ils ne finissaient jamais leur repas. Ils trouvaient que le maïs était trop dur, que la soupe était trop liquide. Et quand le fermier leur apportait des légumes tout frais pour le dîner, ils faisaient les dégoûtés et chipotaient dans leurs auges, comme des petits cochons très mal élevés.

Mais le cinquième aimait tout ce qu'on lui servait. Il avalait son repas en un clin d'œil et mettait presque les pieds dans l'auge pour lécher la dernière goutte de soupe.

— Tu es un petit cochon raisonnable, disait sa maman en souriant.

— Un gourmand! disaient ses frères et sœurs en reniflant de mépris, tout en mangeant du bout des dents. Aussi restaient-ils petits et maigres, tandis que le cinquième devenait si rose et grassouillet que le fermier, un beau jour, le lava, fit soigneusement sa toilette et l'emmena à la foire.

— Où vont-ils? demandèrent les autres.

— Vous le saurez quand ils reviendront, répondit la maman en souriant.

Ils attendirent. Le cochon gras et le fermier rentrèrent à la maison. Ils étaient très fiers et agitaient un beau ruban bleu, le ruban que le petit cochon avait gagné parce qu'il était le plus beau petit cochon du département.

Les quatre petits cochons maigres furent jaloux.

— Nous voulons aller à la foire, nous aussi. Nous voulons gagner un ruban bleu!

— Vous irez peut-être un jour, disait le petit cochon gras. Puis il demanda : L'heure du dîner n'est-elle pas passée?

Elle était passée, en effet, car le fermier avait perdu beaucoup de temps à montrer le ruban bleu à tous ses voisins. Mais quand enfin il apporta le maïs, la soupe et toutes sortes de légumes, les cinq petits cochons se jetèrent sur l'auge, criant, se bousculant, impatients de se mettre à table, affamés comme doit l'être un petit cochon.

## Le brouillard

**20 NOVEMBRE**

*J'entends la porte qui claque.*
*C'est la porte du jardin.*
*Quelqu'un marche dans les flaques.*
*Qui est-ce donc ? je ne vois rien.*
*Tout disparaît sous le brouillard,*
*Et dans le gris du soir,*
*Je me mets à ma fenêtre.*
*Qui cela peut-il bien être ?*
*Toc! toc! on frappe au carreau.*
*C'est papa qui rentre du bureau.*
*Personne ne l'a reconnu,*
*Mais le chat, lui, l'a vu!*

## Une brave petite armée

**21 NOVEMBRE**

Un jour, une brave petite armée partit en guerre.

D'abord venaient les braves petits cavaliers sur leurs brillants coursiers. Ensuite, les braves petits artilleurs avec leurs canons cliquetants. Enfin, les braves petits fantassins, avec leurs petites épées bien pointues.

Ils rencontrèrent un dragon, et ils s'apprêtaient à le tuer, mais il disparut sous un rocher, exactement comme les petits lézards.

Ils rencontrèrent ensuite un géant, qui ressemblait comme deux gouttes d'eau à un écureuil. Il courut derrière un grand mur dès qu'il eut aperçu la brave petite armée.

Enfin ils cernèrent un château et crièrent :

— Sortez, coquins! et préparez-vous à mourir!

Or, c'était un château de sable, il était tout plein de sable et il n'y avait personne dedans, aussi, personne n'en sortit. Mais la brave petite armée aurait mis tous ses habitants en déroute s'il y en avait eu.

— Victoire! crièrent les petits soldats.

Et ils revinrent au camp, soufflant dans leurs petits clairons, brandissant leurs petits drapeaux, l'air plus fier et plus brave que jamais.

Ils furent encore plus fiers quand le petit garçon à qui ils appartenaient leur dit :

— Vous avez bien servi votre patrie.

Il brossa la boue qui couvrait leurs petits pieds, leurs petits sabots et les petites roues de leurs canons, et les rangea dans leur boîte pour une bonne nuit de repos.

## Le buisson d'épine-vinette

**22 NOVEMBRE**

Autour d'un joli buisson couraient, couraient tous en rond trois petits écureuils.

— Quelles jolies baies! disaient-ils. Cueillons-en quelques-unes, nous en ferons quelque chose d'utile!

Ils firent la cueillette et remplirent leurs poches.

— Je crois que ce sont des bonbons, dit le premier, et il mit une baie dans sa bouche.

Mais, pouah! cette baie n'était pas un bonbon, pas du tout! Elle était si amère que le petit écureuil la cracha aussitôt.

— Avec les miennes, dit le second, je vais faire de la gelée de groseilles. Mais, même cuites avec des quantités de sucre, ces baies ne pouvaient remplacer les groseilles.

— C'est abominable! se plaignit-il, l'air très surpris et déçu.

Le troisième, qui avait observé les deux autres, se demandait à quoi ces baies pourraient bien servir, car elles étaient sûrement bonnes à quelque chose.

Et il se mit à enfiler les siennes, et se fit un joli collier de baies rouges. Je vous assure que les deux autres le trouvèrent très malin.

— C'est exactement la chose qu'il fallait faire avec ces jolies baies rouges, dirent-ils.

Ils coururent au buisson, les trois petits écureuils. Et ils couraient, couraient tous en rond, cueillant des baies pour faire des colliers de grains rouges et de jolis bracelets.

## Dans mon lit le soir

**23 NOVEMBRE**

*Quand je suis dans mon lit le soir,*
*Quand mon papa m'a dit bonsoir,*
*Je regarde sur le plancher*
*Venant de la pièce à côté*
*Un rayon de lumière rose*
*Qui furtivement se pose*
*Sur ma descente de lit.*
*Pourquoi suis-je trop petit*
*Et m'envoie-t-on me coucher*
*Quand chacun reste éveillé*
*Mais, lorsque je serai grand*
*Comme papa et maman*
*Je resterai debout très tard*
*Jusques à huit heures et quart.*

## Six petites cuillers

**24 NOVEMBRE**

Laurie habitait une grande maison qui se composait, en réalité, de deux maisons réunies. Elle vivait au rez-de-chaussée avec ses parents et son petit frère, et sa grand-mère vivait au premier.

Un jour, Grand-mère annonça à Laurie qu'elle allait partir en voyage.

— Laurie, demanda-t-elle, seras-tu capable de soigner mes plantes, quand je serai partie ?

— Oui, Grand-mère, je crois, répondit Laurie. Je sais où il faut les toucher pour voir si elles ont soif et comment les arroser sans rien renverser.

Puis elle grimpa sur un tabouret, et elle arrosa les plantes avec soin sur un petit égouttoir qui retenait aussi six brillantes petites cuillers d'argent. Laurie aimait ces cuillers. Elle avait toujours souhaité que Grand-mère lui permît de s'en servir.

Et quand elle se trouva seule chez Grand-mère, pour arroser les plantes, elle eut grande envie de prendre les cuillers, juste pour jouer un peu. Après tout, personne ne le saurait.

Et elle tendit sa petite main. Mais tout de suite elle se souvint de ce que Grand-mère lui avait dit : elles étaient très anciennes, ces cuillers, très délicates et fragiles, et Grand-mère y tenait beaucoup.

Alors elle soupira, jeta un dernier regard aux cuillers, et se contenta de soigner les plantes.

A son retour, Grand-mère trouva ses plantes resplendissantes de santé, et elle fut très contente.

Elle fit briller ses petites cuillers d'argent. Puis elle sortit six minuscules tasses à chocolat, et un pot de fine porcelaine juste assez grand pour une bonne ration de chocolat chaud. Ensuite, elle fit du chocolat, du pain grillé, et disposa sur une petite table tout ce qu'il fallait pour un délicieux goûter.

— Laurie, appela-t-elle du haut de l'escalier, Laurie, je donne un goûter. Veux-tu monter avec quatre de tes poupées ?

— Oh ! oui, Grand-mère, répondit Laurie.

Sur le palier, elle s'arrêta, deux poupées sous chaque bras, pour respirer l'odeur exquise qui venait de chez Grand-mère. Mais elle ne pensait pas du tout qu'elle avait été invitée comme une grande personne et qu'elle allait trouver dans sa soucoupe une ravissante petite cuiller d'argent.

# Une très vieille histoire

**25 NOVEMBRE**

Il y a très, très longtemps, un petit garçon qui s'appelait Jérémie fit un grand voyage en mer avec toute sa famille. Ils allaient au Canada.

Quand ils furent arrivés, Jérémie aida les hommes à défricher la grande étendue d'arbres sauvages à l'endroit où l'on voulait construire une maison et planter un grand champ de maïs. C'était tout une aventure.

Jérémie aida à construire sa petite cabane de bois et la grande maison familiale. De bon cœur, il aida à labourer le champ et à semer le maïs.

Et comme il avait beaucoup travaillé sans rien dire, on le traitait comme une grande personne, ce qui le remplissait de fierté.

Une chose pourtant désolait Jérémie : il avait faim toute la journée. De gentils indiens avaient bien montré aux arrivants les légumes du pays qu'il fallait planter, ils leur avaient bien indiqué les meilleurs endroits pour chasser et pêcher, et pourtant il n'y avait jamais assez de nourriture. Et la petite troupe prenait tant de soin à garder de quoi manger le lendemain que les repas n'étaient jamais assez copieux pour le pauvre Jérémie, qui avait tant travaillé.

Mais, maintenant, on était en novembre, et la moisson était abondante. Le soir, à la lumière d'un grand feu, les hommes décidèrent de donner une fête.

— Demain, nous chasserons des dindes sauvages, dirent-ils.

— Nous ferons du pain de maïs, des tartes et de la gelée de sureau, disaient les femmes.

A force de les entendre parler de toutes ces bonnes choses, des pommes de terre grillées, des haricots, des galettes, Jérémie avait l'eau à la bouche.

— On pourra manger de tout ? demanda-t-il (sa faim était si grande que, pour une fois, il oublia qu'il était un garçon silencieux).

— De tout ! répondit son papa. Nous avons eu une belle récolte, il faut lui faire honneur !

Ce soir-là, avant de s'endormir, Jérémie oublia qu'il avait toujours faim ; il imagina une belle table qu'on allait dresser pour le repas de fête. Alors il sentit qu'il serait toujours heureux dans ce grand pays tout neuf, si loin, si loin de sa vieille maison.

# L'ours qui ne voulait pas dormir

**26 NOVEMBRE**

Tous les petits ours faisaient leur longue sieste d'hiver. Mais l'un d'eux resta bel et bien éveillé.

Il essaya de faire des parties de saut avec de joyeux petits lapins. Mais le saut n'est pas un jeu pour un ours. Il s'en lassa et en chercha un autre.

Il rencontra des renards, deux jeunes renards roux qui jouaient à cache-cache. Le petit ours joua avec eux, derrière les murs de pierres, derrière les meules de paille et dans les bois. Mais les renards se cachèrent derrière un buisson et le petit ours ne put les trouver. Les renards sortirent de leur cachette en se moquant de lui.

Jouer à cache-cache, ce n'était pas non plus un jeu pour un ours. Il s'en alla.

Deux écureuils grignotaient des glands. Le petit ours s'approcha.

— Veux-tu quelques glands? demandèrent gentiment les écureuils. Tiens! sers-toi!

Mais ils eurent beau lui offrir des glands tout ouverts, la graine était trop dure et d'un goût trop aigre pour un petit ours. Ce n'était pas une nourriture pour lui. Il n'aimait pas les glands.

Par-dessus le marché, il eut tout à coup une telle envie de dormir qu'il se mit à bâiller.

Alors les écureuils bâillèrent eux aussi, les lapins bâillèrent et bâillèrent aussi les renards rouges.

— Allons faire la sieste, se dirent-ils.

Et ils se couchèrent un petit moment après le déjeuner.

Mais le petit ours tomba dans un sommeil si profond qu'il dormit jusqu'au printemps.

Quand il se réveilla, tous les autres petits ours l'appelaient pour courir dehors, et jouer à de vrais jeux pour les ours.

## Vilain petit chien

**27 NOVEMBRE**

Bien qu'il déteste
Prendre son bain,
Mon petit chien
(vilaine peste!)
Souvent vient
Dans le mien!

## La nuit

**28 NOVEMBRE**

Sylvain ne peut pas s'endormir. Il voudrait que la nuit ne soit pas aussi noire, il voudrait que les bruits et les ombres ne soient pas aussi effrayants quand il est tout seul dans sa chambre.

Et puis il voudrait que les choses ne paraissent pas si grandes et si noires.

Mais, tout à coup, il se souvient d'une autre nuit, une nuit de camping dans les bois l'été dernier, avec papa.

La nuit était profonde et noire comme ce soir. Et le lit de camp de Sylvain était beaucoup moins doux et confortable que celui de sa petite chambre. Il y avait des ombres étranges dans les bois, des bruits mystérieux et une sorte d'appel, qui devait être celui d'un hibou : Ouh ouh ouh ouh.

Comme Sylvain avait peur, cette nuit-là! Peut-être même avait-il tremblé sous sa couverture.

Alors papa lui avait dit doucement :
— Sylvain, ne dirait-on pas que ces arbres se penchent pour nous protéger?

Sylvain avait levé la tête. Là-haut, là-haut, il avait vu les grands arbres; des étoiles brillaient sur leurs sommets tout noirs.

Oui, on aurait vraiment dit que les arbres protégeaient Sylvain et son papa. Un vent léger agitait les feuilles, il chantait un chant très doux, comme une berceuse.

Sylvain n'avait plus peur.
— Papa, avait-il dit, n'entends-tu pas le hibou? Je crois qu'il a sommeil et qu'il veut nous dire bonsoir.

Puis il s'était endormi tout de suite, au milieu de ces grands bois, de ces bois si profonds qui le protégeaient.

Et tout à coup Sylvain pense aux étoiles. Elles sont sûrement en train de briller sur la maison. Il y a dans le jardin des arbres qui se penchent, et un petit vent qui chante un chant très doux, comme une berceuse.

En tendant l'oreille, on croirait même entendre l'appel du petit hibou qui a sommeil : Ouh Ouh Ouh.

Alors Sylvain lui dit bonsoir, s'endort et fait de beaux rêves.

# De nouveaux amis

**29 NOVEMBRE**

Les timides oiseaux,
Si farouches en été
Quand dehors il fait chaud,
Viennent tout près, tout près
De nos volets en bois
Maintenant qu'il fait froid.

C'est que nous y posons
A leur intention
Là, devant la fenêtre,
Les graines et les miettes
Qu'ils ne peuvent trouver
Sur la terre gelée.

# Au zoo

**30 NOVEMBRE**

Au zoo nous avons vu
Des phoques, des zébus,
Des ours, des dromadaires,
Des chameaux, des panthères.

Le gardien nous a montré
Des singes en liberté.
C'est amusant, et pourtant
Rien ne vaut les éléphants!

L'hippopotame est trop gros,
Bébé girafe trop haut,
Les tigres sont trop méchants,
Ah! vivent les éléphants!

Mais ce que nous préférons,
Plus que les tigres ou les lions,
Qu'ils soient gris ou qu'ils soient blancs,
Ce sont les gros éléphants.

## Dany était très ennuyé

**1er DÉCEMBRE**

Dany était très ennuyé. Il ne savait que faire du petit chat perdu qu'il avait recueilli dans sa poche.

« Je ne peux pas le rapporter à la maison, se disait-il. Dick déteste les chats, il va lui courir après et aboyer toute la journée. »

Mais il ne pouvait pas non plus abandonner le pauvre chaton sur l'herbe du talus. Alors Dany s'arrêta net et se mit à réfléchir profondément.

Il décida d'aller voir une de ses amies, une vieille dame qui habitait à l'autre bout du village.

Il se mit en route et marcha, marcha, marcha.

— Bonjour, Dany, dit la vieille dame quand il arriva. Veux-tu jeter un coup d'œil à la boîte aux lettres et me dire s'il y a quelque chose ? D'ailleurs, je crois qu'il n'y aura rien. Il n'y a jamais rien. Je suis bien seule, tu sais ? Sans enfants, sans parents, sans amis, sans même un petit animal à caresser et à aimer.

Puis elle sourit pensivement et dit :
— Oh ! regarde vite, Dany !

Alors Dany courut à la boîte aux lettres. Il l'ouvrit, elle était vide. Mais quand il la referma, elle n'était plus vide du tout.

Très vite et tout doucement, Dany avait sorti le chaton de sa poche et l'avait glissé dans la boîte.

— Il y a du courrier pour vous, aujourd'hui, Madame, cria-t-il, faut-il vous l'apporter ?

— Oh non ! Merci, Dany, dit la vieille dame avec fierté, je peux très bien y aller moi-même.

Dany rentra chez lui, la poche vide et le cœur léger. Et, devant la boîte aux lettres, la vieille dame avait un sourire plein d'espoir. Mais il aurait fallu voir comme elle souriait quand, le chaton enveloppé dans son châle moelleux, elle referma la porte de sa maison.

## Le bonhomme de pain d'épice

### 2 DÉCEMBRE

Il n'était pas tout à fait cuit, ce gros bonhomme de pain d'épice, mais il paraissait déjà plus vivant et joyeux que les autres, les plus petits.

On lui fit des boutons de groseille, une bouche et un nez, et des yeux qui brillaient malicieusement.

— Il pourrait bien s'échapper, se dit Catherine.

Et quand Maman, Catherine et Laurent jetèrent un coup d'œil dans le four où le bonhomme levait et se gonflait tant qu'il pouvait, Laurent se demanda lui aussi s'il ne serait pas capable de s'échapper quand on le mettrait à refroidir.

Il demanda à Maman ce qu'elle en pensait.

— Mais non, dit Maman, ces choses-là n'arrivent que dans les histoires. Puis elle sortit le bonhomme du four et le mit à refroidir. Il resta bien tranquille.

Maman lui fit un joli petit chapeau de glace rose, une veste et des petits souliers luisants.

Il ne s'échappait toujours pas.

On l'avait installé sur un grand plat avec les autres. Ces bonshommes de pain d'épice étaient si appétissants, il s'en dégageait une si bonne odeur que Maman, Catherine et Laurent mangèrent les plus petits sans attendre.

Mais ils ne touchèrent pas au gros bonhomme.

— Laissons-le au milieu de la table, dit Maman. Il est si joli!

— Oui, oui, laissons-le! dirent Catherine et Laurent.

On le laissa donc au milieu de la table. C'était vraiment très joli. Il y resta trois nuits.

La quatrième nuit, il disparut.

Maman soutenait qu'il ne s'était pas échappé. Elle croyait plutôt que Papa l'avait mangé avant d'aller se coucher. Papa, non plus, ne croyait pas qu'il s'était échappé.

— Ces choses-là n'arrivent que dans les histoires! disait-il en riant.

Mais Catherine et Laurent le croyaient. Ils auraient presque pu le voir courir dans ses petits souliers et l'entendre crier :

— Vous ne m'attraperez pas! Je suis le gros bonhomme de pain d'épice!

Qui aurait pu dire le contraire? Après tout il était bien capable de s'échapper, ce bonhomme de pain d'épice.

## *Quand il neige la nuit*

### 3 DÉCEMBRE

*Quand il neige la nuit,*
*On le devine à l'ouïe.*
*La nature se tait*
*Et c'est à pas feutrés*
*Que les animaux filent*
*Silencieux, agiles,*

# Le magasin malchanceux

**4 DÉCEMBRE**

Il était une fois un magasin tenu par un homme qui ne cessait pas de grogner et froncer les sourcils. Bien sûr, il était rare qu'un client vînt chez lui pour acheter une glace, des bonbons ou les journaux qu'il avait à vendre.

— Il n'y a pas assez d'enfants dans le quartier, se disait l'homme renfrogné. C'est un quartier un peu trop tranquille. Personne ne passe dans cette rue ; par conséquent, personne ne regarde ma vitrine. D'ailleurs, les gens qui passent dans cette rue vont plutôt au grand magasin du carrefour. Mais je crois surtout que mon magasin n'a pas de chance.

A cette idée, il fronça les sourcils plus fort que jamais, et fit la plus laide grimace du monde.

— Mon Dieu ! se dit un client jamais de ma vie je ne reviendrai dans ce magasin !

Il fit demi-tour et s'arrêta sur le pas de la porte. Mais son manteau noir, qu'il appuya contre la vitre, fit une sorte de miroir. L'homme qui fronçait les sourcils, à l'intérieur du magasin, vit ce reflet grimaçant.

— C'est bien ce que je pensais, grogna-t-il, mon magasin n'a pas de chance. Quand il y vient un client, c'est le plus vilain, le plus renfrogné qu'on puisse voir !

Mais, soudain, l'homme qui fronçait les sourcils comprit que c'était son propre visage qui grimaçait de la sorte.

Quelle surprise ! Et l'homme se mit à rire.

— Je comprends pourquoi personne ne vient chez moi. Qui voudrait acheter quoi que ce soit chez un homme aussi renfrogné ?

Il se mit à rire si fort que le client au manteau noir l'entendit, rentra dans le magasin et acheta trois énormes glaces. Et les enfants de la rue l'entendirent et lui achetèrent des bonbons et des images.

C'était un flot de clients. Il y en eut tout l'après-midi, et tous les jours qui suivirent, tant que vécut le marchand. Car, occupé comme il l'était, il ne fronçait plus les sourcils, mais il vous accueillait toujours avec un sourire joyeux, un mot aimable.

— Comment faites-vous pour être toujours souriant ? lui demanda un client.

— C'est parce que mon petit magasin a beaucoup de chance. Il y a une foule d'enfants dans le quartier, des quantités de passants devant ma vitrine.

Et aucun de ceux qui passaient devant chez lui ne semblait vouloir aller au grand magasin du carrefour.

*Hop ! hop dans leur terrier*
*Ou dans leur nid douillet.*
*Si l'on tend bien l'oreille*
*On entend, ô merveille !*
*Tomber les gros flocons*
*Tout doux, sur le balcon.*

## Je connais un monsieur

**5 DÉCEMBRE**

*Je connais un monsieur qui, toujours, quand
il pleut,
Et quand il neige aussi prend son grand
parapluie.
Jamais il ne reçoit de gouttes dans les yeux,
Jamais ses habits ne sont mouillés ou salis.
Il est propre, bien sûr, mais moi je suis
certain
Qu'il aimerait bien mieux, quelquefois, le
matin,
Sortir la tête nue et sans son parapluie
Pour savourer le goût des flocons, de la
pluie...*

## Les paquets

**6 DÉCEMBRE**

*Le laitier apporte le lait,
Le boulanger du pain bien frais,
Le blanchisseur de beaux habits
Ou des draps propres pour mon lit.
Chaque fois, à la porte ils sonnent,
Je vais leur répondre en personne.*

*Mais quand Noël va arriver,
Quand il est à quelques journées,
Souvent, c'est le facteur qui vient,
D'énormes paquets à la main.
Lui, jamais je ne l'aperçois
Car c'est maman qui le reçoit!*

# L'étoile de Noël

**7 DÉCEMBRE**

— Cette année, dit Monsieur Bontemps à la fin du petit déjeuner, nous aurons un arbre de Noël énorme, magnifique.

— Bien sûr, répondit Madame Bontemps toute souriante en jetant un coup d'œil tout là-haut, au plafond de leur grande maison toute neuve. Bien sûr, nous pouvons en avoir un très gros.

Les cinq enfants Bontemps fermèrent les yeux pour l'imaginer à leur aise. Et le soir, quand Monsieur Bontemps rapporta à la maison des boîtes et des boîtes pleines d'ornements neufs pour cet arbre, tout le monde s'empressa autour de lui.

C'était, il faut le dire, des ornements magnifiques! De grosses boules d'argent brillantes à rendre jaloux tous les arbres de la terre, des fruits de verre soufflé, des clochettes luisantes qui sonnaient pour de vrai, et des oiseaux couleur d'arc-en-ciel aux ailes déployées. Et pour finir, le plus beau, le plus étincelant des anges.

— L'ange ira en haut de l'arbre, dit Monsieur Bontemps avec fierté. L'étoile que nous y mettions d'habitude nous a beaucoup servi, j'ai envie de quelque chose de nouveau.

Madame Bontemps ne souriait plus, pas plus que les cinq petits Bontemps.

— Comment! pensait-elle tristement, cette étoile que j'ai toujours vue, sur tous les arbres de Noël de mon enfance!

— Cette étoile est la première chose à laquelle nous pensons quand nous parlons de Noël, se dirent les deux aînés.

## Les cadeaux

**8 DÉCEMBRE**

*Avec tous ces paquets,
J'ai moi-même oublié
Les cadeaux que j'ai faits*

Marie et Michel, les cadets, pensaient eux aussi qu'ils seraient très malheureux si cette étoile n'était plus à sa place au sommet de l'arbre.

Et Marthe, la plus petite, s'écria :
— Oh! Papa, je veux cette étoile!
Alors Monsieur Bontemps eut une idée lumineuse.

Avec beaucoup de précautions, il posa l'ange sur la cheminée.
— Ce sera sa place, dit-il. N'est-il pas beau? Je crois d'ailleurs que si cet arbre de Noël est trop somptueux, ce ne sera pas tout à fait *notre* arbre.

Et toute la famille Bontemps poussa un soupir de soulagement. On se mit à table avec des yeux brillants, brillants comme si la chère vieille étoile se fût reflétée dans chaque regard.

*Quand on les ouvrira*
*Personne ne sera*
*Plus étonné que moi!*

## Surprise

**9 DÉCEMBRE**

*Pour Noël j'ai demandé*
*Un train et un pistolet,*
*Un ballon, un mécano,*
*Une trompette, une auto,*
*Une jolie souris grise...*
*Mais aussi, une surprise!*
*Malheureusement, je crois*
*Que jamais on ne voudra*
*Me donner tous ces présents!*
*C'est trop pour un seul enfant!*

## Les sentinelles

**10 DÉCEMBRE**

*Devant, ma maison est gardée*
*Par une véritable armée*
*De chênes et de peupliers,*
*De hêtres et de marronniers,*
*De noirs et ténébreux géants*
*Qui ont un air très imposant!*
*Oui, mais là-bas, par-derrière,*
*A côté de la barrière,*
*C'est bien trop petit pour eux,*
*Ils n'y tiendraient pas à deux!*
*Aussi n'y a-t-il en tout*
*Qu'un tout petit petit houx!*

# Les jouets de l'an passé

**11 DÉCEMBRE**

Quelque temps avant Noël, Pierre et sa maman ne manquaient jamais de débarrasser le coffre et les étagères de tous les vieux jouets.

Pierre les triait, un tas pour ceux qui étaient cassés, un tas pour ceux dont il ne se servait plus.

Puis Maman lavait à grands coups de brosse les étagères et le coffre.

Pierre rangeait ensuite les vieux jouets dans une caisse. Ainsi, il y avait toujours beaucoup de place pour ceux que devait lui apporter le Père Noël.

« Voilà, se disait Pierre quand il avait fini. Si le Père Noël me regardait maintenant, avec sa longue vue, il sourirait et serait content de moi. »

Une année, justement, le Père Noël, avec sa longue vue, regarda dans la chambre de Pierre. Il trouva les étagères bien rangées et il fut très content de Pierre. Mais quand il vit ce que faisait le petit garçon, il eut un sourire radieux.

Car, ensuite, Pierre et son Papa se mirent à réparer les jouets cassés. Ils donnèrent aussi un coup de peinture à tous ceux qui en avaient besoin.

Quand les jouets furent prêts et aussi rutilants que des jouets neufs, ils les mirent dans l'auto et les emportèrent à l'orphelinat. Dans une grande maison comme celle-là, il y avait deux cent douze garçons et filles, sans papas ni mamans, et c'était un gros travail pour le Père Noël que de distribuer un cadeau à chacun.

Maintenant, grâce aux jouets de Pierre, on allait pouvoir remplir les souliers de tous ces petits garçons.

— Regardez-moi ça! disait le Père Noël avec le plus heureux des sourires, Pierre m'a donné un fameux coup de main! Il était tout content.

La neige tombait, il commençait à faire nuit, et Pierre, sur le chemin du retour, était aussi content que le Père Noël lui-même.

## Douze petits sapins

**12 DÉCEMBRE**

*Douze petits sapins*
*Depuis toute une année*
*Poussaient, poussaient, poussaient*
*Et grandissaient si bien*
*Qu'un beau jour un marchand*
*Passant dans la forêt*
*Les fit tous arracher*
*Et aligner en rang.*

*Douze petits sapins*
*Inquiets, se demandèrent*
*Ce que l'on allait faire*
*D'eux par ce beau matin.*
*Ils furent bien contents*
*Tous, de se retrouver*
*Gaiement illuminés,*
*Chez de joyeux enfants.*

## Glissades

**13 DÉCEMBRE**

*Pour patiner, je n'ai
Pas besoin
De patins.*

*J'ai assez de mes pieds
Pour glisser...
Et tomber!*

## C'était juste la poupée qu'il fallait

**14 DÉCEMBRE**

Il y avait beaucoup de poupées dans le magasin, mais celle-ci était exactement celle que Sophie voulait pour Noël. C'était une poupée juste de la bonne taille, avec des boucles brunes juste comme Sophie les aimait, et un sourire auquel Sophie répondit tout de suite.

Par-dessus le marché, cette poupée parfaite avait un je ne sais quoi dans le regard qui faisait comprendre qu'elle voulait être la poupée de Sophie et de personne d'autre.

Aussi Sophie en parla-t-elle au Père Noël.

Mais après cette conversation, pendant laquelle elle s'était montrée un peu timide (c'est tellement émouvant, tellement extraordinaire, de parler au Père Noël), elle ne fut pas sûre de s'être expliquée assez clairement.

— Le Père Noël croira peut-être que je me contenterai d'une poupée du même genre, dit-elle à sa maman. Elles étaient enfermées dans l'ascenseur, et celui-ci descendait toujours. C'était un terrible souci. Sophie en était sûre! si elle n'avait pas cette poupée-là, qu'elle aimait déjà si fort, elle la regretterait toute sa vie.

Elle demanda à sa maman de la ramener auprès du Père Noël. Juste une minute. Et elle avait l'air si désolé que sa maman accepta.

Elles remontèrent donc au rayon des jouets, et Sophie courut tout droit au Père Noël. Il y avait une longue file de garçons et de filles qui attendaient pour lui parler. Aussi Sophie ne prit-elle qu'une seconde pour aller revoir sa poupée.

Mais la poupée avait disparu, avec ses boucles, son sourire, ses adorables yeux bruns! A la place où elle souriait un instant plus tôt, il y en avait une autre.

— Oh! dit Sophie à la vendeuse, je vous prie, où est la poupée qui était là il y a à peine une minute?

— Emballée, répondit la vendeuse, elle est retenue.

— Vous en êtes sûre? demanda Sophie les yeux pleins de larmes.

— Mais oui, répondit la vendeuse en lui tendant une grosse boîte, regardez!

— Réservé, voilà ce que Sophie put lire sur la boîte. Mais on y avait écrit beaucoup de choses encore.

— Pour Sophie, une sage petite fille, lut-elle à haute voix.

Elle poussa un grand soupir, s'accrocha à la main de sa maman et prit le chemin de l'ascenseur.

— Eh bien, Sophie, dit Maman, tu ne veux pas revoir le Père Noël? Tu n'as vraiment plus rien à lui demander?

— Plus maintenant, répondit Sophie. Je crois que le Père Noël sait parfaitement tout ce qu'il doit savoir.

## L'escalier roulant

**15 DÉCEMBRE**

*Je monte, je descends
Sur l'escalier roulant.
De là, je vois très bien
Tout dans le magasin.
Je choisis les objets
Que je vais acheter.
Mais, hélas! j'aime tant
Cet escalier roulant
Que j'y reste perché
Jusqu'à la nuit tombée
Et qu'il ne reste pas
De temps pour mes achats.*

## Projet

**16 DÉCEMBRE**

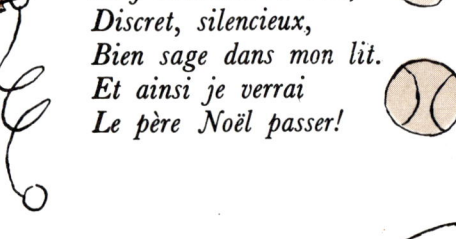

*A Noël, cette fois
Quand j'irai me coucher,
Je ne dormirai pas,
C'est promis, c'est juré!
Je fermerai les yeux
Et j'attendrai la nuit,
Discret, silencieux,
Bien sage dans mon lit.
Et ainsi je verrai
Le père Noël passer!*

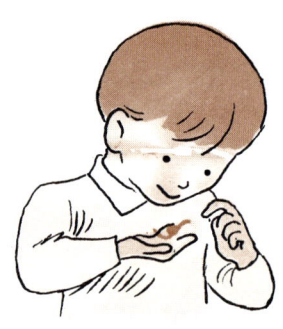

## Un cadeau merveilleux

**17 DÉCEMBRE**

Il était une fois une maman qui préparait un cadeau pour son petit garçon.

Elle le faisait avec de la laine, et le petit garçon le savait parce que, de temps en temps, il trouvait des brins de laine hors de la pièce où sa maman travaillait.

Il trouva un brin de laine rouge et il se dit : « Oh! je sais ce qu'elle me fait. Elle me fait un bonnet de laine rouge. »

Puis il trouva quelques brins de laine verte. Des vert foncé, des vert clair, et il se dit :

« Non, elle doit plutôt me tricoter des moufles vert clair, avec des raies rouges et vert foncé. »

Mais, ensuite, le petit garçon trouva de la laine blanche, de la bleue, de la brune et de la noire.

Alors il pensa que sa maman devait lui faire un chandail avec un joli dessin de toutes les couleurs. Et il était déjà certain d'aimer beaucoup ce chandail, même si c'était un cadeau utile, et non un cadeau pour jouer.

Voilà ce que se disait le petit garçon. Mais ce n'était pas un chandail que sa maman lui faisait, pas le moins du monde.

C'était un tapis qu'elle faisait, un tapis merveilleux, avec de la laine vert clair pour le gazon, et du vert foncé pour les arbres. Avec la laine bleue, elle fit des lacs et des rivières. Il y avait des routes et des chemins de laine brune, des maisons de laine blanche, avec des toits de tuile et des volets en laine rouge, et rouges aussi les fleurs qui poussaient partout, et les pommes sur les pommiers.

« Une fois terminé, quand ce tapis sera étendu par terre, pensait la maman qui travaillait, travaillait, il fera un véritable village pour mon petit garçon. »

C'était mieux qu'un bonnet. C'était mieux que des moufles.

C'était même mieux qu'un chandail avec toutes sortes de dessins dessus.

Et la maman regarda le calendrier et la pendule, et elle travailla plus vite encore, afin que le merveilleux tapis fût prêt pour le Noël de son petit garçon.

# Le petit arbre

### 18 DÉCEMBRE

Il était une fois une grosse couche de neige avec un petit arbre les pieds dedans.

Et ce petit arbre avait froid.

— Va-t'en, disait-il à la neige.

Mais la neige ne bougeait pas. Elle tenait bon, et devenait de plus en plus épaisse autour du petit arbre.

— Quelle belle neige! disaient les gens et les gros arbres de la forêt. Tout devient blanc, et prend un petit air de fête pour Noël.

Mais le petit arbre, tout seul dans son coin, se disait : « Cette neige est méchante! Bientôt, elle va me recouvrir tout entier, et je serai perdu. »

A cet instant, avec un grand bruit de clochettes, vint à passer un petit traîneau qui glissait dans la neige.

Dedans, il y avait un petit garçon. Il s'écria :

— Regardez-moi ce petit arbre! C'est tout juste celui que je cherchais!

Et le voilà les pieds dans la neige, lui aussi.

Il creusa un trou autour du petit arbre, le sortit du sol, sans oublier les racines.

Il le posa dans le traîneau.

Puis il l'emporta chez lui pour en faire un arbre de Noël.

Et la neige tenait bon, elle tombait, tombait, et elle rendait chaque chose blanche, épaisse et silencieuse. Mais dans tout ce blanc, il n'y avait plus le moindre petit arbre.

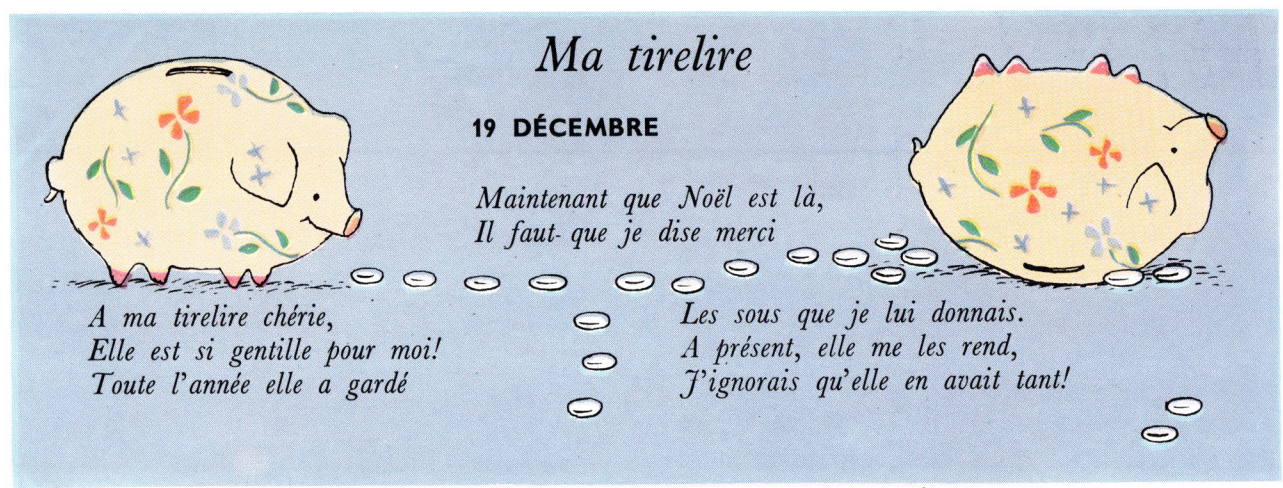

## Ma tirelire

**19 DÉCEMBRE**

Maintenant que Noël est là,
Il faut que je dise merci
A ma tirelire chérie,
Elle est si gentille pour moi !
Toute l'année elle a gardé
Les sous que je lui donnais.
A présent, elle me les rend,
J'ignorais qu'elle en avait tant !

## Monsieur Lion prépare ses cadeaux

**20 DÉCEMBRE**

— Cette année, dit un jour Madame Lion à son mari, je t'en prie, fais attention à la dimension des boîtes que tu achèteras pour tes cadeaux de Noël. Tu te souviens des vilains paquets que tu as faits, l'an dernier ?

— Oui, répondit Monsieur Lion en riant, je me souviens très bien, entre autres, de cette girafe en caoutchouc que nous avons dû plier en deux pour qu'elle tienne dans sa boîte.

Aussi, quand Monsieur Lion arriva en ville, tandis que chacun faisait ses courses de Noël, il alla tout droit au Grand Bazar et courut au rayon des boîtes. Il en acheta des grandes, des petites, des longues, des courtes. Il y en avait pour toutes les tailles...

— Quel paquet ! se dit Monsieur Lion, comment vais-je tout transporter ?

En effet, Monsieur Lion avait des boîtes, plein les bras, et il ne voyait même plus où il allait. Aussi lui fut-il impossible, de choisir les cadeaux qu'il mettrait dans les boîtes.

S'il les posait à terre, ces boîtes, les gens qui se bousculaient tout autour les écraseraient. Mais avec une pareille charge sur les bras, Monsieur Lion ne pouvait pas non plus s'approcher d'un rayon et crier à la vendeuse :

— J'aimerais entendre ce que chante cette boîte à musique, que vous avez là.

Il ne lui restait qu'à sauter dans un taxi et rentrer en vitesse à la maison.

— Tu as eu bien vite fait ! s'émerveilla Madame Lion tandis qu'il déposait son chargement de boîtes. Es-tu sûr de n'avoir oublié personne ?

— Hum ! répondit-il, l'air embarrassé. En tout cas, il y a une chose dont je suis sûr, c'est de n'avoir acheté aucun cadeau.

Il goûta quelques gâteaux que Madame Lion venait de faire et retrouva son assurance.

— De toute façon, dit-il, il nous reste quatre jours pour faire nos achats, et, cette année, qu'importe la forme de mes cadeaux ! Nous sommes sûrs et certains d'avoir une boîte de bonne dimension pour chacun d'eux.

# HIVER

# Un vrai Noël

**21 DÉCEMBRE**

Il était une fois une petite fille qui s'appelait Anne. Elle était née dans un pays lointain où il faisait beau toute l'année, et elle y avait vécu cinq ans.

Et puis, quelque temps avant Noël, son papa et sa maman l'avaient ramenée en France. Quel changement!

Anne eut tout de suite un anorak et une paire de pantalons. L'air glacial pinçait son petit nez, et toutes les mares étaient gelées.

Et, tout en prenant ses premières leçons de patinage, Anne se demandait si elle pourrait aimer un jour le paysage triste et nu de la France en plein hiver.

Souvent, elle pensait à ses amis, sans doute occupés à construire un château de sable sur une belle plage dorée, dans ce pays lointain où il faisait toujours beau.

— En ce moment, ils sont sûrement en train de se baigner, pensait-elle.

C'était la veille de Noël, il faisait sombre et froid. A ce moment précis, Anne vit une chose merveilleuse.

De gros flocons blancs descendirent du ciel en tourbillonnant, et se mirent à recouvrir tout ce paysage sombre et triste.

Ils glacèrent les toitures, s'accumulèrent sur les arbres nus, et des lumières brillèrent soudain sur le bel arbre vert où le papa d'Anne avait accroché des centaines de bougies de Noël.

Bientôt il y eut des lumières sur toute la ville. Jamais Anne n'avait vu un si joli spectacle.

La neige silencieuse tomba pendant tout le dîner. Ensuite, on raconta des histoires de Noël et Anne aida ses parents à emballer les cadeaux. Jamais, dans son pays lointain, Anne ne s'était amusée comme ce soir-là.

Mais, là-bas, la neige ne tombait jamais! Aussi, quand elle jeta un dernier regard à la fenêtre, juste avant de sauter dans son lit, Anne sentit qu'elle aimait son nouveau pays. Elle sourit et se dit que son premier Noël en France était le plus beau de tous.

# *Défendu!*

**22 DÉCEMBRE**

*Ne regardez pas sous les lits,*
*Ne fouillez pas dans les armoires,*
*N'ouvrez pas non plus les placards,*
*Je vous le dis : c'est interdit!*

*Ne secouez pas les paquets*
*Que le facteur vient d'apporter*
*Pour voir ce qu'il y a dedans...*
*Ce serait à vos dépens!*

*N'attendez pas derrière la porte*
*Que papa ou que maman sorte*
*Pour voir le premier le sapin...*
*Ce ne serait vraiment pas bien!*

## A la dernière minute

**23 DÉCEMBRE**

*Suspendre là-haut
Le gui et le houx,
Garnir de cadeaux
Et de beaux joujoux
Le joli sapin...
Noël, c'est demain!*

## Un renne attendait

**24 DÉCEMBRE**

Il était une fois un petit renne qui aurait bien voulu être assez grand et fort pour entrer dans l'attelage du Père Noël.

Aussi, tout le long de l'année, il avait été sage comme une image, il avait mangé comme un ogre et s'était couché de bonne heure tous les soirs. Ainsi, il avait beaucoup grandi.

« Je suis assez grand. Je pourrai, maintenant, faire faire de bonnes courses au traîneau du Père Noël », se disait-il.

Tous les jours il demandait à sa maman si le père Noël l'avait fait demander.

— Non, disait-elle, pas aujourd'hui.

La veille de Noël, à l'heure de se coucher, le Père Noël n'avait toujours pas appelé l'ambitieux petit renne.

Il alla donc se coucher, car il était sage comme une image. Mais il n'arrivait pas à s'endormir.

Il attendit longtemps, les yeux ouverts, le cœur battant. Le Père Noël attendait aussi. Il ne pouvait se décider à partir, sachant que le petit renne ne dormait pas et l'attendait.

— Je vais être en retard, se dit enfin le Père Noël, et ce petit bout de chou ne s'est pas encore endormi. Que faire?

— Moi je sais, dit Madame Père Noël.

Et elle murmura quelques mots à l'oreille de son mari.

— Tu as peut-être raison, répondit le Père Noël tout songeur. Car c'est un petit renne vraiment très sage, et il a beaucoup grandi, cette année. Mais il faut absolument que je parte, sinon, mes rennes à moi vont tomber de sommeil.

Alors il décrocha le téléphone et composa le numéro du petit renne.

— Voulez-vous m'envoyer votre fils? demanda-t-il à sa maman. Il est encore trop petit pour tirer mon traîneau, mais il est juste assez grand pour marcher à côté de moi et m'aider à distribuer mes jouets.

— Bien sûr, Père Noël, répondit la maman Je cours le réveiller.

Mais elle n'eut pas besoin de courir.

Car, les yeux grands ouverts, le petit renne avait entendu la sonnerie du téléphone, lui aussi. Il fut bien vite dans l'escalier et ses petits sabots résonnaient comme de vrais petits sabots de renne, et les clochettes de son collier du dimanche sonnaient aussi joyeusement que celles du traîneau du Père Noël.

## Deux Noëls à la fois

**25 DÉCEMBRE**

Laure et David habitaient au Canada. Ils avaient deux fois plus de chance que les autres enfants parce qu'ils fêtaient deux fois Noël la même année.

D'abord, ils avaient une fête merveilleuse à la maison, et ensuite, après un bon petit déjeuner, ils partaient chez leurs grands-parents.

Et là, ils trouvaient un bel arbre, tout brillant de lumières, et des cadeaux, et des paquets en quantité. Alors on se mettait à table. Il y avait des oncles, des tantes, des cousins, des cousines tout autour de la table : une grande table joyeuse. Grand-père découpait une énorme dinde, et Grand-mère servait des hors-d'œuvre très amusants.

Ce second Noël était toujours très gai.

Laure et David le préféraient même à celui qu'ils avaient chez leurs parents.

Mais un matin de Noël, en sautant de leur lit, ils virent que le paysage avait disparu sous une épaisse couche de neige, et leur papa dit qu'il ne serait pas possible de sortir la voiture du garage, et encore moins de partir à pied à travers la campagne.

— Nous nous amuserons beaucoup à la maison, dit leur maman pour les consoler. Mais je vais tout de suite téléphoner à Grand-mère pour qu'elle ne s'inquiète pas.

— Oh! murmura Laure, je voudrais n'avoir jamais souhaité de la neige pour Noël!

— Moi aussi, répondit David.

Tous deux s'assirent tristement devant la grande fenêtre. Ils regardaient tomber la neige. Mais, tout à coup, avec un joli bruit de clochettes, un grand traîneau arriva et s'arrêta devant la porte.

C'était un traîneau rouge qui ressemblait beaucoup à celui du Père Noël, mais il était tiré par des chevaux qui ressemblaient beaucoup à ceux de Grand-père.

Quand le conducteur sauta du traîneau, tout joyeux et plein d'entrain, Laure et David reconnurent leur grand-père.

— Je suis parti à l'aube, dit-il avec un grand sourire. J'ai tout de suite pensé à ce vieux traîneau qui était dans un coin du garage. Partons. Il faut faire vite si nous voulons arriver pour le déjeuner.

En un clin d'œil, chacun enfila son manteau et s'installa dans le traîneau. Laure tenait dans ses bras sa poupée neuve. David n'avait pas oublié sa belle auto. Papa et Maman avaient les bras pleins de paquets. Grand-père, lui, tenait les rênes.

Et ils filaient sur la neige, dans une volée de clochettes et de neige, pour fêter leur second Noël.

## Le vieil ours

**26 DÉCEMBRE**

*Noël est passé
Et mille jouets
Jonchent la maison
Du sol au plafond.*

*Voyez dans son lit
Le petit Remi...
Qu'a-t-il emporté ?
Son vieil ours usé.*

## Les soldats

**27 DÉCEMBRE**

*Pour Noël j'ai reçu
Quantité de cadeaux,
Ils ne m'amusent plus,
Ils n'étaient pas très beaux...
Sauf ma petite armée
De soldats très anciens,
Cuirassés, harnachés,
Leur épée à la main.*

## Monsieur Blaireau

**28 DÉCEMBRE**

Cet après-midi-là, il faisait froid, il faisait noir, et la tempête grondait. Monsieur Blaireau, qui était sorti pour acheter son journal, trouva un bébé perdu. Il n'avait ni bonnet ni manteau, et il était si petit qu'il ne sut même pas dire où il habitait.

— Ne t'inquiète pas, lui dit le bon Monsieur Blaireau, je vais t'envelopper dans mon cache-nez bien chaud, et nous finirons bien par retrouver ta maison.

Mais avant qu'il ait eu le temps de dénouer son cache-nez, toutes les portes de la rue s'ouvrirent et toutes les dames du voisinage se mirent à gronder Monsieur Blaireau.

— Tout de même, Monsieur Blaireau, s'indigna Madame Ecureuil, votre pauvre bébé sera gelé ! Venez ici ! Enfilez-lui tout de suite ce gros manteau !

— Tout de même, Monsieur Blaireau, gronda Madame Rat-des-Champs, vous ne voyez pas que votre bébé ne devrait pas sortir sans ses bottes dans une neige pareille ! Prenez-moi cette paire et chaussez-le !

— Comment ! Monsieur Blaireau ! cria Madame Lapin, dépêchez-vous de mettre ce bonnet et ces moufles à votre bébé. Vous avez sûrement perdu la tête pour l'emmener dehors dans cette tenue !

Le pauvre Monsieur Blaireau n'avait pas

pu placer le moindre mot pour expliquer que ce n'était pas son bébé.

Il s'était arrêté pour l'habiller et essayait de parler :

— Mais c'est... On lui coupait toujours la parole.

C'est alors que Madame Chat ouvrit sa porte.

— Tout de même, Monsieur Blaireau, s'écria-t-elle, ne savez-vous pas que le thermomètre est descendu à moins cinq, aujourd'hui ? Ce n'est vraiment pas le jour d'emmener votre bébé en promenade !

Mais, heureusement, Madame Chat regarda le bébé d'un peu plus près.

— Comment ! s'écria-t-elle. C'est mon petit Muffy ! Pourtant, il dormait sur le sofa quand je suis allée préparer mon dîner !

Elle courut au bas du perron, prit son bébé dans ses bras, et l'emporta dans sa maison.

— Merci, cria-t-elle encore. Vous êtes bien aimable de m'avoir ramené Muffy. Je ne sais pas ce qu'il serait devenu sans vous !

— Oui, vous êtes vraiment gentil, dirent toutes les voisines. Mais pourquoi ne nous avez-vous pas dit que ce n'était pas votre bébé ?

— Vous ne m'avez pas laissé le temps de m'expliquer, répondit Monsieur Blaireau.

## La maison de poupées

**29 DÉCEMBRE**

Je voudrais qu'une souris
Ou quelqu'un de très petit
S'en vienne vite habiter
Dans ma maison de poupée,
Avec toute sa famille,
Ses fils ou ses grandes filles.
Sur les chaises, ils s'assiéraient,
Les placards ils ouvriraient.
Je les entendrais, qui sait ?
Sur ma maison s'extasier.
Ce serait beaucoup plus gai
Que d'y mettre mes poupées.

## Une boîte à outils toute neuve

### 30 DÉCEMBRE

Pour Noël, Philippe avait eu une belle boîte à outils, pleine d'outils de toutes sortes. Mais, pour scier et planter des clous, il lui fallait du bois. Et il n'en avait pas.

— Je voudrais du bois, Papa, demanda-t-il l'après-midi de Noël.

Son papa lui répondit :

— Tu en auras, Philippe, mais pas aujourd'hui.

Le lendemain, Philippe alla trouver son papa qui lisait le journal et lui demanda de nouveau de lui donner du bois. Et de nouveau son papa répondit :

— Oui, Philippe, mais pas maintenant.

Il répondit exactement la même chose le surlendemain.

Le jour suivant, quand Philippe réclama du bois, son papa répondit :

— Moi aussi, je voudrais quelque chose. Je voudrais que tu ranges tes jouets de Noël. Emporte-les dans ta chambre ou ailleurs.

Mais on ne peut plus faire un pas dans ce salon.

— Je sais bien, Papa, répondit Philippe. Mais ton vœu et le mien vont très bien ensemble. Parce que je veux un morceau de bois justement pour faire des étagères. Quand elles seront finies, je pourrai ranger mes jouets dans ma chambre.

— Tu as raison, dit son papa.

Puis il se mit à rire, et ajouta :

— Viens, Philippe, allons tout de suite à la scierie.

Et ils partirent.

A partir de ce moment, Papa ne pensa plus aux jouets qui traînaient dans le salon.

Il était bien trop occupé à montrer à Philippe comment on faisait des étagères, et Philippe était très occupé à scier, à planter des clous, à travailler de toutes les façons avec tous les outils qu'il avait dans sa belle boîte neuve.

## La veille du jour de l'An

### 31 DÉCEMBRE

*C'est le 31 décembre,*
*Jour qui a de quoi surprendre.*
*Ce soir, nous nous coucherons.*
*Pendant que nous dormirons,*
*La vieille année se sauvera*
*Preste, agile comme un chat!*
*Demain, en nous réveillant,*
*Nous saluerons le jour de l'An!*

# INDEX

## A

| | |
|---|---|
| A la dernière minute | 230 |
| A la pêche | 154 |
| Arbres en hiver (Les) | 20 |
| Argent de poche (L') | 164 |
| Arithmétique (L') | 41 |
| Artiste (L') | 180 |
| A toutes pattes | 17 |
| Au milieu de la prairie | 160 |
| Au mois d'Août | 159 |
| Au premier qui l'a trouvé | 29 |
| Automne (L') | 193 |
| Au travail | 90 |
| Au zoo | 216 |
| Avec ses sous et son poney | 178 |
| Avec six gros coussins | 37 |
| Aventure (L') | 204 |

## B

| | |
|---|---|
| Balançoire (La) | 118 |
| Bal dans la grange (Le) | 197 |
| Baleine qui parlait (La) | 36 |
| Ballet nocturne | 139 |
| Ballons (Les) | 122 |
| Bal masqué | 196 |
| Bateaux (Les) | 98 |
| Beau petit Indien (Le) | 168 |
| Belle auto (La) | 202 |
| Belle auto bleue (La) | 46 |
| Berger (Le) | 133 |
| Bientôt l'hiver | 169 |
| Boîte à outils toute neuve (Une) | 234 |
| Bonhomme de pain d'épice (Le) | 218 |
| Bonjour, les jumeaux! | 163 |
| Bouquet (Le) | 77 |
| Brave petite armée (Une) | 211 |
| Brouillard (Le) | 210 |
| Brouillonnette | 74 |
| Buisson d'épine-vinette (Le) | 211 |

## C

| | |
|---|---|
| Cadeau (Le) | 11 |
| Cadeau d'anniversaire (Le) | 34 |
| Cadeau merveilleux (Un) | 224 |
| Cadeau pour Mme Mulot (Un) | 48 |
| Cadeaux (Les) | 220 |
| Cadette (La) | 128 |
| Canards blancs (Les) | 96 |
| Caoutchoucs d'Annette (Les) | 12 |
| Carillons de Noël (Les) | 19 |
| Cerfs volants (Les) | 93 |
| C'est le printemps | 96 |
| C'était juste la poupée qu'il fallait | 223 |
| Chacun pour soi | 194 |
| Champignon (Le) | 139 |
| Chance de Mme Picoti-Picota (La) | 77 |
| Chanson de Mme Corbeau (La) | 144 |
| Chantecler | 107 |
| Chapeau pour Christine (Un) | 95 |
| Chardons (Les) | 118 |
| Chariot (Le) | 63 |
| Chat qui allait à l'école (Le) | 167 |
| Chatons (Les) | 95 |
| Chaussures neuves (Les) | 165 |
| Chaussures neuves de Yann (Les) | 54 |
| Chemise de cow-boy (La) | 50 |
| Chiens (Les) | 178 |
| Chiot qui cherchait une maison (Le) | 199 |
| Christian fait du patinage | 188 |
| Chut! | 22 |
| Clown le plus drôle du monde (Le) | 110 |
| Cocorico le fainéant | 99 |
| Collectionneur (Le) | 178 |
| Colonie de vacances (La) | 148 |
| Compromis des Dupont (Le) | 59 |
| Coquillage magique (Le) | 159 |
| Courageuse araignée | 53 |
| Course du lapin (La) | 175 |
| Crocodile acariâtre (Le) | 134 |

## D

| | |
|---|---|
| Dames (Les) | 15 |
| Daniel le détective | 124 |
| Dans le jardin | 120 |
| Dans les bois | 88 |
| Dans mon lit le soir | 212 |
| Dans notre tub | 151 |
| Dans un arbre | 173 |
| Dany était très ennuyée | 217 |
| Découverte de Christian (La) | 185 |
| Défendu! | 229 |
| Défilé des pompiers (Le) | 125 |
| Déguisements de Fabrice (Les) | 204 |
| Déjeuner (Le) | 187 |
| De l'autre côté | 118 |
| Déménagement (Le) | 169 |
| De nouveaux amis | 216 |
| Dépêchons-nous | 14 |
| Des glands par milliers | 206 |
| Deux chenilles (Les) | 168 |
| Deux Noëls à la fois | 231 |
| Deux petits hérissons | 28 |
| Deux petits singes | 138 |
| Dix petits hiboux | 184 |
| Docteur d'en haut et le docteur d'en bas (Le) | 62 |
| Douze petits sapins | 222 |
| Du mauvais pied | 67 |

## E

| | |
|---|---|
| Écureuil (L') | 35 |
| En Février | 33 |
| Ennuis de Lambinette la tortue (Les) | 28 |
| Épicier prudent (L') | 27 |
| Erreur de bonne-maman (L') | 142 |
| Escalier roulant (L') | 224 |
| Été (L') | 160 |
| Étoile de Noël (L') | 220 |

## F

| | |
|---|---|
| Façon de parler | 44 |
| Facteur nostalgique (Le) | 102 |
| Famille Ours en pique-nique (La) | 126 |
| Faon (Le) | 198 |
| Fête de maman écureuil (La) | 89 |
| Feu de bois du lapin dodu (Le) | 205 |
| Feuille de chou pour chacun (Une) | 156 |
| Feuilles d'automne (Les) | 191 |
| Foire (La) | 152 |
| Fourmis (Les) | 104 |
| Fourneau de grand-maman (Le) | 13 |
| Fugitifs (Les) | 182 |
| Fusées (Les) | 200 |

## G

| | |
|---|---|
| Garde-manger (Le) | 42 |
| Geai (Le) | 141 |
| Gentil cantonnier (Le) | 92 |
| Girafe avide d'apprendre (La) | 52 |
| Glands (Les) | 192 |
| Glissades | 223 |
| Grand chariot rouge (Le) | 55 |
| Grandes personnes (Les) | 69 |

## H

| | |
|---|---|
| Habits neufs du pauvre Jeannot (Les) | 162 |
| Hauts et des bas (Des) | 12 |
| Heure de se coucher (L') | 202 |
| Heureux accident (Un) | 24 |
| Hiver nordique de M. Lion (L') | 8 |
| Hop, hop, hop! | 90 |
| Huit petit ours | 146 |

## I

| | |
|---|---|
| Imperméable et les bottes (L') | 166 |
| Inconnu (L') | 139 |
| Insouciante petite girafe (L') | 166 |

## J

| | |
|---|---|
| J'aime la pluie | 206 |
| J'aime l'eau | 131 |
| J'aime mieux être moi | 32 |
| J'ai trouvé | 50 |
| J'ai un secret | 72 |
| Jardin de l'automne (Le) | 194 |
| Jardin désordonné (Le) | 128 |
| Jardin féerique (Le) | 143 |
| Jardinier trop pressé (Le) | 70 |
| Jardin pour Philippe (Un) | 184 |
| Jardin public (Le) | 76 |
| Jars (Le) | 179 |
| Je connais un Monsieur | 220 |
| Jérôme, le jars | 94 |
| Jouets de l'an passé (Les) | 222 |
| Jour de pluie (Un) | 174 |
| Jour le plus long (Le) | 117 |
| Jour pas comme les autres (Un) | 190 |
| Joyeux boulanger (Le) | 66 |
| Jumeaux (Les) | 186 |

## L

| | |
|---|---|
| Lampion (Le) | 195 |
| Lapin jardinier (Le) | 70 |
| Lapin qui était né au printemps (Le) | 83 |
| Leçon de musique (La) | 131 |
| Lumières dans la nuit (Des) | 130 |
| Lune (La) | 38 |
| Lune brisée (La) | 97 |
| Lune de miel de M. Ours (La) | 36 |
| Lune est curieuse (La) | 112 |
| Lune se promène (La) | 170 |

## M

| | |
|---|---|
| Madame Picoti-Picota | 59 |
| Mademoiselle Je-sais-tout | 92 |
| Magasin malchanceux (Un) | 219 |
| Maison de Jeannot Lapin (La) | 137 |

| | | |
|---|---|---|
| Maison de la chevrette et du chevreau (La) | 53 | |
| Maison de poupées (La) | 233 | |
| Maison neuve (La) | 106 | |
| Maison pour M<sup>me</sup> Mulot (Une) | 177 | |
| Malheurs de Ninette (Les) | 103 | |
| Mam'selle souris dans le placard | 43 | |
| Manège (Le) | 121 | |
| Mardi-gras | 36 | |
| Marchand de glaces (Le) | 158 | |
| Matinée d'hiver | 10 | |
| Ma tirelire | 226 | |
| Méchants petits ours | 162 | |
| Merveilleux prestidigitateur (Le) | 25 | |
| Météorologie (La) | 18 | |
| Métiers (Les) | 28 | |
| Mine d'or (Une) | 73 | |
| Miranda se souvient | 113 | |
| Mon chandail | 180 | |
| Mon chat Néron | 63 | |
| Monsieur Benoît | 207 | |
| Monsieur Blaireau | 232 | |
| Monsieur Grosmatou et la pluie | 81 | |
| Monsieur Igzag | 140 | |
| Monsieur Lion fait des confitures | 189 | |
| Monsieur Lion prépare ses cadeaux | 226 | |
| Monsieur Pélican | 136 | |
| Mon toutou | 151 | |
| Mon verger | 181 | |
| Moufles de Minou-chat (Les) | 22 | |
| Mûres (Les) | 148 | |

**N**

| | |
|---|---|
| Natation (La) | 98 |
| Naufrage (Le) | 51 |
| Neige, la neige, toujours la neige (La) | 16 |
| Neuf petits écoliers | 165 |
| Nouveau jeu (Un) | 152 |
| Nouveau vendeur (Le) | 55 |
| Nouveaux locataires (Les) | 83 |
| Nouveaux voisins (Les) | 80 |
| Nouvelle amie (La) | 180 |
| Nuit (La) | 215 |
| Nuits d'hiver | 40 |

**O**

| | |
|---|---|
| Œufs de Pâques (Les) | 71 |
| On ne sait jamais | 9 |
| Onze citrouilles | 204 |
| Orage (L') | 149 |
| Où allez-vous, petits cochons ?.. | 176 |
| Ourson de la maison voisine (L') | 45 |
| Ourson malicieux (L') | 203 |
| Ours qui ne voulait pas dormir (L') | 214 |

**P**

| | |
|---|---|
| Papillons (Les) | 103 |
| Parade du cirque (La) | 112 |
| Parapluie de l'écureuil (Le) | 139 |
| Parapluie magique (Le) | 119 |
| Partenaires (Les) | 32 |
| Patin à glace (Le) | 19 |
| Pauvre Jeannot Lapin | 82 |
| Pauvre Monsieur Rouge-Gorge | 98 |
| Pauvre petite araignée | 100 |
| Pauvre souris | 106 |
| Pauvre vieux Goupil | 51 |
| Peintre (Le) | 105 |
| Pendule (La) | 112 |
| Perdu et retrouvé | 107 |
| Petit arbre (Le) | 225 |
| Petit capitaine (Le) | 158 |
| Petit castor courageux (Le) | 64 |
| Petit chameau grognon (Le) | 183 |
| Petit chat (Le) | 163 |
| Petit chien frisé (Un) | 158 |
| Petit clown triste (Le) | 26 |
| Petit cochon gras (Le) | 210 |
| Petit Dupont (Le) | 76 |
| Petite fille qui n'aimait pas son nom (La) | 208 |
| Petite ombre grise (La) | 108 |
| Petit escalier (Le) | 144 |
| Petites souris (Les) | 26 |
| Petit garçon poli (Le) | 26 |
| Petit garçon qui grandissait (Le) | 73 |
| Petit hippopotame (Le) | 145 |
| Petit laitier malheureux (Le) | 150 |
| Petit ours bancal (Le) | 170 |
| Petit ours enrhumé (Le) | 10 |
| Petit ours tout mouillé (Le) | 147 |
| Petit ours trop pressé (Le) | 186 |
| Petit renard affamé (Le) | 109 |
| Petits écureuils bavards (Les) | 39 |
| Petits raisins secs (Les) | 154 |
| Petit traînard (Le) | 74 |
| Petit zèbre rapide (Le) | 47 |
| Peur de quoi ? | 183 |
| Philippe, le mécanicien | 91 |
| Pierrot la Terreur | 43 |
| Pigeons des villes (Les) | 197 |
| Pique-nique (Le) | 110 |
| Piste des Indiens (La) | 75 |
| Plage (La) | 134 |
| Pluie (La) | 82 |
| Poire dorée (La) | 156 |
| Policeman affamé (Le) | 56 |
| Pompier somnolent (Le) | 15 |
| Poney du samedi (Le) | 85 |
| Pont qui n'allait nulle part (Le) | 37 |
| Pourquoi ? | 132 |
| Poussin noir (Le) | 72 |
| Premier avril (Le) | 66 |
| Projet | 224 |
| Promenade (La) | 170 |
| Promenade des petits kangourous (La) | 30 |
| Prudent Monsieur Bouvreuil (Le) | 13 |

**Q**

| | |
|---|---|
| Quand il neige la nuit | 218 |
| Quand je serai grand | 63 |
| Quatorze Juillet (Le) | 131 |
| Quatre petits chats | 68 |
| Que c'est bizarre les glaces | 49 |
| Quel ennui d'être un lapin | 133 |
| Quel vent ! | 49 |
| Qui est passé par ici ? | 25 |

**R**

| | |
|---|---|
| Reine de Mai (La) | 84 |
| Renne attendait (Un) | 230 |
| Résolutions | 7 |
| Rétameur (Le) | 209 |
| Retour de Léo (Le) | 135 |
| Retraite de l'Amiral Grenouille (La) | 176 |
| Rhinocéros détective (Le) | 78 |
| Rudiments (Les) | 198 |

**S**

| | |
|---|---|
| Sage petit hibou | 208 |
| Sage petite marmotte (La) | 117 |
| Scarabées (Les) | 179 |
| Secret du renard (Le) | 123 |
| Sentinelles (Les) | 221 |
| Sept petits marins | 127 |
| Silence ! | 140 |
| Singe craintif (Le) | 20 |
| Six petites cuillers | 212 |
| Six petits tambours | 105 |
| Soldats (Les) | 232 |
| Soleil et moi (Le) | 61 |
| Sous (Les) | 108 |
| Sous la feuille morte | 52 |
| Sur la plage | 101 |
| Surprise | 221 |
| Surprise de Mademoiselle Souris (La) | 88 |
| Surprise de Michel (La) | 14 |
| Surprise-partie de Jeannot Lapin (La) | 31 |
| Stratégie | 151 |

**T**

| | |
|---|---|
| Temps des cerises (Le) | 129 |
| Temps des récoltes (Le) | 192 |
| Tigre laineux (Le) | 18 |
| Toboggan (Le) | 127 |
| Tonio ! Tonio ! | 161 |
| Toujours plus gros ! | 100 |
| Toupie | 155 |
| Tourniquet (Le) | 156 |
| Toutes sortes de maisons | 72 |
| Toutes sortes d'insectes | 157 |
| Tout petit dragon (Un) | 200 |
| Trains (Les) | 41 |
| Très vieille histoire (Une) | 213 |
| Trois lionceaux | 46 |
| Trois petits canards (Les) | 97 |
| Trois petits Indiens | 101 |
| Trois petits lapins | 54 |
| Trop de frères | 79 |
| Trop long voyage (Le) | 42 |
| Trop petit Rémi (Le) | 132 |

**U**

| | |
|---|---|
| Union fait la force (L') | 65 |

**V**

| | |
|---|---|
| Vacances du lapin des villes (Les) | 21 |
| Valse des canards (La) | 68 |
| Varicelle et les oreillons (La) | 38 |
| Veille du jour de l'an (La) | 234 |
| Venez voir | 79 |
| Vent (Le) | 60 |
| Vent méchant (Le) | 173 |
| Ver luisant (Le) | 146 |
| Vers les pays chauds | 196 |
| Vêtements de pluie de Madame Souris (Les) | 60 |
| Vieil ours (Le) | 232 |
| Vieux mur de pierre (Le) | 191 |
| Vieux Tom (Le) | 120 |
| Vilain coucou (Le) | 35 |
| Vilain petit chien (Le) | 215 |
| Vingt-neuf février (Le) | 44 |
| Vipère (La) | 154 |
| Vive le roi ! | 195 |
| Voyageuse (La) | 120 |
| Vrai Noël (Un) | 229 |

**X Y Z**

| | |
|---|---|
| Youki le second | 114 |

« Loi n° 49-956 du 16 juillet 1949 sur les publications destinées à la jeunesse. »
Dépôt légal : Septembre 1988 - Deux Coqs d'Or éditeur n° 22.9167.6.88 - Imprimé en Italie (1)

## DANS LA COLLECTION 365...

365 HISTOIRES
365 NOUVELLES HISTOIRES
366 HISTOIRES D'ANIMAUX
366 CONTES MERVEILLEUX
RACONTE-MOI UNE HISTOIRE PAR JOUR
LES CONTES DE L'OURSON D'OR
(365 histoires à lire ou à raconter)
366 HISTOIRES DE LA NATURE
366 HISTOIRES DE LA BIBLE